FRANK KLÖTGEN

(geb. 1968 in Essen) lebt als Slampoet und Netzliterat in München. Seit 12 Alben ist er Sänger und Texter der Band *Marilyn's Army*. Er arbeitete zehn Jahre lang als Webmaster für Universal Music, war mal deutscher Vizemeister im Skateboardfahren und trat als »Bucharchitekt« in Erscheinung. Über 2.000 Auftritte im In- und Ausland, zahlreiche Tourneen mit dem Goethe-Institut und der Robert-Bosch-Stiftung. Seit 2005 ist er Gastgeber der »Grend Slam«-Revue in Essen, er organisierte die deutschsprachigen Poetry-Slam-Meisterschaften 2007 und 2010 und ist Mitglied mehrerer Lesebühnen in Berlin und München. www. hirnpoma.de

Bisherige Veröffentlichungen:
- *Spätwinterhitze* (2004)
- *Will Kacheln* (2007)
- *Der Fall Schelling* (2010)
- *Mehr Kacheln! 50 Gedichte* (2011)
- *Kitt! 50 Bauten, 100 Gedichte* (2012)
- *Ruhrgebiet: Büdchenzauber und Zechenverse – ein Heimatbuch* (2013)
- *Holz und die 7 Todsünden. 77 Gedichte* (2014)

Frank Klötgen
SLAMMED!

FRANK KLÖTGEN

1 JAHR, 149 POETRY SLAMS
ZWISCHEN HAWAII UND MADAGASKAR

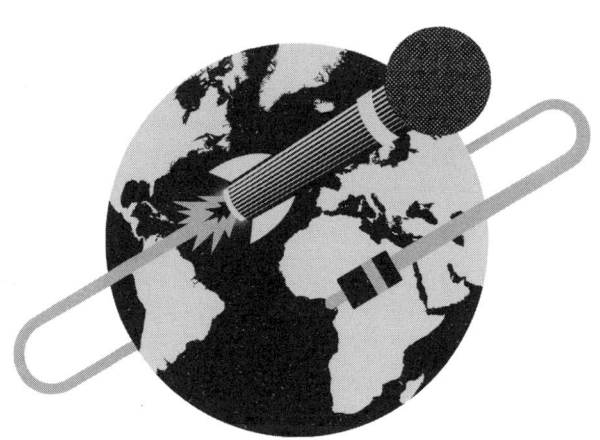

SATYR
VERLAG

VOR DEM START

Bitte machen Sie sich mit den Nutzungsbedigungen dieses Buches vertraut: SLAMMED! verfügt über 24 mit einem Pfeil gekennzeichnete Begriffe, die im → **Glossar** am Ende des Buches erläutert werden. Im unwahrscheinlichen Fall eines Detailbedürfnisses kann dieses Buch über 29 Exkurse verlassen werden. Bitte halten Sie hierfür Ihre Mobilfunkgeräte bereit, und stellen Sie diese in den QR-Scan-Modus. Über diesen können Sie auch den elf meistgenutzten Gedichten der SLAMMED!-Tour zuhören. Sie finden die entsprechende Textauswahl auf den Seiten 287/288. Alternativ können Sie die Links an einem internetfähigen Gerät auch händisch im Browser eingeben. Zu guter Letzt möchten wir darauf hinweisen, dass SLAMMED! als Nicht-Gender-Buch durchgeführt wird. Begriffe wie »Teilnehmer« oder »Gewinner« sind grundsätzlich nie als maskuline Variante, sondern stets in ihrer generellen Bedeutung zu verstehen.

1. Auflage Oktober 2017

© Satyr Verlag Volker Surmann, Berlin 2017
www.satyr-verlag.de
© Fotos in diesem Band: Frank Klötgen und Katrin Witte, ausgenommen S. 86 (Christian Bartel) und S. 241 (Anne Marie Scheepers)
Lemur Backcover: Indri indri (Madagaskar) © Frank Klötgen
Cover: Karsten Lampe
Korrektorat: Jan Freunscht
Druck: Alisa Group
Printed in Czech Republic
Die Marke »Satyr Verlag« ist eingetragen auf den Verlagsgründer Peter Maassen.
ISBN: 978-3-944035-95-6

IHR REISEPLAN

6

CHECK-IN

Herr: es ist Zeit. Eine ganze Weile schon dümpelt der halbgare Plan in meinem Hinterkopf, dem Poetry Slam Adieu zu sagen. Darüber ein Buch zu schreiben, eine Geschichte des Slams in Deutschland zu verfassen, einen Kurzaufriss aus all dem in den letzten 18 Jahren Erlebten, eine Abrechnung. Eine Biografie. Eine Therapie.

Doch was da kurz als Idee aufflammte, schwärte bald schon der bequemen Routine wegen im Vagen. Ein halbes Jahr lang hielt ich mich als Schläfer bereit. Und dann war es ein Glas Wein im Juni 2015, das den Anstoß gab, eingeschenkt von einem guten Freund bei einem kritischen Gespräch über den von mir stets mit Inbrunst verteidigten Poetry Slam und seine Protagonisten. Aber diesmal fehlte meinen Gegenargumenten plötzlich alle Vehemenz, und der übermühte Rilke flüsterte mir umso eindringlicher den Einsatzbefehl zu: es ist Zeit.

Nach rund 2.000 Auftritten auf Poetry Slams und unzähligen Bahnkilometern für fünf Minuten im Spotlight stellt sich unweigerlich so etwas wie eine Fußhockersehnsucht ein. Sowie das Gefühl, dass man auf dieser Bühne eigentlich alles gesagt hat. Nun mag der Ohrensessel die Lauscher spitzen.

Ich habe den Weg des Poetry Slams begleitet – vom räudigen Spartenspaß zum trendigen Massenvergnügen. Tat dies als Poet, Veranstalter und Fan. Aber obschon man diese Szene einst formte, wird man sie nicht auf ewig nach eigenen Ansprüchen zurechtbiegen können. Längst sind die neuen Stars des Slams zu Erkundungsfahrten aufgebrochen, die mir fremd bleiben. Nun, die Geister, die man rief – sie haben nicht nur das eigenständige Laufen gelernt: Die rennen. Und an vielen Fronten zeigt sich: Da kommst du nicht mehr mit. Da willst du auch nicht mehr hin.

Dass ich allerorten als Slamlegende, Reimikone oder Szeneurgestein angekündigt werde, ist nur eine Lesart von: Seid wenigstens fair zu ihm!

Aber das Publikum zeigt allabendlich: Wir wollen andere Sieger sehen. Nun kann man sich die Gram über unstatthaft erscheinende Veränderungen aus dem Leib hinaus kritisieren und als hinkende Koryphäe auf dem Waldorf-und-Statler-Balkon Platz nehmen – oder man reicht eben die Scheidung ein.

Nur lässt sich eine alte Liebe nicht mit einem läppischen »Tschüss!« aus dem Bewusstsein jagen. Wer jemals ein komplett ergebenes Publikum für die Ewigkeit von fünf Minuten an seinen Lippen hängen hatte, weiß um den Rausch, den einem nur die vom Poetry Slam angelockte Zuschauermasse bereiten kann. Und ebenjene Masse ermöglichte mir seit 2008 das, wovon jeder kreative Tropf träumt: von seiner Kunst – in bescheidener Luxusnähe – leben zu können. Jahrelang sah ich mich mit der als Frage formulierten Ungläubigkeit konfrontiert: »Und davon kann man leben?« – Aber ja. Einfacher, schneller und talentfreier als von jeder anderen Kunstgattung. Fortan werde ich mich mit der Frage beschäftigen müssen, wie ich ohne Slam leben soll.

Aber zum Abschluss möchte ich noch jenen Fußbreit nutzen, der mir als Poetry-Slam-Urgestein zugestanden wird, und meine Pensionierung mit einer wahrhaft einzigartigen Delikatesstour zelebrieren: slammen an den schönsten Plätzen der Welt, auf den gewaltigsten und schrägsten Bühnen der Szene, vom Opernhaus bis zum Fußballstadion, von Punkspelunke bis Cocktailbar. Ich werde noch einmal meine alten Homeslams in Essen, Hamburg und Berlin besuchen und all die sympathischen Vögel der weltweiten → **Slamily** treffen, denen die Backstage wichtiger ist als der Platz auf dem Siegertreppchen. Ich will noch einmal alle Spielarten des Slams durchspielen, gegen Jungstars desaströs scheitern, kleine Triumphe erheischen und Abschied feiern. Abschied von Veranstaltern, die so impulsiv und treu sind, dass sich diese Tour mit wenigen Mails in zwei Monaten zusammenstellen ließ. Abschied von einem Publikum, das bereit ist, einen Dichter als Rockstar zu bejubeln, und – so unumgänglich wie schmerzhaft – Abschied von den eigenen Slamtexten, die man über Jahre wie gute Rennpferde gehätschelt hat.

Ein Endspurt über 149 Poetry Slams auf vier Kontinenten. Und trotz aller unvermeidlichen Ellbogenchecks soll dies ein harmonischer Abgang werden: eine als Reise formulierte Liebeserklärung an die Bühnenpoesie.

REISELEKTÜRE

DAS VERSCHISSENE GRÜN DIESER WIESE, LUISE
(DIE NIEDERKUNFT DER MÜCKEN)

Wundbrandig laugt sich der Tag vor Erschöpfung
Die Sonne verharrt wie gelähmt im Zenit
Alle Haut schreit nach Schatten
Selbst Bäume ermatten
Und du seufzt: »Nu' werd ma' nich' paranoid!«
Doch die Niederkunft der Mücken naht
Auch wenn uns die Sonne ihr Ewig verspricht
Erbarmungslos heiter
Denn die Zeit geht ja weiter
Man weiß das, man ahnt das, man spürt es nur nicht
Wie der Tag sich auch spreizt im zähen Sterben
Gewährt er dem schönsten Moment nur 'ne Frist
Dahinter glimmt bereits Verderben
Drum erzähl doch nicht dauernd: »Wie schön es hier ist!«
Das verschissene Grün dieser Wiese, Luise
Ich sag dir, das macht's nicht mehr gut
Nichts währt hier ewig
Und unser Glück eh nich'
Vergiss es, Luise, sonst bin ich es, der's tut!
Lass uns Glasscherben fressen, solang es noch geht
Wenn das Flussbett sie stumpf wetzt, ist's dafür zu spät
Lass uns Luftröhren-röchelnd im Röhricht verbluten
Ab heute gewinnen hier nicht mehr die Guten
Von des höchsten Glücks Gipfel kann es nur noch bergab geh'n
Von dem Wipfel der Welt lässt sich nur das Hinab seh'n
Und das verschissen-verbliebene Grün dieser Wiese, Luise
Ist bald schon vergessen
Vertraulich beschauliche Horizontsülze ...

Vergiss es, Luise, lass uns Glasscherben fressen!
Und Glas und Glück und Glück und Glas ...
Nee, spuck's wieder aus, hey, das war doch nur Spaß!

Lehn dich zurück in den Schoß jener Böschung
Wo der Fluss ja noch immer die Kühle der Nacht hält
Wo in unmerklich drängenden, zaghaften Strudeln
Die wattigen Samen der Pappelbrut trudeln
Uns wird schwindlig, und ich bin's, auf den der Verdacht fällt
Ja, du hast recht, lass uns jetzt nicht mehr zanken
Das einzig Verlässliche soll heut nicht wanken
Wir haben zu hoch angesetzt
Uns darin wie auch sonst verschätzt
Nun schockiert von der Fallhöhe solcher Gedanken
Und der Mückenschlupf krampft sich durch stille Gewässer
Du fragst, wie's mir geht, und ich lüg und sag: »Besser.«
Ich sprech dir schnell nach: »Ja, noch ist nichts gescheh'n.«
Und im Wasser werden wir unser Spiegelbild seh'n
Frier es ein, Luise, bewahr den Moment!
Ganz egal auch, wie stechend die Sonne heut brennt
Denn Eis und Feuer und Feuer und Eis ...
Ach, vergiss es, mein Herz, Mann, ich red heut nur Scheiß!

Der Grund, dass ich letztlich so flüchtend verreiste
War das Grün dieser Wiese, Luise, weißte
Stimmt's dich heut noch verdrießlich?
Ich weiß, ich verließ dich
Zu voreilig
Weil ich
Das Sterben mehr fürchtete als jeden Tod
Und vielleicht hast du recht, noch bestand keine Not
Doch all diese Stiche! Und wer sagt, dass die weggeh'n?
Wie sollt' ich das Grün, nicht darunter den Dreck seh'n?
Sag nicht, ich hätt's mir leicht gemacht
Es fiel viel schwerer als gedacht
Bevor's losging, hab ich schon vor Heimweh geschrien

Dann mir selbst auch im Namen der Restwelt verzieh'n
Nun kannst du mit den in mir befindlichen Scherben
Mit etwas Geschick noch das Flaschenpfand erben
Und verkäst entbläst sich Zahnsteinmuff
Aus abgeschminkten Lippen
Die schmier'n mir da Autan-Brei druff
Und auch den Gilb der Kippen
Die wir damals rauchten
Obwohl wir's nicht brauchten
In unseren Zeiten, den hippen ...
Doch der Welpenschutz war aufgebraucht
Die Haut vom Tabak gelbgeschmaucht
Und Rauch und Schall und Schall und Rauch ...
Ließ ich all dies zurück, ja, und dich
Eben auch

Und nun, nach der Stille, vernimmst du ein Sirren
Erkennst, sonnendurchflutet, der Luftschwaden Flirren
Mag der Fluss auch inzwischen hier kanalisiert sein
Am Ufer, an sonnigen Tagen, da wird ein
Spiegelbild erkennbar bleiben
Wo wattig Pappelsamen treiben
Dass unser Idyll kein Vergessen gefährde
Wenn auch alles verrottet in flüchtiger Erde

Und du siehst ringsum: das Grün
Spürst die Mücke, den Stich
Es ist fast so wie früher
Doch was zählt's noch für dich?

Du sagst: »Fleiß und Preis« und »Preis und Fleiß«
Und »Ich vermiss dich, du Arschloch!«
Bis das Gras raunt:
»Ich weiß«

AM NABEL DES SLAMS

Lässt sich ein Vorsatz für das neue Jahr entschlossener in die Tat umsetzen, als bereits am Silvestervormittag mit Vorfreude, Gepäck und Frau am Flughafen zu stehen? Zugegeben: Eine Reise in die USA zögert das alte Jahr mit seinen zu überwindenden Gewohnheiten zunächst noch einmal künstlich hinaus. Sieben Stunden Aufschub für 2015.

Nach acht Stunden Flug landen Katrin und ich in Chicago. Als wir jetlaggebeutelt am U-Bahnhof Monroe ins Freie auftauchen, schlägt uns eisiger Wind entgegen und signalisiert: Jetzt wird es ernst. In der *windy city* kann es bitterkalt werden, wenn man vorher in Deutschland vom wärmsten Winter seit soundso verhätschelt wurde. Es macht den Eindruck, als habe sich die Kälte der Welt darauf geeinigt, in diesem Jahr in Chicago ins neue Jahr zu feiern. Doch was für eine Dramaturgie – die Tour an dem Ort zu starten, an dem alles begann! Am Geburtsort des Poetry Slams, in der schönsten Stadt der USA. Zumindest im Sommer. Aber sind wir hier, um den meteorologisch günstigsten Zeitpunkt abzupassen? »The point is not the point, the point is poetry«, heißt eine der Grundregeln des Poetry Slams. In diesem Sinne: Mögen die Spiele beginnen!

1) 03.01.16, CHICAGO, GREEN MILL COCKTAIL LOUNGE, UPTOWN POETRY SLAM
175 Zuschauer, 5 Teilnehmer, Gewinner: Lida Harris

In Chicago, so lese ich im Reiseführer, seien Wolkenkratzer, die atomare Spaltung und McDonald's erfunden worden. Zumindest in Deutschland übersteigt die Anzahl der Poetry Slams die von Atomkraftwerken und Wolkenkratzern um ein Vielfaches. Und sollten sich die Trends der letzten zehn Jahre fortsetzen, wird es hierzulande sehr bald mehr

Poetry Slams als McDonald's-Filialen geben. Irgendwann sollte jemand die Reiseführer entsprechend angleichen: »Chicago ist die Stadt, wo der Bauarbeiter Marc Kelly Smith im Jahre 1986 befand, es sei an der Zeit, der Poesie ihre Verve zurückzugeben. Zeit, den Dichtern ihre gebückte Lesepulthaltung auszurenken, das Wasserglas zu stibitzen und Lyriklesungen als Rockkonzerte zu inszenieren.«

Alle Veranstaltungen, an denen ich im Laufe dieses Jahres teilnehmen werde, lassen sich genetisch zurückverfolgen auf jene Idee, die in Chicago ihre erste Bühne fand. Hätte Marc Kelly Smith damals eine Lizenzgebühr von fünf Cent pro Poetry-Slam-Zuschauer erhoben, stünde sein Name längst in den Forbes-Listen.

Zur Vergeltung wird er zumindest in allen Veranstaltungsinfos der Welt einmütig als Erfinder des Poetry Slams genannt. Und dem hält der Mann, dessen Homepage auf den Namen *www.slampapi.com* hört, nach wie vor die Treue: Jeden Sonntag moderiert er den *Uptown Slam*, seinen Poetry Slam, den Originalslam – seit 1986 am selben Ort. Zum Start meiner Abschiedstour hangele ich mich die Nabelschnur des Slams zurück in ebenjene Keimzelle der Bewegung. In die legendäre *Green Mill Cocktail Lounge*.

Wir kommen früh genug, um in der Lieblingssitzecke von Al Capone Platz zu nehmen. Der Mafiaboss war in den Zwanzigerjahren Eigentümer des Jazzclubs, und es heißt, es gebe unter den Bodenbohlen des *Green Mill* noch den Zugang zu einem Fluchttunnel. Die Aura des Clubs mit seinen plüschig anmutenden Separees lässt jede dargebotene Veranstaltung zum Beiprogramm dahinschrumpfen. Es herrscht eine mit den Händen zu greifende Atmosphäre aus Historie und Bedeutsamkeit. Wo Chaplin und Sinatra verkehrten, darf seit dreißig Jahren der Poetry Slam am Kindertisch Platz nehmen.

Jede touristisch sinnvolle Anreisevariante zum *Green Mill* sollte die Old Town und das nördliche Ufer des Michigan-Sees einbinden. Der Bus dorthin stimmt mit Haltestellennamen wie »Lake/Goethe« und »Schiller« poetisch auf den Abend ein, und im Lincoln Park gibt es den kostenlosen Lincoln Park Zoo. Der steht immer noch als ein »must-see« in der Liste der Sehenswürdigkeiten, die wir in den letzten drei Tagen emsig abgearbeitet haben und die uns Hunderte Dollar Eintrittsgelder abverlangten.

Darunter geht es einfach nicht, denn mit dem Chicago Art Institute, dem Aquarium und dem Field Museum gibt es gleich drei Pflichtstationen – und zwischendurch muss man natürlich auch immer mal rauf zu der Aussichtsplattform eines Wolkenkratzers. Wer seine Zeit in Chicago genießen möchte, sollte sich – wie überall auf Reisen – eine fröhliche Dekadenz leisten und sein Konto zur unbekannten Größe erklären. Als ich dann unter den verwirrenden Spiegelungen der Chicago Bean meine bei Macy's aufgepimpte Bühnenkleidung feiere, katapultiert sich Chicago endgültig als höchster Neueinsteiger in die Top Ten meiner Lieblingsstädte.

Unser Tischnachbar im *Green Mill* heißt Marc Kelly Smith. Das begeisterte Blitzen in seinen Augen lässt mich alle Slammüdigkeit vergessen. Hier sitzt jemand, der den ganzen Zirkus schon etliche Jahre länger durchzieht und noch immer die Energie aufbringt, für die x-te Wiederholung seiner Show eine überzeugende Vorfreude auszustrahlen.

Ich habe Marc das erste Mal 2004 in Dresden erlebt, an aussichtsloser Position im Programm des *Grand Slam of Saxony*. Die sächsischen Meisterschaften fanden damals zum zweiten Mal statt, und man hatte sich, vom Erfolg des Vorjahres beflügelt, für ein groß angelegtes Open Air in die Neuen Gärten gewagt. Marc Kelly Smith, Nora Gomringer und ich waren als → **Special Guests** eingeladen, womit eigentlich schon das Rahmenprogramm lang genug für einen Abend war. Als Marc zum Start des Finales die Bühne betrat, hatten die verbliebenen Gäste schon etliche Stunden Poesie hinter sich und wurden von der Nachtkühle zum Gehen gedrängt. Zu diesem Zeitpunkt eine Viertelstunde Gedichte vortragen zu müssen, die die Entscheidung des Abends nochmals hinauszögern würden, noch dazu auf Englisch ...

... war dann absolut kein Problem. Und der Höhepunkt des Abends. Ein magischer Moment. Ich möchte nicht zu blumig werden, aber in den folgenden Jahren habe ich nicht mehr allzu viele Vorträge erlebt, die in Sachen Poesie und Ausstrahlung an diese Performance heranreichten. Und um den Fanboy-Verdacht etwas abzumildern, sollte ich hinzufügen: auch von Marc nicht. Dennoch fährt mir seither verlässlich ein Schauer über den Rücken, wenn der eingeweihte Teil des Publikums nach der Begrüßung »My name's Marc Kelly Smith!« laut brüllend antwortet: »So what!?«

Der Slam am heutigen Abend ist mit fünf Teilnehmern recht dünn besetzt. Drei Tage nach Silvester ist das nicht verwunderlich. Ich wäre Starter Nummer sechs gewesen, soll aber lieber den erkrankten Special Guest ersetzen. Da feiere ich also den Stapellauf meiner Slamabschiedstour im geschützten Terrain außerhalb des Wettbewerbs. Doch wer würde sich der Ehre widersetzen, den Special-Guest-Slot im *Green Mill* zu übernehmen?

Der Special Guest bestreitet das mittlere Drittel des Abends, der von einem → **Open Mic** eröffnet wird, bevor nach der zweiten Pause der Poetry Slam beginnt. Ein Ablauf, der mir bei allen nordamerikanischen Veranstaltungen exakt so wiederbegegnet. Das ist also ein Poetry-Slam-Abend im Original. Ich stelle mir die mit den Hufen scharrenden Slammer in deutschen Backstages vor, die schon manchmal beseufzen, wenn ein Moderator den Beginn des Wettbewerbs mit unnötigem Zusatzgequatsche verzögert. Hier gibt es gar keine Backstage. Die Getränke zahlt man selbst. Und der Slam startet noch lange nicht.

Es ist absehbar, dass bis dahin nicht mehr das komplette Publikum anwesend sein wird. Wer eher ran möchte, nutzt das Open Mic. Das sind am heutigen Abend elf Poeten. Open Mic bedeutet im *Green Mill* auch, sich gefallen zu lassen, dass die Jazzband den Textbeitrag musikalisch untermalt. Oder ebendieses explizit abzulehnen, was den Vortragenden aber gleich dem Verdacht aussetzt, sich und seine Poesie eine gute Spur zu ernst zu nehmen.

Am Ende sind einige der besten Texte des Abends beim Open Mic zu hören, auswendig und mit ebenso viel Esprit wie Routine vorgetragen. Wer würde sich in Deutschland als Starter freiwillig für das Open Mic anmelden, wenn man einen Text vorbereitet hat, mit dem man auch den Wettbewerb ohne Weiteres gewinnen könnte?

Aber der Triumph des Siegers, der Frust der Unterlegenen, die Begeisterung des Publikums für die vortragende Person – all das sind Aspekte, die im dahingaloppierenden Takt der wöchentlichen Veranstaltung ohnehin unerheblich werden. Bevor sich innerhalb der Szene herumgesprochen hat, wer den letzten Slam zu später Stunde gewonnen hat, ist bereits der nächste über die Bühne gegangen. Keine Zeit für Fame. Der wahre Star des Abends ist Conferencier Smith, der es nicht versäumt,

allzu selbstbewussten Startern noch zusätzliche Lektionen in Sachen Demut zu erteilen. Das Übrige erledigt die dreiköpfige → **Jury**, die völlig willkürlich zu werten scheint.

Wenn es so spät in einer Bühnenkarriere noch einen Leitsatz gibt, der einem die letzte Reise verschönern kann, dann doch der: »Nimm dich nicht so wichtig, Bürschchen!«
Das fällt mir auch beim Endspurt noch gewaltig schwer.

Nach dem Slam lädt uns Marc in ein mexikanisches Restaurant ein, und wir verfallen bei Guacamole und Tacos in ein umfassendes Lamentieren über den Poetry Slam und die Entwicklungen, die dieses Format in den Jahren seines Bestehens durchgemacht hat. Stoff genug, um dieses Buch hier und jetzt zu beenden. Nur dafür habe ich in den letzten Wochen zu viele Flüge und Unterkünfte gebucht. Sparen wir uns also einige Einschätzungen vom Slamgründer für spätere Kapitel auf.

2)   07.01.16, HONOLULU, HAWAIIAN BRIAN'S CONCERT HALL, HAWAIISLAM

325 Zuschauer, 18 Teilnehmer, Gewinner: Noel Healana

»Du wolltest doch surfen? Da vorne verleihen sie Stand-up-Paddles.«

Nach drei Tagen auf O'ahu kommt mir der Gedanke, man könne all der Palmenidylle einen ironischen Spiegel vorhalten; diese unglaublich sattgrünen Berge beleidigen, die Shaka-Hand um den Stinkefinger erweitern, um ein wenig in den seligen Reservaten des Aloha-Chillens rumzunerven.

Wir sind mit öffentlichen Bussen um die komplette Insel gedüst und haben uns genüsslich Wind, Sonne und Gischt übers Gesicht prickeln lassen. Aber es sträubt sich notorisch in mir, der objektiven Schönheit aus gebückter Haltung zu huldigen. Die neckische Ohrfeige ist das wahre Lob des Künstlers. Ich ersetze in meinem ohnehin ausreichend sperrigen Text »Das verschissene Grün dieser Wiese, Luise« die viermal wiederkehrende Refrainzeile durch »das verschissene Grün dieser Insel, Luise«. Bevor ich diesen Einfall gebührend feiern kann, bleibt Katrin hartnäckig, was meinen noch uneingelösten Hawaii-Vorsatz anbelangt: »Hey, was ist? Wir wollen doch vor dem Slam noch zur Hanauma Bay! Das ist die letzte Möglichkeit. Auf Kaua'i kann man nicht surfen. Also, du zumindest nicht.«

»Ja, aber dieses Stand-up-Paddle hat ja nichts mit Surfen zu tun.«

»Dann lässt du halt das Paddel an Land. Du hast allen daheim gesagt, dass du's mit dem Surfen ausprobieren willst!«

Ich sehe mich mit ungelenken Armschaufeln durch das Wasser wühlen, bäuchlings auf einem unsportlich breiten Board. Wie ein von der Evolution zur Ausmistung vorgesehener Käfer, der seinen Panzer auf dem Bauch trägt. Ich würde wohl jede noch so kleine Welle als zu gewagt einschätzen und die komplette Leihzeit über bewegungslos meinen Rücken in der Sonne braten. Warten. Wie die Profis. Sollte dann doch irgendeine Wasserregung als auf mich gemünztes Friedensangebot heranschwappen, wäre ich mit Sicherheit nicht schnell genug auf den Beinen. Ich würde unwürdig auf dem Board herumrobben, beim kleinsten Wackler ins Wasser plumpsen und mir dabei den Oberschenkel zerren. Anschließend röchelte ich eine halbe Stunde lang das geschluckte Wasser mit dem leidenden Gesichtsausdruck eines Sterbenden hervor. In dem Moment würde womöglich Kealoha, der drahtige → **MC** von Honolulu, an mir vorbeisurfen und verwundert fragen: »Ist das nicht ein Stand-up-Paddle-Board?«

»Und? Was spricht jetzt genau dagegen?«

»Ich muss noch meinen Text üben.«

Honolulu mag nicht die idyllischste Großstadt der Welt sein. Aber sie hat Paradieszugang und bietet die Möglichkeit, zwischen den Textproben den farbenfrohen Staatsfisch Humuhumunukunukuāpua'a beim Schnorcheln ausfindig zu machen. Auf dem Weg zum Slam gehen wir den Waikiki-Beach entlang, barfuß, vor einem bombastischen Sonnenuntergang. Das ist selbst für Hardcore-Romantiker schon eine Spur drüber. Mark Twain hat in »Post aus Hawaii« die ergreifende Schönheit der Inseln mit dem Hinweis beschrieben, dass es dort an nichts fehle außer Feen.

Das letzte Drittel des Weges gibt dagegen eine Ahnung davon, dass sich die mittlerweile in Honolulu versammelten knapp 400.000 Einwohner auch die üblichen Großstadtecken gewachsener Hässlichkeit verdient haben. Die Straße führt in ein charmefreies Industriegebiet mit den Abstell- und Büroflächen des unprominenten Mittelstands. Wir entdecken die richtige Hausnummer gegenüber einer bunt beleuchteten Bar, die uns in Leuchtbuchstaben »Naked Lady« offeriert. Gott sei Dank habe ich noch rechtzeitig gelesen, dass der Slam im zweiten Stock des Gebäudes stattfindet. Und dass man den Eingang von Fitness 24 benutzen soll.

Tatsächlich muss man das Fitnessstudio einmal durchqueren, was sich bei avisierten 500 Zuschauern für alle Beteiligten etwas seltsam anfühlen dürfte. Weitere Zweifel schleichen sich ein, als wir durch den Hinterausgang von Fitness 24 in einem Parkhaus landen. Aber an der gegenüberliegenden Wand ist eine Metalltür, die sich als Eingang zum *Crossroads* ausweist, das wiederum das *Hawaiian Brian's* beherbergen soll. Die neue Location, in die der *HawaiiSlam* im fünfzehnten Jahr seines Bestehens heute frisch einzieht.

Hinter der unscheinbaren Tür versteckt sich ein mächtiger Räumekomplex mit mehreren Billardhallen, Imbissen und Konzertsälen. Wer hätte das erwartet? Aber wer hätte generell auf Hawaii einen Poetry Slam erwartet? Noch dazu den größten der Welt. Das ist fast schon eine Fee, Herr Twain.

Der größte Slam der Welt? Die Homepage des *HawaiiSlams* verspricht in der Tat den »largest registered poetry slam in the world (500+ in attendance)«. Ein Titel, der gleich von mehreren Poetry Slams im deutschsprachigen Raum vehement angezweifelt werden dürfte.

Andererseits auch wieder nicht: Hawaii ist die vom Festland und anderen Inselstaaten am weitesten entfernte Landmasse. Irgendwo allein im Pazifischen Ozean. Jeder Zuschauer, der nicht auf O'ahu wohnt, muss eingeflogen werden. Welcher Slam könnte von sich behaupten, im Umkreis von 6.000 Kilometern keine zwei Millionen potenzielle Zuschauer zusammenzubringen? Allein durch diese Abgeschiedenheit hat sich der *HawaiiSlam* verdient, der größte Slam der Welt zu sein – und ich bitte alle Spielverderber, von diesbezüglichen Richtigstellungen abzusehen!

Wer die Insel zuvor über die üblichen Touristenumschlagspunkte kennengelernt hat, wird sich wundern, wo auf einmal all das stinknormale Hipster-Ausgehvolk herkommt. Bislang trugen alle Menschen Badehose und waren Japaner oder Surfer. In der unwirklichen Kulisse eines Inselparadieses wirkt plötzlich das Normale deplatziert.

Ein wuselig hantierender DJ empfängt das allmählich einströmende Publikum, auch der Live-Zeichner hat bereits losgelegt. Im hinteren Teil der Bühne hat eine Band ihr Set aufgebaut. Der *HawaiiSlam* ist Teil einer Gesamtshow unter dem Titel »First Thursdays« und findet – wie die meisten deutschen Poetry Slams – nur einmal im Monat statt. Kealoha betont als Moderator des Abends einige Male, dass wir uns wohlfühlen, gemeinsam etwas essen und eine gute Party haben sollen.

Ganze achtzehn Starter haben sich auf der Anmeldeliste eingetragen, darunter einige renommierte US-Slammer, die gerade Urlaub auf Hawaii machen. Sie demonstrieren schon beim Mikrofonständerausrichten, dass sie Profis sind. »Üb noch mal deinen Text!«, rät Katrin nach den ersten zwei Beiträgen. Langsam werde ich nervös.

Ich bin Starter Nummer elf. Bis dahin habe ich viele Texte gehört, die ich »typisch amerikanisch« nennen möchte. Poetry Slam ist in den USA in vielerlei Hinsicht das Sprachrohr unterprivilegierter Gesellschaftsgruppen. Transgenderschicksale und Homosexualität, Ghettosozialisation, Rassendiskriminierung, Gewalt in der Ehe und sexueller Missbrauch sind bereits abgehandelt, als ich die Bühne betrete. Insbesondere die Festlandamerikaner beherrschen es, jene Kernsätze politischen Protests so vorzutragen, dass sie mit Fingerschnipsen im Publikum beantwortet werden, was bei den amerikanischen Slams das Zeichen für unterstützende Wertschätzung ist. Ich finde es immer seltsam, wenn das persönliche Schicksal zum vordergründigen Thema eines Textes wird und alle sprachlichen Dimensionen in den Hintergrund drängt. Die Güte des Vorgetragenen wächst da gerne mal mit der Härte des erlittenen Unrechts. Aber vielleicht möchte ich mir nur eine Erklärungsschneise freischlagen für das Scheitern der eigenen Performance.

Es läuft dann besser als erwartet. Die englischen Zeilen sprudeln ruckelfrei aus mir hervor und die mit Belustigungsabsicht signifikant deutsch vorgetragenen Passagen belustigen. Überhaupt freut man sich im Publikum über die abstruseren Zeilen und meinen Aufruf, gemeinsam Glasscherben zu verzehren. Auch das »verschissene Grün dieser *Insel*« wird unter Beifall geschluckt. Ich lande zunächst auf Platz drei, werde dann allerdings von den noch ausstehenden Beiträgen ein wenig durchgereicht. Es folgen ein paar wirklich gute → **Locals**, die sich zynischere Töne leisten und ironisch nachtreten: Inselfolklore, Touristen und amerikanische Besatzer bekommen ihr Fett ab. Daneben gibt es noch zwei Beiträge, die in Deutschland direkt disqualifiziert würden – ein Stück Beatboxing komplett ohne Worte und ein steinerweichendes Liedchen, das die Sängerin durch den Hinweis als Poetry kennzeichnet, dass sie es zum ersten Mal ohne Instrument vortrage.

Wen kümmert's? So ein Partyabend muss nicht durch kleinliche Regelauslegungen konventionalisiert werden. Und Kealoha liefert das nötige Engagement ab, um die versprochene Stimmung tatsächlich bis zum letzten Text aufrechtzuerhalten. Das ist nach dem Finale, den Beiträgen von Special Guest Jason Bayani und den → **Opferlämmern** immerhin bereits der einunddreißigste Text des Abends.

Aber allein der unbändige Elan, mit dem Kealoha athletisch-locker ans Mikro springt, verbietet es den Beiwohnenden, auch nur minimal zu ermüden. Der Mann hat genug Euphorie in sich, um problemlos noch eine Parallelveranstaltung bei Laune zu halten. Muss vom Surfen kommen. Hätte man mal ausprobieren sollen.

Am nächsten Tag vollbringen wir Exotischeres: Weil wir den letzten Bus verpasst haben, bitten wir die Starbucks-Bedienung in Kaua'is größtem Einkaufszentrum, uns ein Taxi zu rufen. Das verstört in einem Land, in dem jeder fortwährend sein Auto benutzt oder als Tourist einen Leihwagen fährt. Ihre Kollegin quietscht auf und fragt, ob sie das erledigen darf. Sie bedankt sich anschließend bei uns: »That was fun! I've never done this before.«

3)   18.01.16, VANCOUVER, CAFE DEUX SOLEILS, VAN SLAM
145 Zuschauer, 16 Teilnehmer, Gewinner: Griffin

Als ich vor anderthalb Jahren das erste Mal in Vancouver eintraf, hatte ich gerade einige Wanderungen in den Rocky Mountains und 200 Kilometer auf dem Athabasca River hinter mir. In meinem Gesicht war eine bedenkliche Menge an schratigen Bartstoppeln zu bedenklicher Länge gediehen, und ich hätte vermutlich jede Stadt zur temporären Lieblingsstadt erklärt, in der man eine Toilette besuchen kann, ohne den Spaten mitzunehmen und eine Bärenbegegnung fürchten zu müssen. Aber Vancouver eilt unabhängig von solchen Ansprüchen der Ruf der lebenswertesten Stadt der Welt voraus. Das braucht es vermutlich auch, wenn die Ankunft in der Stadt zugleich den Abschied von Hawaiis Traumstränden, Buckelwalsprungartistik und Helikopterflügen an paradiesisch grünen Steilküsten bedeutet. Zwei Wochen haben wir auf O'ahu, Kaua'i und Maui puren Lebensluxus genossen. Vancouver scheint ein passender Akklimatisierungskorridor für die Rückkehr in den deutschen Winter. Allein, wir sitzen bereits drei Stunden zwischen Syrern, Vietnamesen und Ghanaern in einer Halle fest, in die der kanadische Zoll verdächtige Personen aussondert.

Unser Vergehen besteht darin, lediglich einen Tag Aufenthalt in Kanada eingeplant zu haben. Deutschland, so stellte das spitzfindige Passabstempelfräulein am Einreiseschalter sogleich fest, sei doch sehr weit entfernt und der Flug entsprechend teuer. »Wir machen einen Zwischenstopp auf der Rückreise von Hawaii«, erklärten wir ihr. Auch das, entkräftigte das Fräulein unsere Ausflucht, sei doch sehr weit entfernt von Deutschland. Sie wollte nun wissen, wie wir denn wieder nach Hause kämen. »Mit dem Flugzeug von Seattle, wohin wir morgen mit dem Zug reisen!« – wir machten uns daran, Reiseunterlagen und Tickets hervorzukramen. »Mit dem Zug, aha«, stoppte sie uns und kritzelte eine kryptische Zahl auf unsere Immigration Card, wegen der man uns wenig später am Zoll augenblicklich aussonderte. Vielen Dank! Ich schwöre, dass die Dame keine Ahnung hatte, wo Deutschland, Hawaii oder Seattle liegen. Und auch keinen Schimmer, was ein Zug sein soll.

Der Tag in Kanada schrumpft derweil zu einem halben Tag. »Bleib ruhig!«, mahnt mich Katrin. »Ist uns auch schon mal passiert«, simsen unsere Freunde, die in der Stadt warten, »ruhig bleiben und höflich sein!« Auch das Hinweisschild, welches eine Strafe von 10.000 kanadischen Dollar auf die Beleidigung eines Zollbeamten aussetzt, dient dem Ruhebedürfnis in diesen hehren Hallen. Mir scheint der Betrag allmählich ein hinnehmbarer Preis.

Was jetzt genau das Problem sei, fragt uns der Zollbeamte, als wir endlich an der Reihe sind. Er findet es in unserem Fall nicht einmal nötig, auch nur einen kurzen Blick auf unser Gepäck zu werfen. »Ihre ... Kollegin«, antworte ich.

Uns bleibt keine halbe Stunde, unser wunderschönes Zimmer zu beziehen, bevor es zum Slam geht. Auch der Plan, eines der Sushi-Restaurants von unserem letzten Vancouver-Aufenthalt aufzusuchen, muss begraben werden. Der Veranstaltungsort des Slams, das *Cafe Deux Soleils*, habe eine hochgelobte vegane Küche, simsen unsere Freunde zur Beruhigung. Hm. Ich hätte mir nie vorstellen können, in Vancouver jemals etwas anderes als Sushi zu essen. Die Stadt ist berühmt dafür.

»Schmeckt dein Tofu-Curry?«, fragt mich die Runde vorsichtig im *Cafe Deux Soleils*.

»Is' okay«, antworte ich – auch im Namen aller entkommenen Meeresbewohner.

»Ich nehme am Slam teil«, weise ich den jungen Mann zurecht, der zur Eröffnung der Abendkasse bei den bereits im Café sitzenden Personen abkassieren möchte. Ich habe die leise Hoffnung, dass dieser Hinweis ausreichen könnte, um auch für unsere Freunde, auf jeden Fall aber für Katrin, freien Eintritt auszuhandeln.

»Aber Slammer zahlen auch?!«, wundert sich der Bursche. So erklärt sich im Nachhinein also der verstörte Blick des Kassenmenschen in Honolulu, der nur nicht schnell genug oder zu schüchtern war, mich auf meine Fehlinterpretation hinzuweisen: Für die Teilnahme an einem Slam hat man selbstredend zu zahlen. Zumindest den Eintritt. Zweite Lektion in Sachen Demut.

Daheim sorgt es bereits für Unmut, wenn Fahrtkosten nicht um etwas Gage aufgerundet werden, die Freigetränke zu knapp bemessen sind oder das Catering nicht schmackhaft genug ist. Das Tofu-Curry ist, wie gesagt, okay. Für deutsche Slamverhältnisse nur unglaublich teuer.

Für deutsche Verhältnisse erscheint auch die zur Verfügung stehende Bühnenzeit unvorstellbar knapp bemessen. Ein Zeitlimit gibt es auf jedem Poetry Slam, klar, aber nur die allerpäpstlichen Veranstalter brechen einen Vortragenden auch wirklich ab, sobald er dieses überschreitet. Im deutschsprachigen Raum liegt die Grenze je nach Slam zwischen fünf und zehn Minuten. In Nordamerika wie auch in ausnahmslos allen anderen Ländern, die das Konzept *Poetry Slam* importiert haben, bleiben einem Slammer drei Minuten zu sagen, was er zu sagen hat. Das fördert natürlich einen höheren Anteil lyrischer Texte zutage. Und das wird streng gestoppt.

Bei Überschreitung wird ebenso streng sanktioniert: mit einem Punkt Abzug pro fünf Sekunden. Das kann bei maximal dreißig zu erreichenden Punkten schon schmerzhaft sein – einer der Starter landet gar im Minusbereich. Vielleicht hat er das Slammen in Deutschland gelernt.

Dort würde dem Vortragenden zumindest ein Zeichen gegeben, sobald seine Zeit um ist. Hier muss man die Sache selbst im Griff haben.

Dass man mitnichten seine Zeit richtig eingeteilt hat, erfährt man erst nach der Jurywertung. Dann stimmt das Publikum auf Signal des Zeitnehmers ein munteres Spottlied an: »Du Arschloch hast es voll versaut! Aber es war jede Minute wert.«

Ich bekomme dieses Ständchen im Finale zu hören und rutsche trotz prima Wertungen auf Platz vier. Elf Sekunden drüber, drei Punkte Abzug. Aber wie das Lied richtig feststellt: Das war es wert. Den einleitenden Hinweis auf meine seltsam verschleppte Einreise konnte ich mir einfach nicht verkneifen.

Leider verspiele ich damit auch die für die ersten drei Plätze vorgesehene → **Siegprämie** und damit die Chance, unseren Freunden das geliehene Eintrittsgeld zurückzuzahlen. Meine Tour hinterlässt in diesem frühen Stadium bereits eine Spur von Altschulden.

Schon am nächsten Tag kommt noch eine Runde Bier hinzu, die ich meinem neuen Slamkollegen Nash schuldig bleibe. Nash aus Seattle – was, zur Info für alle kanadischen Zollbeamten, nur ein paar Zugstationen von Vancouver entfernt liegt.

4)   19.01.16, SEATTLE, RE-BAR, SEATTLE POETRY SLAM
85 Zuschauer, 9 Teilnehmer, Gewinner: Ibo

Der Takt, mit dem die Lok ihre Anwesenheit in die Welt pfeift, hat etwas Kindliches. Als wenn der Lokführerstand mit einer Grundschulklasse von Jim-Knopf-Fans besetzt wäre, von denen jeder mal am großen Dampflokpfeifenhebel ziehen darf. Selbst in alten Westernfilmen wird weniger gepfiffen. Der Ausblick entspricht dann wieder allen Westernregeln: uralte Stahlgerüstbrücken über Flüsse, auf denen Baumstämme herabgeflößt werden. Wir tuckern mit einer Geschwindigkeit die Schienen entlang, die einen Umstieg zwischen den Waggons auch während der Fahrt ermöglichte. Außen herum. Aber verglichen mit dem unaufhörlichen Herumgewusele zwischen Abfluggate und Self-Check-in scheint so eine beschauliche Zugfahrt doch eine relaxte Alternative. Zudem besteht hier die Chance, die bereits jetzt desaströse Klimabilanz meiner Abschiedstour etwas aufzuhübschen.

Bevor wir jedoch die aus den Siebzigerjahren zurückgebeamten Waggons besteigen dürfen, müssen wir mit unserem Gepäck eine Sicherheitskontrolle passieren, die selbst am Flughafen nicht besser hätte inszeniert werden können. In Nordamerika wird man als Zugpassagier noch ernst genommen. Was zählt da die Stunde Verspätung? Wer sich für den Zug entscheidet, hat eh alle Zeit der Welt.

Wir im Amtrac-Zug sind eine rührige Gemeinschaft sehr, sehr altmodischer Menschen. Wir verschicken handgeschriebene Einladungen zum Tee auf Büttenpapier, benutzen Wahlscheibentelefone aus Bakelit und fahren Zug in den USA. Wir genießen die leicht schusselige Erhabenheit der Nostalgie. Und alle spielen mit: Das Personal des gesamten Zugs wird uns mit vollem Namen vorgestellt (der Lokführer heißt leider

Michael, nicht Lukas). Außerdem wird noch einmal darauf hingewiesen, dass es verboten sei, ohne Schuhe durch den Zug zu gehen. Was in diesem Augenblick allgemein als ein Signal gedeutet wird, zumindest am Platz die Schuhe auszuziehen. Unter sehr, sehr altmodischen Menschen kann sich das olfaktorisch leicht prekär auswirken.

Der Zug rattert gemächlich die Küstenlinie entlang. Auf der anderen Seite sichte ich schneebedeckte Berge und merke, dass meine geografischen Grundkenntnisse diesen Landstrich nie erreicht haben. Ich betrachte die Karte von Seattle und wundere mich über das ganze Wasser. Die Stadt ist im Grunde eine Insel. Ich google mich über das Zug-WLAN auf die Schulbank: Seattle ist eine Hafenstadt, soso, über 41 Prozent der Gesamtfläche ist Wasser, ach was, im Südosten der 4.392 m hohe Vulkan Mount Rainier, ähem ... Reisen bildet nicht unbedingt, es zeigt mitunter einfach nur die Kluft, die uns vom Basiswissen entfernt. Ich habe mit Seattle nur *Nirvana* und Kurt Cobain verbunden. Aber das lässt mich auch ohne fremde Ermahnung von selbst seufzen.

Einmal kurz durchatmen: Der amerikanische Zoll hat nichts daran zu beanstanden, dass wir für nur einen Tag in die USA einreisen möchten. Noch dazu mit einem Zug. Wir freuen uns über einen ganzen halben Tag Bummeln in der *rainy city.* »Hieß Chicago nicht *windy city?*«, frage ich mich und rede mir ein, dass vermutlich alle amerikanischen Städte ein unangenehmes Wetteradjektiv als Spitznamen haben. Blöder könnte die Wahl einer winterlichen Reiseroute sonst wohl kaum ausfallen.

Seattle zeigt sich jedenfalls sehr überzeugend, was seinen Spitznamen angeht. Wir flüchten in ein Sushi-Restaurant und holen nach, was für Vancouver auf dem Programm gestanden hatte. Nach dem Besuch des Pike Place Market und der Seattle Needle sind dann unsere Schuhe vom Pfützendurchwaten aufgeweicht, und wir erinnern uns, dass wir ja noch den Hawaii-Jetlag auszuschlafen haben.

Um sieben klingelt der Wecker. Zeit zu slammen. Ich breche nicht mit den höchsten Erwartungen auf. Die Kommunikation mit den Veranstaltern lief eher ... nicht. Natürlich muss niemand in Freudentänze ausbrechen, nur weil sich irgendein Slammer aus Deutschland für einen der 53 Poetry Slams im Jahr anmeldet. Man muss, wie geschehen, nicht einmal darauf antworten, weil alles Notwendige ja mit ebendieser Anmeldung geschehen ist. Aber ich komme aus dem Slamkulturkreis der Orgamails.

Zu jedem meiner Auftritte im deutschsprachigen Raum erhalte ich mindestens eine Mail des Veranstalters, in der der genaue Ablauf des Abends, die Anfahrt zum Veranstaltungsort und Unterkunft, die Modalitäten der Fahrtkosten- und Gagenauszahlung und viele sehr unerwartete Dinge minutiös erörtert werden. Wer sich diese Mails durchliest, kann gar nichts mehr falsch machen. Natürlich liest niemand diese Mails wirklich durch. So viel aber ist jedem klar: Wer keine Orgamail erhält, muss damit rechnen, nicht als Starter vorgesehen zu sein. Und wer keine Orgamail verschickt, darf sich darauf gefasst machen, dass ein Drittel seines Starterfelds den Termin vergisst oder auf der Anreise verloren geht.

Für die durch die deutsche Slamlandschaft tourenden Amerikaner wird sich nach dem Erhalt einer landestypischen Orgamail jedes Vorurteil bestätigen, das man in Bezug auf Pedanterie und Ordnungswut hegen mag.

Der orgamailungestützte Empfang in der *Re-Bar* gestaltet sich dann recht herzlich. Wir werden eingelassen trotz fehlender ID und zu wenig Bargeld für den Eintritt – beides Opfer unseres überhasteten Aufbruchs in der noch nicht ganz abgeschlossenen Tiefschlafphase. Den größten Anteil an unserer guten Laune hat aber Nash, unser gesprächsfreudiger Sitznachbar. Er ist sehr aufgedreht, weil er zum ersten Mal an einem Poetry Slam teilnimmt, und johlt entzückt auf, als ich ihm erzähle, dass ich ebenfalls im Wettbewerb starte. Er findet alles großartig und cool und ist die Gute-Laune-Fee des Abends. Dabei hat er keine Ahnung, was ein Poetry Slam überhaupt ist. Hat davon gelesen, ein paar seiner Gedichte gepackt und die Fähre nach Seattle genommen.

Solche Starter gab es in der Frühphase des Poetry Slams zuhauf. Mittlerweile sind unbedarfte Hobbydichter, die sich spontan auf der Teilnehmerliste eintragen, zumindest in den größeren Städten so gut wie ausgestorben. Bei vielen Slams gibt es die Tradition der → **offenen Liste** gar nicht mehr – alle Slammer werden vorab fest eingeladen. Durch das streng limitierte Teilnehmerfeld bleibt kein Platz für unberechenbare Anfänger. Nash ist auf seinem ersten Poetry Slam bereits Slamvergangenheit.

Aber als solche sehr lebhaft. Er arbeitet in einem Supermarkt am falschen Ufer der Stadt – sei dort gelandet, weil er zu Schulzeiten nur an Gitarrespielen und Drogengenuss interessiert gewesen wäre. Die Grunge-Ära eben. »Not cool«, kommentiert er das und erweckt bei mir gerade dadurch einen gegenteiligen Eindruck. Slams like Teen Spirit!

Die Moderatorin des Slams legt sich mächtig ins Zeug, um das noch etwas verhalten reagierende Publikum für den Abend zu begeistern. Nash ist in dieser Hinsicht fraglos der dankbarste Gast. Sie erklärt, dass der Poetry Slam 1986 in Chicago erfunden worden sei, von einem Bauarbeiter namens Marc Kelly Smith. »So what!«, brüllt es aus dem hinteren Teil des Zuschauerraums. Dort haben sich anscheinend die Slammer versammelt. »Yeah!«, jubelt Nash. Wir sitzen in der zweiten Reihe. Beim zweiten Bier. Katrin und ich sind uns einig, dass dies der lustigste Slam der bisherigen Tour werden müsste. Wird er dann aber nicht.

Der Vorteil einer Backstage liegt auch darin, dass das Publikum von den Slammern und ihren Reaktionen verschont wird. Wenn ein Drittel des Raumes von einem inzestuösen Claqueursclub belegt wird, mag das mitunter der Stimmung im Saal dienlich sein – aber man ist in einem Fanblock im Fußballstadion ebenso gut aufgehoben, wenn es darum geht, sich ein neutrales Urteil darüber zu bilden, wer denn der Beste auf dem Feld sein könnte. Fortan begrüßen die Slammer aus dem Hintergrund schon das erste Wort eines Kollegen mit begeistertem Schnippen und vereinzelten Yeahs. Unterstützung erhalten sie von der Moderatorin, die dafür nicht einmal von ihrem Smartphone aufblickt. Ich bin empört. Während wirklich jedem Auftritt setzt sie sich in die erste Reihe und tippt notorisch auf ihrer Facebook-Seite herum – für jeden im Raum am blauen Schein ihres Displays erkennbar. Zwischendurch schnippt sie Applaus und sagt: »Yeah!«

Nach dem Beitrag stürmt sie dann wieder ans Mikro und produziert sich als leidenschaftliche Animateuse in Sachen Poesie. Eine Farce. Ich würde mein Geld zurückverlangen, hätte man mich nicht umsonst eingelassen.

Aber just als sich meine Stimmung einzutrüben beginnt, wird Nash ausgelost – jetzt gilt es zurückzuclaqueuren! Viel Zeit bleibt mir nicht, denn nach anderthalb Minuten blumiger Metaphern in klassikverliebtem Jargon ist er wieder zurück am Platz. »Cool«, sage ich und klatsche ihn ab. Seine Handinnenflächen sind so verhornt, dass er im Supermarkt vermutlich nicht an der Kasse arbeitet.

Nash erhält für seinen Text beschämend wenige Punkte, ich selbst rutsche gerade noch ins Halbfinale. Der Rest der Plätze ist von denen besetzt, die sich wohl jede Woche an dieser Stelle unterstützen. »Es hat echt Spaß gemacht!«, versichert mir Nash, als er sich heimlich davonmacht, um noch eine frühere Fähre zu erwischen. Er muss schließlich morgen wieder an die Schippe.

Ich hoffe für dich, liebes Seattle, dass dir der einzige Rock'n'Roller des Abends den versauten Einstieg verzeiht, und er eines Tages mit seinem beneidenswerten Enthusiasmus auf deine Bühne zurückkehrt. Dann gönn ihm bitte und gefälligst auch als Szenefremdem mal ein Schnippen! Und setz deine Moderatorin vor die Tür! Da ist der Empfang viel besser.

Der Nachtportier unseres Hotels ist derselbe Junge, bei dem wir mittags eingecheckt haben. Sein Kollege sei erkrankt, und er habe die Schicht übernehmen müssen. Als er erfährt, dass wir bereits um fünf Uhr morgens die U-Bahn zum Flughafen nehmen müssen, bietet er an, uns ein Lunchpaket zum Frühstück zu packen. Wir bedanken uns begeistert. Alles kein Problem und selbstverständlich, sagt er. »I'm Nash, by the way.«

Cooler Name.

5) 21.01.16, FRANKFURT A.M., ST. PETER KULTURKIRCHE, WO IST HOLA?-SLAM

95 Zuschauer, 6 Teilnehmer, Gewinner: Jey Jey Glünderling

Der Zeitunterschied holt sich zurück, was er uns auf dem Hinflug geschenkt hat, und verschluckt sieben Stunden. Erst am übernächsten Tag treffen wir hundemüde in Frankfurt ein. Doch statt uns im Jetlag-Tran auf Zugfahrt gen München zu machen, checken wir vor Ort ein. Dalibor vom *Wo ist Hola?*-Slam hat uns ein Hotel für zwei Tage reserviert, damit wir direkt aufs Zimmer und in die heiß erflehte Heia kommen. Dass solcher Luxus möglich ist, lässt sich auch übersetzen als: Welcome back to slammin' Germany!

VON GUTEN ELTERN

Nach dem Stapellauf im Mutterland des Poetry Slams bei Papi Smith statte ich meinem persönlichen Slamelternhaus einen Besuch ab. Und merke, wie viele Erzählstränge meiner Biografie im Norden zusammenlaufen.

6) 26.01.16, HAMBURG, NOCHTSPEICHER, HAMBURG IST SLAMBURG
300 Zuschauer, 13 Teilnehmer, Gewinner: David

In Hamburg steht meine Slamwiege. 1999 bin ich das erste Mal unter dem Motto *Hamburg ist Slamburg* im *Foolsgarden* im Schanzenviertel aufgetreten. So erfolglos wie gekränkt, dass ich zwei Jahre benötigte, bevor ich mich wieder in Hamburg auf die Bühne wagte. Der Text meiner Premiere hatte den launigen Titel »Der Pornohans und meine MitschülerInnen«, und die Moderatoren waren damals wie heute Hartmut Pospiech und Tina Uebel. Sie können sich nicht mehr an diesen bahnbrechenden Erstlingsbeitrag erinnern, wohl aber an mein zweites Stelldichein bei ihrem Slam, 2001 – da bereits im prall gefüllten *Molotow* auf der Reeperbahn.

»Im Haarstudio Kadaver« hieß mein erster Poetry-Slam-Hit. Und wäre ich nicht so übereifrig mit der silbernen Pferdeschärpe des Zweitplatzierten entschwunden, ich hätte an diesem Abend sogar noch eine Nominierung für den → »**National**«[*] ergattert, den → **deutschsprachigen Slammeisterschaften**, die damals in Hamburg ausgerichtet wurden.

So musste ich bis 2002 auf meine erste Nominierung warten. Bis dahin hatte ich einige silberne und goldene Schärpen im *Molotow* erhalten

---

[*] Trotz aller Deutschsprachigkeit ist der Begriff »National« unbedingt englisch auszusprechen – schon allein, um der Namensodyssee zu erinnern, die dieser Wettbewerb seit 1997 durchlief. Mehr hierzu im Glossar.

– und es erscheint sehr passend, auf meiner Abschiedstour die noch fehlende bronzene (eigentlich weiße) Pferdeschärpe zu ergattern.

Andererseits habe ich mich vor zehn Jahren dazu entschlossen, die Sammlung unsinniger → **Trophäen** in der Wertstofftonne zu versenken. Den *Hamburg ist Slamburg*-Schärpen ist dieses Schicksal nur deshalb erspart geblieben, weil die pferdenärrische Tochter eines Freundes ein stolzer Abnehmer war.

Wenn ich hier auflisten würde, was meine übrigen Siegestrophäen waren, hielte der werte Leser alle Slambeteiligten für Geistesgestörte. Tonnenschwere Steine, vergoldeter Restmüll und Gipsabdrücke von Moderatorengesäßen werfen die Frage auf, wie eitel man eigentlich sein kann, um ebensolche Undinge jahrelang als Beleg seiner Slamerfolge aufzubewahren.

Die bronzene Pferdeschärpe des heutigen Abends werde ich allerdings in Ehren halten. Sie ist ein schöner Beleg dafür, dass es Dinge gibt, die unverändert geblieben sind in all den Jahren, in denen der Poetry Slam mittlerweile seine Kapriolen schlägt.

Hier im *Nochtspeicher*, der dritten Location von *Hamburg ist Slamburg*, ist alles so wie früher: Eine Schultafel, auf der eine schier endlose Liste von Vornamen mit Kreide gekritzelt wird. Kein Nachname, keine Herkunftsstadt – jeder ist gleich unwichtig im Wettstreit um die drei Siegschärpen. Es gibt auch kein Finale, in dem sich die Besten mit einem zweiten Text beweisen müssten. Man liefert einen Text ab, erhält die meisten Punkte und darf sich zu guter Letzt mit einer goldenen Pferdeschärpe geschmückt beim Publikum bedanken. Ohne Zugabe. Unglamouröser kann so ein Sieg nicht ausfallen. Wer sich als Star der Szene etablieren möchte, muss bei den anderen Hamburger Slamveranstaltungen anklopfen.

Eine Neuerung gibt es allerdings bei *Hamburg ist Slamburg*: Im *Nochtspeicher* hocken alle Teilnehmer gesammelt in einem Bereich vor der Bühne herum. Eine Backstage-Simulation als Zugeständnis an die Gepflogenheiten der Slamneuzeit. Ein Ort, an dem sich die Slammer ausgiebig herzen und umarmen können, wie das zu Begrüßung und Abschied innerhalb der Slamily üblich geworden ist. Für Außenstehende mag das ziemlich zwanghaft ausschauen.

In meinem ersten aktiven Slamjahr habe ich nicht einen einzigen Slammer kennengelernt. Die standen irgendwo im dicht gefüllten *Molotow* verteilt und warteten auf ihren Auftritt. Als mich 2001 irgendwann die damals schon über sechzigjährige Marlene Stamerjohanns nach einem Auftritt ansprach, hielt ich das lediglich für die sich ziemende Höflichkeit einer älteren Dame. Dass sie mit anderen Slammern aus Bremen angereist war, hat mich zunächst einmal umgehauen: Aus Bremen? Echt? Zum Slam nach Hamburg? Krass. Damals habe ich sie und ihre Bremer Kollegen für etwas geistesgestört gehalten. Für schräge Gestalten, die in einem von ihrem Sozialarbeiter gesteuerten Minivan zur Abendbeschäftigung durch die Gegend kutschiert werden. Es erschien mir komplett abwegig, dass normale Menschen mehr als eine U-Bahn-Fahrt in Kauf nehmen könnten, um kurz mal einen ihrer Texte auf der Bühne vorzulesen.

»Und jetzt Applaus für unseren nächsten Dichter, Applaus für Lasse!«

Schau an, dachte ich an manchen Abenden, der war ja noch nie hier. Und: Wow, cooler Text! Es war seltsam, dass es neben den Stammlesern immer wieder Starter gab, die aus dem Nichts kamen und eben dorthin entschwanden. Wären sie nach der heutigen Art und Weise angekündigt worden, hätte ich mich darüber weniger wundern müssen:

»Und jetzt Applaus für einen Mann, der heute Abend extra aus Bonn zu uns gekommen ist, Applaus für Lasse Samström!«

»Bonn?«, hätte ich gedacht. Der ist doch geistesgestört.

Irgendwann haben mich Hartmut und Tina an die Hand genommen und mir die Sache mit der herumreisenden Slamily erklärt. Anschließend wurde ich sogleich in den Zug nach Bern gesetzt – zusammen mit Wehwalt Koslovsky, mit dem ich vorher noch nie ein Wort gesprochen hatte. Wir waren die Abgesandten und Einzelstarter der Slamstadt Hamburg beim *6. German International Poetry Slam 2002* in Bern und würden später einmal ein geachtetes Team bilden. Konnten wir damals noch nicht ahnen. Irgendwann werde ich für Tina und Hartmut die Domains *www.slampapi.de* und *www.slammami.de* anmieten. Meine Slameltern. Die mich heute noch einmal durch einen Abend alter Strickart geleiten.

Das hat etwas Heimeliges. Zugleich umweht mich plötzlich ein Hauch von Melancholie: Hier beginnt sie nun wirklich, meine Abschiedsreise. Die bisherigen Stationen der Tour waren Orte, an denen ich zugleich das erste wie das letzte Mal gewesen bin. Namenlose Koteletts auf dem Teller. Jetzt muss Karnickelchen Wazlav aus dem Stall gezerrt werden.

Für Mama und Papa gibt es längst neue Erziehungsaufträge. Drei Startern merkt man an, dass sie den halben Tag vorm Spiegel ihre Garderobe und Körperhaltung ausgetestet haben. Um nun mit der kindlichen Souveränität von Marketingstudenten die Slamwelt zu erobern:

»In meinem Poetry Slam geht es um ...«, beginnen sie jeweils ihren Auftritt, und den Restpoeten im Saal stellen sich die Nackenhaare auf. Es ist putzig und schrecklich zugleich, diese Julia-Engelmann-Coverbands in See stechen zu sehen. Ihre Bedeutungserweiterung des Begriffs »Poetry Slam« nimmt selbigem alle kompetitive Schärfe. Als wenn die Veranstaltung »Mondscheingeschichten« hieße, zu der man natürlich seine persönliche Mondscheingeschichte mitbringt.

Aber ich habe keinerlei Berechtigung, Anfängerfehler zu beschmunzeln. Es gibt Fataleres: Als 2001 der National stattfand, las ich viel zu spät davon in einem Hamburger Stadtmagazin. Die ersten beiden Wettbewerbstage waren da bereits gelaufen. »Na ja«, sagte ich mir, »machste halt am letzten Tag mit!«, und hätte mich noch am gleichen Abend an der Kasse vorgestellt, um mich in die Starterliste einzutragen. Zum Finale der deutschsprachigen Meisterschaften.

Gott sei Dank lud mich ein Arbeitskollege gerade noch rechtzeitig zu einer spontanen Geburtstagsparty ein, was ich um einiges vielversprechender empfand als die Teilnahme an irgendeiner Slammeisterschaft.

»Schön, dass du auf deiner Tour noch mal bei uns vorbeigeschaut hast!«, herzt mich Tina zum Abschluss des Abends. Ich antworte galant: »Ja, aber doch selbstverständlich!«

Seit meinem Umzug nach Berlin habe ich an über tausend Poetry Slams teilgenommen. Darunter war lediglich ein mickriger Auftritt bei Hartmut und Tina. So ein Balg kann ganz schön undankbar sein.

7) 27.01.16, LÜNEBURG, SALON HANSEN, POETRY SLAM LÜNEBURG

200 Zuschauer, 7 Teilnehmer, Gewinner: Mona Harry

Am nächsten Tag wechseln die Aufsichtspersonen: Die Slamveranstalter von *Kampf der Künste* sind bereits seit gestern Sponsoren meines Hamburger Hotelzimmers und haben mich für einen Slamdreier gebucht. Der startet mit meinem neunten Gastspiel beim Lüneburger Slam.

Schön. Aber auch schön, in Hamburg übernachten zu können. Ich habe meine Routinen, die ich dort bei jedem Aufenthalt abhake: Hafenfähre nach Övelgönne, Elbspaziergang zum Jenisch-Park, Galão-Trinken in Winterhude. Die alte Hood ablaufen.

 Exkurs: Die schönste Stadt Deutschlands
http://www.hirnpoma.de/slammed/exkurs1.html

Hamburg ist die Stadt, die ich eigentlich nur vom Feiern kenne. Es müsste heißen »vom Arbeiten«, aber als ich 1999 vom Ruhrgebiet an die Elbe übersiedelte, schwappte gerade die New-Economy-Welle über die Landungsbrücken. Da musste permanent alles öffentlichkeitswirksam mit einer Party befeiert werden. Im »Wir haben's ja!«-Modus.

Ob man mit einer Gala auf den Launch einer neuen Website aufmerksam machen wollte, die Aktiengänge oder Fusionen von nie gehörten Online-Klitschen befeierte oder das einmonatige Firmenjubiläum anstand – das Geld, das hoffnungsfrohe Anleger in den Neuen Markt pumpten, musste ja irgendwie ausgegeben werden.

Ich war damals formell Praktikant in der Promoabteilung von Motor Music, de facto aber mit dem Auftrag betraut, für rund hundert Bands aus den Sparten Hip-Hop und Alternative schnellstmöglich eine deutsche Homepage zu basteln. Damit bei den Titeleinblendungen der Videos auf MTV und VIVA fortan »*www.eminem.de*« statt »*www.eminem.com*« stünde. Ausgerüstet war ich mit einem »Homepages selbst erstellen«-Heftchen aus dem Bahnhofsbuchhandel. Das reichte aus, um einen Kuss von der über ihre deutsche Web-Präsenz verzückten Nelly Furtado abzustauben.

Ich habe in meinen vier Hamburger Jahren vermutlich das Finanzvolumen von zehn Anlageberatern in Form von Cocktails und Fingerfood vertilgt und großartige Bands in kleinstem Rahmen erlebt. Zum Beispiel besagten Eminem an der Stange einer Tabledancebar auf der Großen Freiheit. Man kann sagen: Der Neue Markt hat vielen Menschen eine sehr, sehr gute Zeit beschert. Mir ist immer noch ein Rätsel, wie so ein tolles Konzept je scheitern konnte. Aber schön, dass Berlin unter der Bezeichnung »Start-up-Szene« jetzt einen Relaunch wagt!

Dass ich zu jener Zeit das Slammen intensivierte, mag mit einem Bedürfnis nach bodenständiger Erdung zusammenhängen. Oder aber mit dem Blick für Dinge mit riesigem Erfolgspotenzial. Das Venture-Kapital der damaligen Investoren hätte jedenfalls im Poetry Slam mehr Rendite abgeworfen.

Im Jahr 2016 liegt im Foyer meines Hotels der vielleicht vierzig Seiten starke »Poetry Slam City Guide« aus, der von einem Whiskey-Hersteller gesponsert wird und interessierten Hamburg-Besuchern die Flotte der Stadtslams erläutert. Mein alter Homeslam bei Hartmut und Tina ist da so etwas wie die Barkasse für eine historische Hafenrundfahrt. Und der *Bunkerslam* ist das Kreuzfahrtschiff. Größer, härter, Bunker.

8) 28.01.16, HAMBURG, UEBEL & GEFÄHRLICH, BUNKERSLAM

530 Zuschauer, 8 Teilnehmer, Gewinner: Till Reiners

»Der härteste Slam der Welt«, heißt es in der Selbstbeschreibung, was den Anspruch meint, jeden Monat acht der besten Slammer aus dem deutschsprachigen Raum für die Hochbunker-Bühne im *Uebel & Gefährlich* zu rekrutieren. Zum Finale der Monatssieger zieht man in die über zweitausend Besucher fassende *Laeiszhalle* um – und die Teilnehmer werden mit einem Hoodie ausgestattet, auf dem ihr Name aufgedruckt ist. Ein sublimes *Hard Rock Café*-Shirt-Äquivalent des Slamtriumphes, das jedem in der Szene klarmacht: Ich war dabei.

Ich war noch nicht dabei und werde es nach dem heutigen Abend auch nie mehr sein. Das stört frühzeitig die Dramaturgie dieses Buches. Zum Karriereschluss wäre es doch schön gewesen, seine Laufbahn mit diesem inoffiziellen Ritterschlag abzurunden. Andererseits bin ich beim besten Willen fernab eines Alters, in dem man noch einen Hoodie tragen sollte.

»Wieso warst du jetzt nicht im Finale? Du hattest doch mehr Punkte als der Blonde!«

Es ist immer schön, alte Freunde per Gästelistenplatz in das unbekannte Vergnügen eines Poetry Slams zu geleiten. Jeder Gästelistenplatz bedeutet einen Fan im Raum. Und Trost in schweren Stunden.

»Ich war aber in einer anderen Gruppe. Er hat seine Gruppe gewonnen. Dann ist egal, mit wie viel Punkten.«

»Vorgestern bist du schon komplett bescheuert bewertet worden!«

»Na, da hatte ich doch zwei Zehnen und eine 9,8. Besser geht's fast nicht.«

»Ja, aber diese Kiddie-Idioten, die hinter uns gestanden haben, haben dir nur 7,2 gegeben. Wie kann man solchen besoffenen Kindern überlassen, wer gewinnt oder verliert?«

»Heute wären sie eine der Streichnoten gewesen.«

»Und wieso vorgestern nicht?«

»Andere Regeln.«

»Hm. Und das machst du jetzt schon achtzehn Jahre lang?«

Exkurs: Warum tust du dir das an?
http://www.hirnpoma.de/slammed/exkurs2.html

Der *Bunkerslam* ist am heutigen Abend nicht die einzige Großveranstaltung der Stadt – im ausverkauften *Schauspielhaus* wird zeitgleich geslammt. Womit weit über tausend Hamburger der Bühnenliteratur lauschen – an einem stinknormalen Donnerstagabend. Organisiert werden beide Veranstaltungen vom *Kampf der Künste*, der es sich leisten kann, seine eigene Konkurrenz zu sein.

Bei so viel kommerziellem Erfolg drängt sich schnell der Ruch der Bad Guys auf. Ich erinnere aber noch gut, wie *KdK*-Gründungsmogul Jan-Oliver 2005 eine sehr schüchterne Anfrage in die slaminterne Newsgroup schickte. Er könne sich gar nicht erklären, wie die anderen Organisatoren in der Lage seien, Fahrtkostenerstattungen für etliche Slammer anzubieten. Bei seiner Veranstaltungsreihe im *Zeise-Kino* würde viel zu wenig rumspringen, um Ähnliches auch nur ansatzweise in Aussicht zu stellen. Die einzigen Tipps, die er daraufhin erhielt, bezogen sich darauf, sich doch bitte schnellstmöglich aus Hamburg, der Slamszene und der

Welt zurückzuziehen. Jan-Oliver muss sich die Sache dann irgendwie selbst beigebracht haben.

Einige Jahre später ist nicht nur der *Zeise Slam* ein Erfolgskonzept – etliche der etlichen Veranstaltungsreihen dümpeln regelmäßig über der Ausverkauft-Marke. Ab und an reift dann noch der Ehrgeiz, einen neuen Rekord für den größten Slam der Welt (außer Hawaii!) aufzustellen. Mit der *O2-Arena* und der *Galopprennbahn* wurden bereits signifikante Hamburger Großarenen im Auftrag vom *Kampf der Künste* beslammt. Irgendwann wird der HSV Tipps zur Veranstaltungsfinanzierung erfragen.

Die Feierfreudigen der heutigen *KdK*-Veranstaltungen finden sich später in einer Kneipe im Schanzenviertel ein. Mit dabei ist Sebastian Krämer, zweifacher National-Slam-Champion und in den ersten Jahren meiner Poetry-Slam-Karriere so etwas wie das Bayern München der Dichterwettbewerbe. Während wir beim *Bunkerslam* Bundesliga gespielt haben, ging es für ihn im *Schauspielhaus* bereits ums Champions-League-Finale. Der dortige Dichterdreikampf ist ein Slamduell über die Diziplinen Text, Musik und Film. Zwei Kontrahenten – mehr scheint ein Slam auf diesem Level nicht zu benötigen. Die letzte Station vor der Soloshow.

Vielleicht ist es so, dass der deutsche Meister deines ersten konsequent beackerten Slamjahres immer dein persönlicher National-Champ bleiben wird. So wie bei den Gänsebabys, die die erstbeste passende Silhouette als Mutter akzeptieren. Für mich ist das Sebastian Krämer. Songtexte wie »Der Sonnenuntergang am Strand von Frankfurt (Oder)« oder »Unser Hund und Arafat« bergen eine lakonische Tiefe von Witz in sich, die es mir bis zu meinem Tod verleiden wird, jemals einen Comedian lustig zu finden.

Jüngere Slammer schwärmen ebenso bedingungslos von frischeren Champions. Und fraglos lassen sich da manchmal großartige Texte, irre Wendungen, performative Gesamtkunstwerke, Wortakrobatik oder lodernde Inbrunst bilanzieren. Nur – das Gänseküken in mir tschilpt rückwärtsgewandt.

Sebastian fragt mich nach den Gründen für meinen Rückzug vom Slam, der als szeneinternes Gesprächsthema bereits im Januar alle Hürden genommen zu haben scheint. Ich erkläre es mit meiner geminderten Begeisterungsfähigkeit für nachwachsende Textspielarten und meinen Schwierigkeiten, die Themen jüngerer Slammer ernst zu nehmen, mit schlechten Reimen und vorhersehbaren Taktikspielchen. Ich hätte aber ebenso gut mit den Oberarmen rudernd »Tschilp!« sagen können.

9) 29.01.16, ROSTOCK, VOLKSTHEATER, BEST OF POETRY SLAM

520 Zuschauer, 5 Teilnehmer, Gewinner: Mona Harry

Es ist 1991, im Postkasten meiner Essener Wohnung liegt der Brief von *Amöbenklang. Amöbenklang Rostock. Marilyn's Army* schließt als erste Wessi-Band einen Plattenvertrag bei einem Ossi-Label ab. »Na, herzlichen Glückwunsch!«, unkt die neidende Konkurrenz der Ruhrpottkombos. Aber wir finden's toll. Exotisch.

Mit dem neuen Album im Gepäck, made in Rostock, haben wir einige Jahre später dann unseren ersten Auftritt in der Stadt, in einem unglaublich düsteren Industriegebiet in einem Club namens *M.A.U.* Wir nächtigen im nicht weniger düsteren *Haus der Hochseefischerei.* Dort erhält man zum Frühstück eine Plastiksitzunterlage, auf der man augenblicklich und gänzlich temperaturunabhängig seine Kleidung durchschwitzt. Zum Schutz gegen Teerflecken, wird uns erläutert. Schon klar. Um uns herum sitzt niemand, der irgendwie auch nur entfernt an einen Hochseefischer erinnert. Aber wir sind folgsame Gäste.

Als ich 2006 zu einem Poetry Slam nach Rostock eingeladen werde, findet dieser ebenfalls in einem Club namens *M.A.U.* statt, diesmal jedoch hafenidyllisch auf einem Landesteg der Warnow platziert. Möwenumkreist. 1991 gab es an dieser Stelle noch gar kein Gewässer, denke ich. Überhaupt hat sich die Stadt zu einer Hanse-Idylle gewandelt und dabei irgendwie die düsteren Schrottecken sowie all ihre Skinheads verloren. Ich weiß noch, wie mich beim ersten Rostock-Auftritt verwirrt hat, die rund hundert Skins im Publikum zu erblicken. Das sei halt so bei einem Punkfestival, man könne da nicht wählerisch sein, wurde uns gesagt. Die richtig harten Jungs hätten aber Hausverbot.

Ja, die standen auf dem Platz vor der Halle, wo wir unseren Kram in den Bandbus zurückladen mussten. »Ich hole mal meine Taschenlampe«, kommentierte unser Bassist Henne die Lage. Hennes Taschenlampe war das Symbol für die Wehrhaftigkeit unseres Tourbusses. Nicht ganz so lang wie ein Baseballschläger, aber dem Anschein nach für ganz andere Zwecke gebaut, als damit die Dunkelheit zu verschrecken.

2015 werde ich zu einer neuen Slamreihe eingeladen. Natürlich ins *M.A.U.*, das – so wie die ganze Stadt – nochmals renoviert worden ist und so hell und frisch wie ein Hamburger Club daherkommt. Mag damit zusammenhängen, dass indes der *Kampf der Künste* die Organisation des Slams übernommen hat. 2016 ist die Stadt dann so teerfrei, dass der Slam erstmals im *Volkstheater* Platz nimmt. Als eine Veranstaltung des *M.A.U.-Clubs*. In welchem Bereich ich mich auch nach meinem Slamabschied bewegen werde – ich ahne, wie der Veranstalter des ersten Rostocker Gastspiels heißen wird.

Aber egal wie sehr sich die Stadt mittlerweile herausgeputzt hat, ich nehme bei einem Rostock-Besuch als Erstes die nächste Bahn nach Graal-Müritz, um mich in die Ostsee zu schmeißen, die an diesem Ufer zur optischen Hochform aufläuft. Das fiel oft schon kühl aus. Im Januar scheint die Temperatur allerdings eine kaum zu überwindende Barriere. Hm ... Sprechen nicht quasi alle verrenteten Küstenbewohner davon, bei jedem Wetter regelmäßig schwimmen zu gehen? Ich trete in einen verbitterten Wettstreit mit einem »Dann wirst du das ja wohl auch schaffen!«-Ehrgefühl. Allein der für dieses Buch so schnittige Clou, innerhalb von zwei Wochen auf Hawaii und in der Ostsee baden gegangen zu sein, sollte ein paar Schlotterer wert sein. Aber ich scheitere kläglich. Kurz über dem Knie ist Schluss. Und unter dem Knie prickeln meine lila anlaufenden Füße Protest: »Das meinst du jetzt nicht ernst, oder?«

Wer im Meer scheitert, kann das auch auf der Bühne. Das *Volkstheater* ist eigentlich genau meine Bühne. Ich weiß, dass ich als auswendig vortragender Performer die Weite einer Theaterbühne nicht scheuen muss. Und ich weiß, dass ich einer der besten Slammer für solche Umgebungen bin. Das haben mir mal verrentete Küstenbewohner bestätigt.

Die Veranstaltung heute Abend ist ein Best-of-Slam mit nur fünf fest gesetzten Teilnehmern. Diese Spielart des Poetry Slams macht gerade eine Erfolgstour durch die Lande – und entfernt sich nicht nur durch die drastisch limitierte Anzahl der Starter vom amerikanischen Ursprungsslam, sondern auch durch die Vortragszeit von zehn Minuten. Diese werden regelmäßig überschritten, weil die Teilnehmer gewohnt sind, ihre Texte auf gute fünf Minuten zu trimmen, nun aber noch einen Zwischenapplaus einplanen müssen. Für mich ist das irrelevant – ich habe eine exakt getaktete Textkombi: »Die Sinfonie von der guten Saite« und »Der Paukist«. Zwei Gedichte, die sich aufeinander beziehen und zudem den Kontext des konzertanten Veranstaltungssaals kongenial einbinden. Nicht zuletzt bin ich der erfahrenste wie prominenteste Starter im Feld und ein Ex-*Amöbenklangl*er, Rostocker qua Plattenvertrag. Kurzum, ich hätte nie gedacht, dass ich am heutigen Abend Letzter werde.

Letzter!? Der Schmerz schreit immer noch auf in mir bei der Erinnerung an diese Schmach. Man kann ja mal knapp und unglücklich scheitern, obschon man sich als Sieger wähnt ... Aber was war denn da los, ihr verkackten Jurybratzen, die ihr losgelöst von jedem poetischen Anstand und die edlen Prinzipien der evolutionären Menschwerdung verleugnend eure bepisste Kleinbürgermacht ausspielt? Seid ihr besoffen? Taub? Ich prügele euch mit Hennes Taschenlampe in die Düsternis einer frostüberzogenen Nachkriegsostsee aus Teer! Ich ziehe euch die Ohren lang zu einer Retroskin-Hautkappe, ich mache euch Rostock '91! Denn ich bin nicht zufrieden mit eurem Urteil.

Aber so was muss man annehmen. Das ist Slam.

Nein, das ist Scheiße. Ganz ehrlich.

Und ich bin froh, dass das nun bald ein Ende hat. Sollte mich im Laufe der Tour mal ein melancholisches Abschiedsweh beschleichen – einfach an Rostock denken! Und seine gute Kinderstube ruhig mal vergessen.

DIE BEINWURST

Die vier slamfreien Tage verbringe ich mit einer Poetryshow im *Buchheim-Museum* am Starnberger See und zwei Gastauftritten im Schwabinger *Vereinsheim*. Außerdem verwende ich einige Zeit darauf, meinen geschwollenen Unterschenkel zu ignorieren. Am Dienstagmorgen warne ich ihn: »Da magst du anschwellen, wie du willst – ich werde dir weiterhin keinerlei Beachtung schenken!« Am Abend liege ich in der Notaufnahme des Klinikum Schwabing.

Das war es, wovor mir am meisten graute: Man organisiert eine halbe Welttournee und wird kurz vor Start gesundheitlich außer Gefecht gesetzt. Die Diagnose fällt halbduster aus: eine verschleppte Thrombose, womöglich von den langen Flügen – und durch die Zugfahrt Rostock–München wiederbelebt. Ich dachte, einem erfahrenen Bahnfahrer wie mir kann so etwas nicht passieren. Seit elf Jahren habe ich eine Bahncard 100. Ich bin der Herrscher der Züge! Keine ICE-Teilstrecke, die nicht von mir beritten wurde! Aber ich bin unleugbar auch ein älterer Herr, der öfter mal Pause machen sollte oder Bewegungsübungen im Zugsessel. Mein Abschied vom Leben als reisender Slampoet erhält nun auch noch eine biologische Begründung. In den nächsten Monaten werde ich diese geflissentlich ignorieren.

Am späten Abend werde ich aus der Klinik entlassen mit der Bitte, mich in den nächsten Tagen zu schonen und das Bein genau zu beobachten. Mittags sitze ich im Zug nach Wien. Die pure Unvernunft als Mitfahrer. Und ein Blutverdünnungsmedikament im Gepäck. Die zynische Zufallsfreude der Welt will es, dass ich exakt zu diesem Medikament vor zwei Jahren mal ein Gedicht geschrieben habe. Ein lyrischer Nuttenjob für die gut zahlende Vertreterlobby der zuständigen Pharmafirma. Die tagte im Interconti Hotel zu Berlin und sollte noch mal von uns Versekaspern für zukünftige Verkaufsgespräche motiviert werden. Ich konnte für die Dauer eines Vormittags alle Vorteile des Medikaments in einem Rutsch schwungvoll daherrappen. »*Ich fasse kurz zusamm'n, steck's in Reime und lehr' Se/Alles Relevante schön kompakt in Verse!*« Schäm. Es gibt Dinge, die vergisst man gerne ganz schnell. Und es gibt Dinge, die holen einen wieder ein.

»Ich habe mal ein Gedicht über dieses Medikament verfasst«, erkläre ich der Ärztin meine belustigte Reaktion, als sie mir die Tabletten überreicht. Dass sie da nicht weiter nachfragt, sagt alles. Sie hat mich bereits als »nicht ganz bei Trost« abgeschrieben.

10) 03.02.16, WIEN, NACHBAR, HERDENSLAM

55 Zuschauer, 3/3 Teilnehmer, Gewinner: *Team A* (Adina Wilcke, Sabine Sobotka, Frank Klötgen)

Aber Wien schmeichelt mir. Und kümmert sich ein wenig um meine Blessuren. Nach der Rostocker Schmach und dem Klinikaufenthalt entlastet mich der *Herdenslam* von der Pflicht, mich alleine auf der Bühne durchzusetzen. Die zwei Mitstreiter aus meinem Team können ein textliches Schwächeln immer noch ausgleichen. Sogar den Totalausfall. Vier von sechs Duellen müssen halt gewonnen werden für den Gesamtsieg. Das Verliererteam wird immerhin Vizemeister.

Bei solch läppischem Druck beende dann auch ich die sieglose Durststrecke. 5:1 – der erste Slamsieg der Tour! Labsal für die geschundene Seele und das geschwollene Bein.

Derweil kündigt sich eine andere Durststrecke an: Mein Medikamentenmix verbietet mir das Feiern unseres Triumphs mit den üblichen Getränken. Was besonders schade ist, da ich auf eine Wiederholung eines Umzugs durch Wiener Absturzgaststätten gehofft hatte. Zu einem solchen hat mich vor einem halben Jahr einer der Herren aus dem gegnerischen Team, Schreibi, geleitet. Zu guter Letzt strandeten wir in einem gut getarnten Laden in den Katakomben des U-Bahn-Gürtels, in dem zu später Stunde noch ein Open Mic lief, an dem die B- bis C-Prominenz der Wiener Slam- und Literatenszene teilnahm, die sich zu diesem Zeitpunkt schon auf das Level der W- bis X-Prominenz heruntergetrunken hatte. Man leistete sich den Unsinn, diese Darbietungen per Skype in eine Kneipe in Lissabon zu übertragen, und lauschte im Gegenzug dem verrauschten Raunen portugiesischer Lyrik. Bis auf den Administrator schien das niemanden im Raum zu interessieren.

Diese vom Alles-ist-möglich-also-treiben-wir-es-ganz-arg-Geist beseelte Räudigkeit des Spleenigen ist eine ferne Erinnerung an frühe Poetry-Slam-Zeiten. Vieles hätte man damals doch gerne weniger häufig gehört. Aber in der andauernden Ära der vorhersehbaren, oft erprobten und taktisch klug auf den Publikumsgeist gemünzten Darbietungen auf halb- bis vollprofessionellem Niveau vermisst man schmerzlich den Bodensatz der dilettantischen Spinnerei. Marc Kelly Smith hat mir in Chicago geklagt, er wünsche sich, dass die Poeten mehr auf der Bühne wagen und Nischen besetzen. Stattdessen hätte eine Klon-Generation der erfolgreichsten YouTube-Videos die Slams erobert.

Das Fehlen der Freaks hat den Poetry Slam in die Illusion einer schwulstigen Qualitätswolke getaucht. Als stünden da wirklich die talentiertesten Zöglinge einer jungen Literatur auf der Bühne, an deren Starwerdung das konformitätsbedürftige Publikum als Dieter-Bohlen-Union teilhaben darf. Vor einer Woche war man im *Nochtspeicher* nicht bereit, dem unzweifelhaft beklopptesten Beitrag des Abends – die Abenteuer eines Starters namens »Zebraman« bei einem Apnoetauchwettbewerb – etwas Respekt für diese Grenzüber-, meinethalben auch -unterschreitung zu zollen. Er wurde mit der schlechtesten Bewertung des Abends abgestraft. Und das würde sich bei vielen Poetry Slams in der Republik genau so wiederholen. Ich sollte ihm mal die Adresse von dem Club in Wien zumailen. Um mal im passenden Gewässer zu tauchen – und damit sogar bis Lissabon zu dringen.

11) 04.02.16, WIEN, AERA THEATERBÜHNE, POETRY SLAM CUP
150 Zuschauer, 6 Teilnehmer, Gewinner: Fabian Navarro

Ach, Wien! Nirgendwo lässt es sich wohlgefälliger in die Sessel eines Cafés fläzen – das in dieser Stadt immer auch eine Art Kaffeehausgesellschaft ist, in der man unverhohlen die Personen an den Nebentischen danach abcheckt, inwieweit sie dem Ambiente des Hauses dienliche

Statisten sind. Hier ergeben mein Stetson und das Shape-Sakko endlich Sinn.

»Eine Melange und der Topfenstrudel für den Herrn!«, untertreibt der Ober und stellt zusätzlich ein Tablett mit Milchkännchen, einem Glas Leitungswasser, einem Untersetzer mit drei Plätzchen plus einer aufklappbaren Blechschatztruhe mit einem Potpourri diverser Süßungsmittel auf dem Tisch ab. »Wohl bekomm's!« Das sind so Momente, die einem die geschmeidige Einsicht geben: Ja, dafür nimmst du die ganzen Bürden des ewigen Reisens auf dich! Keine noch so kleine Gage könnte mich dazu bewegen, ein Auftrittsangebot aus Wien auszuschlagen.

Der heutige Abend wird von Alex Gendlin veranstaltet. In freundlicher Kooperation mit dem *Herdenslam*, was nicht selbstverständlich ist, denn die harmonische Leichtigkeit Wiens lässt den Poetry Slam etwas außen vor. Mindestens zwei Veranstalterlager teilen die Stadt – und begegnen einander mit größtem Argwohn. Die komplette Slamszene hofft seit Jahren auf eine Aussöhnung in der Stadt, weil die bedeuten könnte, dass endlich einmal Wien zum Austragungsort der deutschsprachigen Meisterschaften würde. Alle möchten dorthin, und mancher würde dafür gar den Andrea-Jürgens-Hit »Und dabei liebe ich euch beide« einstudieren.

Ich habe meinen ersten Slam bei Alex gewonnen und bin seither in seiner Slammerliste als potenzieller Sieger gespeichert – und in der Tat gewinne ich bei seinen Slams unverhältnismäßig oft. Was die Frage aufwirft, ob nicht vielleicht ein Teil der Körpersprache des Moderators maßgeblich den Gewinner des Abends mitbestimmt. Irgendwann mag uns das eine entsprechende Bachelorarbeit darlegen.

Alex' Slampremiere als Veranstalter fand 2007 in einer Sektkellerei statt, die mit ihrer Getränkeversorgung die nur im Umgang mit Bier geschulten Slammer sichtlich überforderte. Alle Texte wurden etwas betrunkener als gewohnt vorgetragen, und schon zur Pause gab es im gesamten Haus keine alkoholischen Getränke mehr. Der unter diesen Bedingungen ungewohnt früh ausgeschiedene Gabriel Vetter, deutschsprachiger Meister von 2005, konnte gerade noch daran gehindert werden, die bei seinen Erkundungsgängen in den Kellergewölben entdeckten Flaschenvorräte in der Backstage zu verteilen. Der sich noch in der Gärung befindliche Sekt hätte das Finale des Abends auf die Toilettenräume verlegt.

Zur gut gelaunten Abschlussverbeugung wurde mir eine leere Flasche Siegersekt überreicht. Daher verbindet Alex neben den Siegerqualitäten mit mir vermutlich noch das Gefühl, ein Getränk schuldig geblieben zu sein. Aber ich stehe ja noch unter Quarantäne. Vielleicht war es jenes Quäntchen Entschlossenheit, das heute Abend fehlte, um mit dem Siegertext meiner *Slam Cup*-Premiere nochmals etwas reißen zu können. Trotz aller Körpersprache.

Schade – die Wirklichkeit scheint noch nicht bereit für dramaturgisch runde Erzählungen in diesem Buch. Ich schleife derweil meine Beinwurst ins Hotelzimmer und hoffe mit Blick auf die anstehenden elf Stunden Zugfahrt, dass auch diese Chance zur erzählerischen Abrundung ungenutzt bleibt.

12) 05.02.16, AACHEN, ONRUST, SATZNACHVORN
175 Zuschauer, 6 Teilnehmer, Gewinner: Johannes Florstedt und Sarah

Alles scheint gut beim siebtältesten deutschen Slam mit der lustigen Zettelwinkabstimmung des kompletten Publikums. Ich verbringe den Samstag mit Bandprobe und der Moderation meiner *Grend Slam*-Show in Essen. Dann gehe ich baden:

13) 07.02.16, BOCHUM, RIFF – DIE BERMUDAHALLE, CLUB DER LEBENDEN DICHTER
210 Zuschauer, 8 Teilnehmer, Gewinner: Micha-El Goehre

Im Bochumer Bermuda3eck. So heißt seit einem Artikel im Stadtmagazin *Marabo* im Jahre 1988 inoffiziell die Partymeile um die Kortumstraße, und so steht es einige Jahre später dann auch hochoffiziell in dem Haltestellenverzeichnis der Bochumer U-Bahn. Inklusive der Schreibweise »Bermuda3eck« – wohl als Reminiszenz an den hier allgegenwärtigen Neunzigerjahrechic.

2010 war ich mit dafür verantwortlich, dass sich auf dieser Meile über 200 Slammer tummelten. Wir hatten im Rahmen des Europäischen Kulturhauptstadtjahres die 14. *Deutschsprachigen Poetry Slam Meisterschaften* ins Ruhrgebiet geholt. Neunzehn Veranstaltungen an acht Orten in fünf Städten zu organisieren, war für unser Team von vier Leuten ein echter Brocken Arbeit. Die eingeladene Meute von Poeten unterzubringen und mit einem launigen Rahmenprogramm zu bespaßen, war jedoch deutlich aufwendiger.

Als mit dem Finale in der ausverkauften *Jahrhunderthalle Bochum* die vier Tage der Meisterschaften endeten, fielen wir in einen komatösen Tiefschlaf. Selig, die bis dahin größten Nationals der Slamgeschichte gewuppt zu haben.

Das Großartige an der Slamily ist, dass die Organisation eines solchen Megaevents wie dem National vertrauensvoll den Händen der lokalen Veranstalter überantwortet wird. Uneingeschränkt. Die Leute vor Ort haben sich mitunter gerade mal mit der Durchführung von 100-Zuschauer-Slams befasst und müssen sich plötzlich ein Jahr lang mit der Akquirierung von über hunderttausend Euro auseinandersetzen, dem Durchschauen von Ticketsystemen und einer Buchhaltung im großen Stil ... Da wacht man schon mal abends auf und spürt die Sache über den unbedarften Kopf wachsen. Aber bislang hat am Ende jedes lokale Veranstalterteam das Wunder vollbracht und den Ruf nach einer übergeordneten Vereinsstruktur oder der Beauftragung einer Eventagentur ins Leere verhallen lassen.

Es gibt natürlich furchtbare und fruchtbare Sticheleien zu verkraften: Jeder der zweihundert Teilnehmer erwartet die tollsten Spielstätten aller Zeiten, die bequemsten Unterkünfte, die fairsten Juryentscheidungen und die ausgelassenste Aftershowparty. Zum Abschluss wird sich aber so herzig bedankt, dass dem abgekämpften Orgateam das Pipi in die Augen steigt.

Sebastian 23 ist von Anbeginn Veranstalter des Bochumer Slams und war 2010 einer der Kapitäne an Bord. Sein *Club der lebenden Dichter* ist indessen vom Epizentrum des Bermuda3ecks in den nahen Randbezirk gezogen, vom *Freibeuter* ins *Riff*. In Bochum hält man noch große Stücke auf eine maritim stimmige Benennung der Clubs, scheint's.

Auf den Stühlen liegt der beeindruckend gefüllte Monatskalender des Vereins *Wortlaut Ruhr* aus, mit dem Sebastian sich den Orgaentzug seit 2010 kompensiert. Solche buchgewordenen regionalen Terminübersichten gibt es mittlerweile fast überall – und oft stelle ich fest, von fünfzig Prozent der dort erwähnten Slams noch nie gehört zu haben. Aber nur mit der Ruhe, du musst ja nicht mehr!

Momentan stellt sich die Frage, ob ich heute Abend noch einmal ranmuss. Die Lautstärke der → **Applausabstimmung** fördert einfach keine Entscheidung zutage. »Beide weiter!« ist in solchen Momenten der reflexartige Wunsch des Publikums. Aber Sebastian lässt nicht locker. Er fordert die Zuschauer auf, für jenen Teilnehmer möglichst laut »Tofu!« zu schreien, den sie *nicht* mehr im Wettbewerb sehen mögen. Da auch das knapp ausfällt, fühlt sich anschließend keiner so richtig als Sieger: Wenn fast die Hälfte des Saales dir ein als »Raus hier!« interpretierbares Signal in den Rücken brüllt, scheint es wenig tröstlich, dass jemand noch unbeliebter ist.

Exkurs: Lucky-Loser-Slam
http://www.hirnpoma.de/slammed/exkurs3.html

Vom »Tofu!«-Geschrei aus dem Wettbewerb geblasen, genehmige ich mir auf der Kortumstraße noch eine der Pflichtcurrywürste jedes Bochum-Besuchs. Wer mal einem Einheimischen imponieren möchte, sollte vor dem *Bratwursthaus* der Dönninghaus-Metzgerei stehen bleiben und fragen: »Hey, ist das nicht die Currywurst aus dem Grönemeyer-Lied?«

Selbstverständlich kennt niemand außerhalb Bochums diesen Song, doch er handelt wahrhaftig von ebenjenem Würstchenstand – und es gibt nicht allzu viel, auf das die Stadt ähnlich stolz sein kann. Die Wurst selbst schmeckt pupsnormal. Aber Pflichtbesuch ist Pflichtbesuch. Auch für einen King of Tofu.

Zwei Tage später, Arztbesuch in München:
»Na, die Schwellung ist ja weitgehend zurückgegangen! Für längere Reisen würde ich Ihnen aber das Tragen von Stützstrümpfen empfehlen. Sind Sie in der nächsten Zeit viel unterwegs?«

»Ich muss nur in die Schweiz. Und die Woche drauf nach Paris.«

»Na ja, da wäre es vielleicht schon ratsam ... Wann fahren Sie in die Schweiz?«

»Öhm. Heute. Gleich.«

»Ich schreibe Ihnen mal ein Rezept aus über solche Strümpfe. Vielleicht schaffen Sie es ja noch auf dem Weg zum Bahnhof ...«

»Ansonsten bin ich Anfang nächster Woche auch wieder in Deutschland.«

»Ah, ich hatte es so verstanden, dass Sie von der Schweiz aus nach Paris fahren.«

»Äh, ja, das stimmt sogar. Aber vorher komme ich auch noch mal zurück nach München, dann fahre ich wieder in die Schweiz.«

»Sie fahren zweimal in die Schweiz? Und dann nach Paris? Wo fahren Sie in diesem Monat denn noch so hin?«

»Och, also, na ja ... Ich glaube, ich hole mir diese Strümpfe, was?«

»Ja, das glaube ich auch.«

Die Sprechstundenhilfe erklärt mir noch, dass es in meinem Alter nicht mehr reiche, den Coolen auf der Bühne zu mimen, man müsse auch lernen, auf sich selbst zu achten. Aber sie hätte YouTube-Videos von mir gesehen und würde bei Gelegenheit gerne mal zu einem Münchner Auftritt kommen. Vielleicht sollte ich dazu übergehen, mir Wartezimmer als Promotionkanäle zu erschließen.

SCHWEIZER STANDARDS

14) 09.02.16, BERN, RÖSSLI-BAR, CAPITAL SLAM

230 Zuschauer, 6 Teilnehmer, Gewinner: Kilian Ziegler

Immer wenn ich die Schweiz betrete, schleicht sich eine putzige Form der Glückseligkeit in mein Gemüt. Ich denke, kein Schweizer kann sich dauerhaft ähnlich wohl in seinem Land fühlen. Und ein bisschen hoffe ich das auch für die Schweizer – da sich mein Wohlfühlen insbesondere von Schokolade, Milch und knusprigem Bürli herleitet, was für einen Sinn des Lebens dann doch eine etwas dünne Grundlage bedeutete. An zweiter Stelle der Wohlfühlkomponenten steht die paradiesische Reinheit versprechende Farbe der Flüsse und Seen. Plus Bergpanorama. An dritter der schweizerische Poetry Slam.

Lässt sich bereits zwischen den Slams in Deutschland und im Mutterland USA ein eklatantes Gefälle beim Verhätscheln der Auftretenden konstatieren, wird in der Schweiz noch mit Feinheiten nachgefeilt, die im Gesamtbild alles in den Hintergrund drängen. Sprechen wir nicht von den Honoraren, die naturgemäß einem Abgesandten aus dem deutschen Billiglohnland üppig erscheinen müssen – werfen wir einfach einen Blick auf die Speisekarte! *Auf die Speisekarte*, ganz richtig!

Was ich zu diesem Zeitpunkt noch nicht ahnen kann: Bis zum Abschluss der Tour werde ich bei den Slams 37 Mal nichts zu essen bekommen (darunter alle außereuropäischen Slams). 32 Mal ordern die Veranstalter Pizza in die Backstage, 20 Mal warten dort belegte oder zu belegende Brote nebst Knabberzeugs. 7 Mal wird im Eintopf gerührt und 4 Mal muss die süße Variante in Form von Muffins bzw. Kuchen reichen. 32 Mal kann ich in einem dem Veranstaltungsraum angeschlossenen – oftmals fastfoodlastigen – Restaurant oder der Kantine des Hauses zuschlagen und 5 Mal bekochen die Veranstalter ihre Gäste selbst. Aber ein von Wein begleitetes und mit einem Espresso beschlossenes Menü – das gibt es im Grunde nur auf Sardinien und in der Schweiz. Wobei wir das Wörtchen »nur« im doppelten Sinne lesen dürfen: ausschließlich dort sowie eigentlich jedes Mal. Wie barbarisch muss für die regelmäßig durch Deutschland tourenden Schweizer Slammer der aus dem Familienpappkarton hervorgezogene Pizzaquader wirken, dessen überlappender Teil sogleich von der Hand hinunterschlappt?

»Warte, wir haben noch Servietten!«

Wow. Da bedankt sich der Schweizer Gast.

Ich bedanke mich für ein »*Sous le Pont* Raclette« mit in Ingwer und Honig angebratenen Kartoffeln an glasiertem Fenchel. Es hätte auch ein mit etlichen Beilagen gepimptes Filetsteak sein können, aber wer möchte sich gleich das teuerste Gericht aus der Speisekarte schnappen, wenn man aus einem Land anreist, in dem die Künstlerabspeisung gemeinhin in kleinstmöglichen Portionen der Esskultur serviert wird? Als erstaunliche Nebenbedingung kommt hinzu, dass es sich bei der *Rössli-Bar* um ein erkennbar besetztes und politisch aktives Haus handelt und nicht etwa um ein Restaurant der Betuchten oder Betulichen. Als ich mich in der Touristinfo nach dem Weg dorthin erkundige, macht die Dame den Eindruck, als wenn sie sich nicht ganz einig würde, ob sie mich nicht lieber woanders hinschicken solle. In Deutschland gäbe es in solchen Häusern Couscous mit verkochtem Zucchini-Auberginen-Irgendwas. Oder eben Pizza. Schon die Espressomaschine der *Rössli-Bar* würde den Gesamtwert einer üblichen Kulturcafékücheneinrichtung um ein Vielfaches übersteigen.

Bereits 2002, bei meinem ersten Auftritt in Bern, war ich von der in Sorglosigkeit nistenden Slammerverköstigung überwältigt. Getränke gab es unbegrenzt, regelmäßig wurden Tabletts mit neuen Fressalien oder Süßigkeiten in die Backstage gereicht. Beim National, wohlgemerkt, wo auch damals schon knapp hundert Slammer aufliefen. Berlin hatte zwei englischsprachige Starter geschickt. Ich fand das seltsam und hatte Bedenken, dass die Berliner Szene so ganz anders ticken könnte, als ich von Hamburg gewohnt war. Richtig warm war ich mit der Hauptstadt in den knapp zwei Monaten seit meinem Umzug noch nicht geworden. Der

Slam schien mir nur eine weitere Hürde. Aber mein Hamburger Slampapi Hartmut kümmerte sich in Bern fürsorglich darum, den Kontakt zu den Berliner → **Slammastern** Wolf Hogekamp und Boris Preckwitz herzustellen, auch wenn ich wegen meines Ausscheidens in einer frühen Vorrunde keine Chance hatte, seine Vorschusslorbeeren mit etwas textlicher Substanz nachzuwürzen.

Man neigt dazu, sich bei seinem ersten National zu viele Illusionen zu machen. Von Siegesserien verwöhnt, vergisst es sich allzu leicht, dass ja auch alle anderen hier sind, weil sie auf ebensolche zurückblicken. Dass ich mir meinen besseren Text für das Finale bewahren wollte, war nun wirklich herzlich naiv von mir. Ich war eben noch National-Neuling, dessen Namen die Moderatoren bemüht wie falsch vom Zettel ablesen mussten. Ein Nobody.

Umso mehr Zeit blieb während der folgenden zwei Tage für das unbeschwerte Mitverfolgen des Wettbewerbs und das Erkunden der Stadt. Ersteres ließ das Ansinnen reifen, dass meine Texte mal die Power von Daniel Ryser und den lyrischen Schliff von Timo Brunke bekommen sollten. Letzteres führte zu dem Entschluss, dass ich eines Sommers nach Bern zurückkehren würde, um mich über die Aare-Schleife um die Stadt herum treiben zu lassen – so wie die Badebehosten, die im September 2002 auf dem Rückweg zu ihrem Ausgangspunkt die Innenstadt durchquerten.

Vierzehn Jahre später wird der Nobody beim Berner Slam als Special Guest aufgestellt und präsentiert einige textliche Resultate seiner 2002 in Bern gesteckten Ziele. Ich denke, es geht in Ordnung, sich diesbezüglich auf die Schulter zu klopfen. Und die Aare-Schleife schwimme ich irgendwann auch noch mal entlang.

15) 12.02.16, DAVOS, WALHALLA BAR, SLAM 2016

125 Zuschauer, 8 Teilnehmer, Gewinner: Patti Basler

Ahoi Dekadenz! Ich hocke im mählich dickflockiger werdenden Schneefall auf dem Dach der Therme der höchstgelegenen Stadt Europas, meinen sonnengereizten Schädel aus einem dampfenden Whirlpool reckend. Ein

Bubblegetöse massiert mir die von zwei paradiesischen Skitagen ermüdeten Beine. Alles in allem ein sehr entspannter Start in einen Slamabend.

Erst einen Monat zuvor haben mich ähnliche Gerätschaften beim Sonnenuntergang auf Kaua'i und Maui verwöhnt. Wenn man meinen Steuerberater fragte, ob ich mir diese Wellnesskombi von Surf und Ski überhaupt leisten könne, würde der in schallendes Gelächter ausbrechen. Tatsächlich habe ich seit heute Morgen nichts mehr gegessen und gerade meine letzten Franken für den Thermeneintritt hingeblättert. Doch es gibt ja gleich neues Geld.

Das Künstlerdasein verpflichtet zu solchen Häppchen bohemischer Unbefangenheit. Das ist man letztlich seinem Publikum schuldig. Wir erhalten unser Geld für Dinge, die jedem viel Spaß bereiten würden. Aber wir werden nicht für die Finanzierung von Kleinwagen und Eigenheimen entlohnt. Die finanzielle Unterstützung, die ein Künstler für das Ausleben seiner persönlichen Leidenschaften erhält, muss in Extravaganzen zurückgezahlt werden. Es ist unsere Aufgabe, ein anderes Leben als Möglichkeit zu zelebrieren – und unser Los, dabei auf der Kante zum finanziellen Ruin zu tanzen. Jene Verpflichtungen werden im Poetry-Genre kaum eingelöst. Im Konflikt zwischen der sinnlichen Dekadenz des Dichters und der spießigen Leutseligkeit des Comedians wird sich bevorzugt für Letzteres entschieden. Aber ein wahrer Poet kann sich nicht über die Sparquote vor einem Leben in Extremen schützen, er sollte sich daher erst gar nicht um seinen Kontostand scheren. Solange es geht.

»Ihre Kreditkarte kann leider nicht akzeptiert werden.«

»Was?«

»Zahlungsvorgang verweigert«, stellte die Dame an der Rezeption nochmals kopfschüttelnd fest.

Ich horchte nach. Die Belastungen der Hawaii-Ressorts und frisch gebuchten Tickets für die Flüge nach Madagaskar hatten die Monatsabbuchung der Kreditkarte dermaßen aufgeblasen, dass mein Sparkonto jede weitere Interaktion verweigert hat. Die Karte wurde daraufhin gesperrt. Nach Ausgleich per Überweisung könne man meine Kreditkarte wieder freischalten. Allerdings roch das nach zu viel Anrufen und Checkerei, als dass ich die Sache von der Schweiz aus erledigen mochte.

Gut, dass ich noch die Gage aus Bern im Portemonnaie hatte. Meine Davoser Unterkunft verlegte ich in ein altes jüdisches Lungenspital mit Mikwe. Für 50 Schweizer Franken breitete ich mich dort in einem renovierten Behandlungszimmer aus. Günstiger als ein Tagesskipass, Zauberberg-Ambiente gratis. Nachdem ich mir mit Milch, Bürli, Speck, Orangen und Haselnussjoghurt eine Lebensmittelkammer auf dem liegestuhloptimierten Balkon angelegt hatte, blieb noch genug Geld übrig, die Premiumski auszuleihen. Für die drei in Bern verkauften Bücher ging ich in die Therme. Die Davoser Auftrittsgage wird heute für das Rückfahrticket sorgen, und den Rest vershoppe ich dann morgen vor Abreise, um der jedes Mitbringsel verdienenden Gattin eine Freude zu machen. So gewichtet man, Sparfüchse!

Wer derart selbstgefällig durchs Leben humpelt, dem gießen die Götter mit Wohlwollen nach: drei Tage Schnee satt, Sonne prall und in München ein Abend bei Käsefondue und Schweizer Schokolade. Für das Aufsagen von fünf Gedichten.

Auch im *Walhalla* wird nachgegossen. Ich ignoriere kurz mein medikamentenbedingtes Alkoholzölibat, um bei dem geselligen Begrüßungsflämmli mitzuzündeln. »Flämmli« ist ein passender Name – in wenigen Augenblicken lodert der komplette Tisch. Ein Getränk, das so gut brennt, verfügt über einen Alkoholgehalt, bei dem eine gewisse Eindämmung durch Abflammen dringend nötig scheint. Für einen entwöhnten Thrombosepatienten, der sich in eine Lungenheilanstalt verirrt hat, ist das fast schon zu viel des Guten.

Aber es ist einer der letzten Abende im *Walhalla*, das sechs Wochen später abgerissen wird – und definitiv der letzte Poetry Slam im Hause. Durch eine Mailanfrage habe ich Ende September den Ball erst ins Rollen gebracht und an die bereits zwei Jahre pausierende Slamtradition im *Walhalla* erinnert. Die Gastgeber waren dann noch so freundlich, die Terminfindung an meinen bisherigen Tourplan anzugleichen. Gibt es ein größeres Glück? In solchen Momenten spricht wohl auch medizinisch alles dafür, beim Flämmlitrinken mit anzustoßen.

Draußen beginnt es, stärker zu schneien. Die Straße ist wieder komplett schneebedeckt, und die eintretenden Gäste schütteln Flockenmassen von sich wie nasse Hunde. Viele schauen ahnungslos wie neugierig, was denn heute für eine Abendunterhaltung in ihrer Stammkneipe ansteht. Sie werden aus unserer Flämmli kippenden Runde nicht ganz schlau. Für eine Band sind wir sehr viele Leute mit seltsam wenig Instrumenten.

Ein Poetry Slam an einem weitgehend dem Skisport geopferten Ort scheint so unwirklich wie in Honolulu. Und im mondänen Davos ist eine leicht punkige Kneipe wie das *Walhalla* ein wahrer Fremdkörper.

Es benötigt etwas Wohlwollen, das *Walhalla* als geeignete Slamlocation zu bezeichnen – oder ein ausreichendes Erinnerungsvermögen an sehr frühe Slamzeiten: Ein kleiner verwinkelter Raum mit Billardtisch und zwei fest installierten Tischen, von denen nur einer zur Bühne ausgerichtet ist. Wir stehen auf Holzpaletten. Hinter uns die Dartscheibe. Es wird Billard gespielt, es werden Getränke an der Bar geordert und Nebenschauplätze des Miteinanderquatschens eröffnet. Auch während unserer Vorträge.

Das Publikum darf der Vorstellung kostenlos beiwohnen und tut dies vor allem, weil das *Walhalla* ein wunderbarer Ort zum Trinken ist. Die ersten beiden Starter leiden zudem unter den Angriffen eines stadtbekannten Künstlers, der immer wieder die Bühne stürmen möchte. Kleine Eskalationen, mit denen umzugehen wir ein wenig verlernt haben. Man gewöhnt sich halt schnell an den Lautstärkepegel eines brav lauschenden Publikums.

Aber am Ende brennt das komplette *Walhalla* für die Poesie: Einheimische, Saisonarbeiter, Touristen und die eingeflogenen Poeten, die sich der Exotik dieses Abends bewusst sind und ihn viel stärker als geplant feiern. Es ist wie ein Clubkonzert einer Stadionband – ein Ausflug von der professionellen Routine in die raue Vergangenheit. Hoch in den Bergen. Mitten im Schnee. Mit einem Hauch von »Gönn dir«-Dekadenz.

Doch Künstlerdekadenz scheint ein aussterbendes Verhaltensmerkmal zu sein. Daheim erreicht mich eine Benachrichtigung der → **Künstlersozialkasse**, dass man mich zum nächstmöglichen Termin aus dem Kreise der versicherungswürdigen Künstler ausschließen möchte. Nicht wegen zu niedriger Einnahmen, sondern wegen zu hoher Ausgaben, die mir drei Jahre lang ein süßes Minus in der Bilanz beschert haben. Was für ein beknackter Künstlerbegriff! Und für so einen Verein wird jeden Abend ein Teil meiner Gage einbehalten?! Ich tätige einen Protestanruf.

»Aber wenn Sie andauernd Verluste machen, können Sie als Künstler ja auch nicht überleben.«

Ich seufze. Denke an Chicago, Hawaii und das Skifahren in Davos und versinke in Selbstmitleid.

KRUMME TOUREN

16)   14.02.16, FÜRTH, KOFFERFABRIK, FÜRTHER POETRY SLAM
200 Zuschauer, 7 Teilnehmer, Gewinner: Björn Katzur

Das Planen einer Jahrestour mit 150 Slams in 20 Ländern, die noch dazu alle meine deutschen Lieblingsslams umfassen soll, ist eine recht grübelintensive Beschäftigung. Es ging ein rühriger Mailverkehr vonstatten, bei dem bereits ausgemachte Termine hin und her geschoben werden mussten. Bis schließlich alles irgendwie in das Jahr passte.

Eine fraglos einfachere Form, seinen Slamkalender zu füllen, sind die aufeinander abgestimmten Tourblöcke eines Veranstalters oder einer Veranstalterkooperation. Hier wird eine feste Gruppe von auswärtigen Poeten über eine Vielzahl von Slams geschickt, die nahe genug liegen, um die Gesamtfahrtkosten klein zu halten, und fern genug, um sich nicht selbst zu kannibalisieren. Poetry Slammer rufen sich von den Gleisen der ICE-Umstiegspunkte entgegen, auf dem Weg zur »Nordtour 2« zu sein, die »Ruhrpottour« hinter sich zu haben und dass man sich ja schon bald auf der nächsten »HANZ-Tour« treffe. Da weiß dann jeder Bescheid, wo und wie lang sein Gegenüber nun herumreisen wird. Anders ist das, wenn jemand ankündigt, auf »Frankentour« zu sein. »Und wie lange?«, ist dann die bange Frage, als ob der Slamkollege sich gerade in den Strafvollzug begeben müsste. Die längste Variante einer Frankentour mag mittlerweile unwesentlich kürzer als meine Gesamttour sein. Veranstalter Michl Jakob findet im weiten Frankenland immer wieder eine weitere Hüttenansammlung, die bislang noch slamfrei war. Das ist sein ganz persönlicher Spaß. Mal abgesehen von einem schier endlosen Repertoire seltsamer Showanzüge. Aber das wäre ein eigenes Kapitel.

Während solch einer Tour kommen sich Poetry Slammer sehr nahe und sind anschließend Freunde oder Feinde fürs Leben. Wer Abend für Abend in der gleichen Konstellation gegen den immer gleichen Text verliert, verliert irgendwann auch den Glauben an die Welt. Es gibt aber auch jene Touren, bei denen die Slammer zur verschworenen Gemeinschaft werden und allein der Kollegen wegen davon absehen, auch nur einen Text während der Tour zu wiederholen. Außerdem besteht die Möglichkeit, über bislang unbekannt gebliebene Qualitäten zum Helden der Tour zu werden: als Koch, Kickerprofi, Sightseeing-Mastermind, Tütenbauer oder Aufgussabwedler. Die kurzen Fahrtwege zwischen den Auftritten lassen genug Raum für außerslammige Aktivitäten, und bei einer guten Konstellation netter Leute kann es selbst nach einer Mammuttour heißen: »Wie, schon vorbei!?«

Von wegen »vorbei«: Der Ruf, den man sich auf einer Tour einhandelt, ist zäh – und sickert über die üblichen Gossip-Kanäle bis tief in das Gedächtnis der Szene. Das ist nicht immer von Vorteil. Es gibt Personen, wegen denen man sich doch lieber erst einen Monat später für die entsprechende Tour eintragen lässt. Und es gibt Intonationen bei der Begrüßung – »Ach, hey – du bist auch dabei?!« –, deren Subtext etwas bedeutet wie: »Vier Tage Strafvollzug wären jetzt auch keine schlechtere Alternative.«

Die Tage und Nächte der Frankentour verbrachte man lange Jahre gemeinsam in einer Einzimmerwohnung in Nürnberg, mit entsprechend wenig Chancen, sich aus dem Weg zu gehen. Ich mochte das immer: Landschulheimstyle mit gefülltem Kühlschrank und Tütensuppen im Regal. Allerdings stammen meine Erfahrungen aus den euphorischen Eröffnungswochen dieser Künstlerwohnung. Ich weiß, dass während längerer Touren irgendwann die Phase gepflegten Einschmuddelns anbricht und dass jeder Slammer ein frisch bezogenes Hotelzimmer binnen Sekunden für ein Messie-Casting herrichten kann. Der Abnutzungsfaktor durch tourende Künstler muss beträchtlich sein, sodass ich etwas Mitleid habe mit der ihnen ausgelieferten, einst so unschuldigen Wohnung.

Es ist ein Mitleid aus der Ferne: Seit meinem Umzug nach München 2014 erwische ich nach den Frankentour-Veranstaltungen immer noch einen Zug nach Hause.

17) 15.02.16, ANSBACH, KAMMERSPIELE, POETRY SLAM ANSBACH
230 Zuschauer, 7 Teilnehmer, Gewinner: HANZ

Das ist auch heute der Plan. Die Tourwohnung ist voll belegt, und ich bin nach den letzten Wochen um jede Nacht froh, die ich daheim verbringen kann. Michl und ich sind uns einig, dass es von Ansbach ja noch nie ein Problem war, den letzten Zug zu erreichen. Aber schon kurz nachdem Jan Phillip Zymny als Special Guest den Opener gegeben hat, schwant mir: Das wird knapp! Ich rechne den Abend weiter durch: Anzahl der Vorrundentexte, Pause, Finale ... Das klappt nie und nimmer.

Nun mag der in den letzten Kapiteln geschulte Leser einwenden: »Keine Panik, Bursche! Wenn einer versteht, in der Vorrunde den Abgang zu machen, dann ja wohl du!«

Aber der Ansbacher Slam ist mir immer der liebste der Frankentour gewesen. Schöne Bühne, ich kam dort regelmäßig ins Finale, und Michl hat das Publikum schon dadurch auf mich eingeimpft, dass ich zweimal den Special Guest in den *Kammerspielen* mimen durfte. Als fünfter Starter und letzter Teilnehmer vor der Pause habe ich zudem eine optimale Startposition. Unter solchen Umständen scheidet niemand zwanghaft aus.

Nach vier Startern zeigt sich: Die Publikumsjury ist freigiebig, aber ohne Ausreißer nach ganz oben. Zwischen 24 und 26 Punkte sammeln die gehörten Texte ein. Es macht also keinen Sinn, ein gutes Mittelfeld anzustreben und erhobenen Hauptes knapp am Finale vorbeizuschlittern. In so einer Situation musst du Letzter werden, um sicher deinen Zug zu kriegen.

Das gelingt mir dann mit 21 Punkten. Ich verlasse pünktlich zum Finale den Saal. Als der Zug losfährt, dürfte in den Kammerspielen gerade die Applausabstimmung für den Sieger des Abends eingefordert werden. Ich bin enttäuscht.

Denn niemand verliert extra einen Poetry Slam.

Selbstverständlich kam es mir zupass, nicht ins Finale zu kommen und nach Hause reisen zu können. Aber deswegen hätte ich niemals einen Text extra schlecht oder hörbar unmotiviert vorgetragen. Die Überlegung war vielmehr: Welcher Text wäre es mir wert, ins Finale zu kommen, um anschließend auf dem Nürnberger Bahnhof zu stranden? Für welchen Text würde ich das heute verdiente Geld sogleich wieder verjubeln – und ein mit bösen Mitternachtaufpreisen versehenes Hotelzimmer beziehen? Es gibt diese Texte, für die man auch eine Nacht im Freien verbrächte, wenn ihnen darüber der längst verdiente Erfolg zukäme. Und was wäre das für ein Triumph gewesen, das von Comedy aufgepushte Ansbacher Publikum heute Abend mit der Memento-Mori-Botschaft von »Das verschissene Grün dieser Wiese, Luise« zu packen?!

Es hätte klappen können.

Ich kenne das. Deswegen weiß ich auch, wie schwierig es sein kann, nach Mitternacht ein halbwegs normalpreisiges Hotel in Bahnhofsnähe zu finden. Heute wechsle ich am Nürnberger Hauptbahnhof lediglich das Gleis. Gut so. Und schade drum.

LEIDENSWEG UND LEBENSWERK

18) 18.02.16, MANNHEIM, ALTE FEUERWACHE, WORD UP! POETRY SLAM
480 Zuschauer, 9 Teilnehmer, Gewinner: Florian Wintels

Zack! Gesundheitsschwächeln, zweiter Teil.

Ob mein übermütiger Ausflug vom Graubündner Schnee in blubberndes Warmwasser schuld ist? Kaum dass meine Beinwurst-Antibiotikakur beendet ist, hat eine fiese Erkältung ihre bösartigen Arme um mich geworfen.

Es ist das Vernünftigste, einen Auftritt abzusagen, wenn sich abzeichnet, dass man ihn nur mit halber Kraft hinter sich bringen wird. Es gibt keinen Mitleidsbonus für Starter, die ihren Vortrag gerade noch so dahinröcheln. Aber es gibt eben jene Slammer, die dem Veranstalter flott eine Absage mit kurzer Schilderung eines sich ankündigenden Leidens zumailen – und jene, die sich selbst im todesnahen Fiebertran noch Richtung Mikroständer robben. Ich gehöre zu der letzten Gruppe. Immer schon und jetzt besonders: Im Kalender dieses Jahres werde ich nie und nimmer einen Ersatztermin finden. Mit der *WORD UP!*-Kurztour von Frank Habrik und Kathrin Rabus verbinde ich aber zu viele grandiose Abende und vor allem zu viel Liebenswürdigkeit, um mich mal eben per SMS zu verabschieden.

So niese ich also den ICE nach Mannheim voll, bis er randvoll mit Bakterien ist – eine Asozialität, die ich, stets um meine Gesundheit bangend, bei anderen gerne mit größter Abscheu (stillschweigend) abmahne. Aber nicht der Auftritt in Mannheim ist das Kernziel meiner Reise, obschon die ausverkaufte *Alte Feuerwache* die mit Abstand größere Spielstätte ist: Heidelberg – darum geht's!

19) 19.02.16, HEIDELBERG, DAI (DEUTSCH-AMERIKANISCHES INSTITUT), WORD UP! POETRY SLAM

320 Zuschauer, 9 Teilnehmer, Gewinner: Florian Wintels

Hölderlins »der Vaterlandsstädte Ländlichschönste« war im März 2007 der Ort meines ersten Soloabends. Bevor ich auch nur einmal zu Gast beim Heidelberger Slam war, gab man mir die Chance, die Texte meines frisch erschienenen Buchs »Will Kacheln!« über die volle Länge zu präsentieren. Zu einer Zeit, da Poetry Slam noch kein wirklicher Selbstläufer und Soloabende von Slammern die Schnabeltiere der bundesweiten Abendunterhaltung waren. Ich habe seither ein besonderes Verhältnis zu jener Stadt, in der ich zum ersten Mal meinem plakatierten Konterfei begegnete – sodass ich hier stets versuche, das kurze Rein und Raus eines Tourstopps zu vermeiden.

Nur was soll man mit einem Tag in Heidelberg anfangen, an dem es in Strömen aus Wolken und Nase tropft? Die komplette Equipe der *WORD UP!*-Tour verschlägt es auf Geheiß Pierre Jarawans zum Mittagessen in ein arabisches Restaurant. Pierres erster Roman »Am Ende bleiben die Zedern« spielt im Libanon, und wir trauen ihm zu, eine außergewöhnlichere Lokalität aufzutun als die, in der wir landen. Er würzt allerdings angenehm nach mit Geschichten um Entstehung und Werden seines Romans, und es ist wohltuend zu erfahren, dass sich endlich einer aus der jüngeren Generation für eine literarische Laufbahn entscheidet. Vielleicht bleibt dem Slam ja doch das Schicksal erspart, als ewiges Lernschwimmbecken der Comedymoden zu gelten.

Aber auch ein unterhaltsames Essen endet. Im Gegensatz zum Regenguss. Da wir nicht noch mal essen gehen können, gehen wir schlafen.

Ja, das sind so die toten Punkte einer Tour, an denen einem der eigene Körper eine Gewichtszunahme von ungefähr 25 Kilo vorgaukelt. Sinnlose Zeit. Macht mich immer eine Spur depressiv. Der Tourblues. Wir hängen auf unseren Betten im Dreierzimmer rum und klicken Facebook-Likes. Nach und nach klappt jeder seufzend den Laptop zu. Und pennt. Hölderlins ländlichschönste Vaterlandsstadt darf uns mal gerne haben.

Es ist keinesfalls so, dass ich mit Heidelberg nur angenehme Erlebnisse in Verbindung brächte: 2012 fanden hier die deutschsprachigen Slammeisterschaften statt – ich habe einen Startplatz im Einzelwettbewerb, aber vor allem große Hoffnungen auf mein Team *k.u.k.* mit Wehwalt Koslovsky. Nach einem dritten und vierten Platz in den Vorjahren wollen wir es wissen und glauben an eine gewisse Berechtigung für diesen Ehrgeiz. Am Ende wird es wieder der dritte Platz. Wir verkünden resigniert unseren Rückzug von den National-Wettbewerben. Seither gab es keinen weiteren *k.u.k.*-Text. Jeder, der ein Gespür für Rhythmik, Reim und Klangbild hat, muss Heidelberg dafür verfluchen. Schimpft mich selbstverliebt, aber ich garantiere im Brustton der Überzeugung: Solch ein Gipfeltreffen in Sachen modernen wie klassischen Reims wird es im Slam nicht wieder geben. Und die Slamwelt weiß, dass das stimmt.

Aber Dinge können sich auch zum Guten wenden: Nach einem halb wachen und voll verschnupften Herumwälzen im Hotelbett werde ich von einem farbenprächtigen Sonnenuntergang beschienen. Wie ein alarmierter Feuerwehrmann stürze ich aus Bett und Zimmer, um den Tag mit einem kitschig illuminierten Neckarspaziergang zu beenden. Mit Blick auf Schloss und Stadt. In Rot.

 *Exkurs: Neckar und Narzissen*
http://www.hirnpoma.de/slammed/exkurs4.html

Meine Versöhnung mit dem Tag erhält ihre Krönung, als mir Kathrin und Frank im Finale den ersten Lebenswerkpreis in Sachen Poetry Slam überreichen. Jopi-Heesters-Style. Mit so einer Auszeichnung ist eigentlich im Rahmen dieser Tour zu rechnen gewesen, dennoch wird sie am Ende die einzige bleiben. Es scheint nur stimmig, dass dieser Job von der Hauptstadt der Romantik erledigt wird.

Für alle materiell Interessierten: Der Lebenswerkpreis in Sachen Poetry Slam ist ein Sack voller Weingummiherzen mit großem Schaumherz. Ich hab ein Herz in Heidelberg gewonnen. Zehn Monate später verzehre ich dieses Süßigkeitenensemble unterm Moskitonetz meiner Hütte an der costa-ricanischen Karibikküste. Auch Heesters und Hölderlin hätten sich das wegen keiner Erkältung der Welt entgehen lassen.

RANDSPORTARTEN

20) 20.02.16, ZÜRICH, ROTE FABRIK, POETRY SLAM

300 Zuschauer, 9 Teilnehmer, Gewinner: Remo Zumstein

»Aha, die Herren Dichter!«

Gemeint sind Kollege Koslovsky und ich. Das in Heidelberg auf den dritten Platz versenkte Team *k.u.k.*

Wir haben heute Abend die Ehre, als Einzelstarter in der gleichen Vorrundengruppe gegeneinander anzutreten. Überall sonst hätte man wohl die Chance genutzt, uns noch einmal als Team in den Wettbewerb zu schicken, insbesondere da für das in der *Roten Fabrik* übliche Cupsystem ein Starter zu viel im Feld ist. Aber Wehwalt und ich sind in unserer aktiven Zeit nirgends so oft unterwegs gewesen wie in der Schweiz, sodass die einmalige Chance als das Übliche erscheint. Knapp die Hälfte unserer Auftritte fanden in der Schweiz statt, und wir wissen, warum: Auf unserem Teller liegen jeweils vier ausgezeichnet auf den Punkt gegrillte Lammkoteletts mit Rote Bete und Bohnen. Das Land möchte sich in puncto Slammerverpflegung noch einmal selbst übertreffen.

»Aha, die Herren Dichter!«

So werden wir auch 2009 in der Ehrenhalle des Olympiastadions begrüßt. Vom Hertha-BSC-Vorstand. Man kennt uns. Aus Athen. Aber der Reihe nach:

Die Ehrenhalle vom Berliner Olympiastadion ist ein über strenge Zugangshürden geschütztes Terrain innerhalb des VIP-Bereichs. Knapp 150 Personen haben Zutritt. Oliver Pocher haben wir auf dem Weg nach oben bei den unterklassigen VIPs herumlungern sehen. Für die Ehrenhalle musst du schon Filmschauspieler sein, Politiker auf Staatsbesuch, Minister, Großindustrieller, Vorstandsmitglied bei Hertha BSC. Oder eben Dichter.

»Tragen Sie uns heute wieder etwas vor?«, werden wir gefragt, als wir uns an Wolfgang Thierse und Otto Schily vorbei zu unseren Plätzen auf der Tribüne zwängen. Ein leicht ängstlicher Unterton schwingt da wohl mit. Man denkt an das letzte Europa-League-Auswärtsspiel des Vereins gegen Olympiakos Piräus und erinnert sich daran, dass beim Vorstandsessen plötzlich zwei Typen auf die Tische gesprungen sind und davon gedichtet haben, ans Brandenburger Tor zu kacken. Aber keine Angst. Wir sind heute nur zum Essen und Cocktailtrinken da. Vordergründig gaukeln wir Interesse an der Begegnung Hertha BSC gegen Borussia Mönchengladbach vor.

Hartmut Mehdorn denkt gerade: Was sind das denn für Chaoten? Dieter Hoeneß denkt gerade: Gott, das sind doch diese Chaoten aus Athen! Beide denken: Wer hat die hier reingelassen?! Wir denken: Die Cocktails und das Essen sind immer da am besten, wo niemand dafür zahlt. Nur das Fußballspiel könnte von höherer Qualität sein.

Aber wir müssen uns ein wenig in Identifikation üben. Unser Undercoverauftrag ist es, eine neue Fanhymne zu dichten! Believe it or not.

Leider verlieren unsere Fürsprecher und Türöffner im Verein kontinuierlich an Einfluss, sodass unsere nie geschriebene Hymne am Ende ungegrölt bleiben muss. Aber die Cocktails in der Ehrenhalle, die waren *wirklich* gut und das Mannschaftshotel in Athen ohnehin eine Genussklasse für sich!

Am Morgen strahlt eine voreilige Frühlingssonne über den Zürichsee. Nach dem gestrigen Regentag lockt das stahlblaue Wasser immens. Das kann ich als notorischer Planscher nicht ignorieren, trotz der just abklingenden Erkältung und des andere Vorschläge unterbreitenden Kalendermonats. Ich gehe in das zur Sauna umfunktionierte »Badi« (so niedlich benennt man in der Schweiz die auf Stelzen in den See gebauten Badeanstalten) und stürze mich gut aufgeheizt und übermütig ins Wasser. Ein paar Sekunden lang. Danach meldet sich ein komplett ausgetauschter Körper bei mir an. Erkältung ausgemerzt. Nun mag der Frühling kommen.

Gestern hat mich Wehwalt knapp aus dem Wettbewerb gekegelt. In der Tabelle unseres direkten Vergleichs dürfte er sich damit uneinholbar abgesetzt haben. Aber die bessere Fanhymne hätte wohl ich geschrieben.

Ich hatte bereits einen grandiosen Refrain, der letztlich strophenlos blieb. Auf der Melodie von »Seasons in the Sun« der *Terry Jacks* zu singen:

Schönen Gruß von der Spree:
Hier kommt Hertha BSC!
Wir sind Hauptstadtverein,
euer Kaff ist viel zu klein!

Zur freien Nutzung. Mit schönem Gruß in die Ostkurve.

21)   21.02.16 STUTTGART, KELLER KLUB, KELLER KLUB SLAM
280 Zuschauer, 9 Teilnehmer, Gewinner: Thomas Spitzer

Auf dem Weg von der Schweiz nach Paris stelle ich mich kurz auf die Bühne des schräg-schönen *Keller Klub Slams*, dem punkigeren der beiden großen Stuttgarter Slams. Mittlerweile scheinen die Auftritte die einzige Gelegenheit, mal durchzuatmen.

22)   22.02.16, 20 UHR, PARIS, CAFÉ LE CHAT NOIR, SPOKENWORD PARIS
80 Zuschauer, 16 Teilnehmer, ohne Wettbewerb

Niederschlag again. Dareka und ich rennen durch massiven Regen die Rue Jean-Pierre Timbaud entlang. Wir müssen zum zweiten Auftritt des Abends, dreißig Hausnummern weiter. Die beiden Pariser Slams sind passenderweise in derselben Straße beheimatet. Doch das ist nicht das einzig Außergewöhnliche an diesem Abend. Innerhalb von knapp vier Stunden stehen heute genauso viele Slammer auf der Bühne wie bei einem deutschen Poetry Slam im gesamten Jahresverlauf. Und dieses Doppelpack wird hier seit vier Jahren geboten. J-e-d-e W-o-c-h-e! In einem Viertel namens »Oberkampf«. Unweit vom *Bataclan*-Theater, in einer Parallelstraße zur Rue de la Fontaine-au-Roi, in der noch vor drei Monaten die Menschen in den Cafés erschossen wurden.
Dareka und ich sind heute die Einzigen, die sich auf beiden Veranstaltungen ans Mikro stellen. Bei günstigerer Witterung können sich auch

mehr Poeten dazu entschließen, aber eigentlich agieren beide Bühnen unabhängig voneinander. Sie finden rein zufällig am gleichen Abend und Ort statt. Im *Le Chat Noir* trifft sich die internationale Szene der Expats, und es wird auf Englisch moderiert, im *Downtown Café* muss ich bei der Begrüßung des Moderators mein Schulfranzösisch hervorkramen, um mich verständlich zu machen. Genau genommen ist der Junge nur Moderator der ersten Hälfte des Abends – bei regelmäßig über 30 Startern gibt es zur Pause einen Schichtwechsel bei der Moderation. Der ist vielleicht gewerkschaftlich festgelegt.

Demgegenüber muten die 16 Starter im *Le Chat Noir* fast schon wie ein verkürztes Programm an. Die Veranstaltung ist insgesamt etwas verbindlicher organisiert: Das Publikum sitzt auf Bierbänken und lauscht allen Vorträgen, währenddessen bleibt die Tür zur Theke geschlossen. Im *Downtown Café* kommt das Publikum, bestellt sich die selbst gemachte Ingwerlimonade des Ivorer Betreibers samt innerem Sonnenschein, nippt kurz etwas Poesie und zieht nach Belieben weiter. Von denen, die dauerhaft vor Ort bleiben, treten auch fast alle auf – und unterhalten sich zwischendurch vor der Tür über neue Projekte und die vorgetragenen Texte. Niemand hört sich wirklich alle Beiträge des Abends an. Schon alleine deshalb kann kein Wettbewerb stattfinden. Auch im *Le Chat Noir* verzichten sie – seit nunmehr elf Jahren – auf Sieger und Wettstreit.

Dareka erzählt mir, dass es auch einen monatlichen Slam der üblichen Strickart in Paris gäbe, dieser führe aber nach wie vor ein Schattendasein. Was vor allem mit den Organisatoren zusammenhängt, die etwas zu viel von dem Wettbewerbsgeist und der Siegermentalität aufgesogen hätten. Sowohl Starter als auch Publikum ziehen die Open-Mic-Abende vor und füllen Woche für Woche beide Läden und vor allem die Leselisten bis zum Bersten. Es besteht keinerlei Anlass, auf den Wettbewerb umzustellen.

Seltsam. Vielleicht tickt das deutsche Publikum anders, vielleicht wird es auch nur von den Slamveranstaltern entmündigt – der einhellige Tenor hierzulande bleibt aber, dass das Publikum den Wettbewerb liebe. Und andernfalls fortbleiben würde.

Mich überrascht die Professionalität zahlreicher Beiträge, die sich im Feld der fünfzig Starter ihre Aufmerksamkeit erringen müssen. Frei vorgetragen, mit einiger Theatralik und wohlkomponierter Rhythmik. Frankreich ist das Land der Rappoesie und hatte bereits 2006 mit *Grand Corps Malade* einen Spoken-Word-Künstler in den Charts.

Bei beiden Veranstaltungen wird frei in den Raum gesprochen. Wenn es im Publikum zu laut wird, sorgt es selbst zuverlässig dafür, dass schnell wieder Ruhe einkehrt. Alles kein Problem, auch bei Text Nummer 50+ nicht. Das Zeitlimit von drei Minuten ist allen Auftretenden oberstes Gebot – die meisten bescheiden sich mit deutlich weniger Bühnenzeit und verzichten darauf, die entspannte Atmosphäre des Abends mit einem Egotrip einzutrüben. Man kennt sich und klatscht einander für gelungene Darbietungen ab. Es scheint wie ein Kneipenbesuch einer Freundesclique, die zufällig alle ihr Talent fürs Mikrofon entdecken. Obwohl es ja gar kein Mikrofon gibt. Das ist alles so fernab von den Standards deutschsprachiger Slams, dass sich der Verwandtschaftsgrad lediglich im My-Bereich erfühlen lässt. Jeder Slamroutinier, dem ich daheim von diesem massiven Auflauf an Startern erzählte, rollte nur ungläubig mit den Augen.

23) 22.02.16, 22 UHR, PARIS, DOWNTOWN CAFÉ, SLAM AU DOWNTOWN
120 Zuschauer, 51 Teilnehmer, ohne Wettbewerb

Im *Le Chat Noir* freut sich eine Gruppe erst vor einer Woche eingetroffener deutscher Erasmus-Studenten über die Entdeckung eines englischsprachigen Abends in ihrem Viertel. Als ich meinen ersten deutschen Text vortrage, feiern sie diesen so, dass sie bereits zu gefühlten Stammgästen der Veranstaltung geworden sind. Ich erzähle ihnen in der Pause, dass wir jetzt zu einem anderen Slam müssten. Ähnliches Ding, paar Häuser weiter. In diesem Moment erhält ihre neue Heimat Paris einen beinahe magischen Überbau. Ici is' ja was los!

Es ist müßig, Paris eine bezaubernde Stadt zu nennen. Jeder weiß das. Ich bin ein gutes Dutzend Mal an der Seine gewesen – vor allem zu meiner Essener Zeit. Mit dem Reisebus gab es damals für 19 DM zwölf Stunden Paris, Hin- und Rückfahrt in der Nacht. Nun liegt mein letzter

Aufenthalt achtzehn Jahre zurück, und ich muss feststellen, in dieser Zeit zum Paris-Anfänger geworden zu sein. Alle meine inneren Stadtpläne sind verblichen.

Mein Hotel liegt im Quartier Latin, und ich habe keine Ahnung, ob das nun in der Nähe vom Eiffelturm liegt oder aber elend weit entfernt von diesem ist. Bei so viel Nachholstoff sind anderthalb Tage Paris ein kompaktes Programm. Fast so wie zwei Slamauftritte hintereinander.

Den 66 Slampoeten am Abend folgen 669 Stufen am Vormittag. Der Eiffelturm liegt zwar sehr weit vom Quartier Latin entfernt, trotzdem ist es reine Wonne, den Weg von der Notre-Dame über die Tuilerien und den Place de la Concorde zum Invalidendom zu erlaufen. Entlang der Seine und im Sonnenschein.

Der Wechsel von Regen und Sonne wird irgendwie zum Leid- und Leitthema meiner Tour. Heute wieder mal mit dem guten Ende für sich.

Stoisch stapfe ich zur Mittelstufe des Turmes empor. Als Kind erhält man von seinen Eltern gerne mal den beschäftigungstherapeutischen Auftrag, die Stufen eines solchen Aufstiegs mitzuzählen. Ich frage mich, ob ich damals wirklich dumm genug war, die in Zehnerschritten aufgemalten Zahlen zwischen den Treppen nicht zu registrieren, oder ob ich diese den Zählspaß verderbenden Hinweise bewusst missachtet habe. Heute addiere ich zu der letzten Zahl die noch folgenden Schritte und komme zum gleichen Ergebnis wie die jüngsten Mitglieder einer Kleinfamilie, die sich gerade diesen Rekord der Treppenbewältigung zujubeln: 669 Stufen!

Ich erinnere mich, dass auch mir in jungen Jahren diese Stufenzahl als die in unserem Sonnensystem maximal mögliche erschienen war. Nun muss ich mir ernüchternd vor Augen halten: Zu dem Zimmer in meinem Pariser Hotel werde ich heute Abend 110 Stufen hinaufkraxeln und morgen wieder hinuntersteigen. Wie ich das seit gestern schon zweimal getan habe. Daheim habe ich – ebenfalls ohne Aufzug – 96 Stufen bis zu meiner Wohnung zu bewältigen. Macht 852 Stufen für mein Pariser Gastspiel, die Hälfte der Treppengänge mit rund 20 Kilo Gepäck in den Händen.

Würde mich am Kassenhäuschen des Eiffelturms eine ältere Dame freundlich bitten, für sie einen 20-Kilo-Sack bis zur Mittelstation herauf-

zutragen, müsste ich wohl sehr unhöflich zurückfragen, ob sie noch richtig ticke. Aber ebendiese Tätigkeit wird mir meine Tour über dieses Jahr etliche Male abverlangen: Unmengen Bücher, Dreckwäsche und Souvenirs den Eiffelturm rauf- und runterzutragen.

In solch melancholische Berechnungen vertieft, betrachte ich von der Plattform die winzigen Menschen in den Warteschlangen vor den Aufzügen und fühle mich evolutionär rückständig. Als ich später das Kassenhäuschen passiere, flüstert mir eine imaginierte Dame zu: »Aber für den 20-Kilo-Sack einer alten Frau ist der Herr sich zu schade, oder was!?«

Nach einem getanen Flaneurtag in Paris lasse ich mich auf den Stufen – schon wieder! – zum Sacre Coeur nieder und empfinde es als apartes Glück, dass ich mit derlei Momenten mein Geld verdienen darf. Ein Paradeplatz für einen Sonnenuntergang. Auch wenn für eine perfekte Idylle die Sonne etwas zu weit rechts untergeht.

ALLES EINE FAMILIE

Ich kehre in Thrombosestrümpfen aus der Stadt der Liebe zurück. Klingt wie eine bemühte Metapher. Nun ist Zeit für ein paar unaufgeregte Wohlfühlauftritte bei langjährig gepflegten Tourstationen: Wiesbaden, wo ich 2007 meinen ersten → **Highlander**-Slam der Monatssieger gewann, und Augsburg, wo ich schon seit 2004 regelmäßig antanze.

24) 24.02.16, WIESBADEN, SCHLACHTHOF, WILDE WORTE
290 Zuschauer, 6 Teilnehmer, Gewinner: Kaleb Erdmann

Exkurs: Wanderzirkus
http://www.hirnpoma.de/slammed/exkurs5.html

25) 25.02.16, AUGSBURG, BRECHTBÜHNE, GRAND SLAM
250 Zuschauer, 8 Teilnehmer, Gewinner: Meike Harms

Moderator Horst Thieme mailt mir als Reprise zu: »HAMMER Auftritt. Das war so was von auf den Punkt! WAHNSINN!« Wie gesagt: Wohlfühlauftritte.

26) 27.02.16, NIEDERHONE, SCHLÜSSELBLUME, ESCHWEGER POETRY SLAM
110 Zuschauer, 9 Teilnehmer, Gewinner: Tom Schildhauer

»Ich will Kacheln!«
    Das erste Mal, dass Niederhone mit diesem Wunsch konfrontiert wurde, war im Sommer 2006. Die Familie meines Berliner Slamkollegen

Felix Römer hatte dort gerade ein seit Jahren leer stehendes, denkmalge-schütztes Eckhaus bezogen, in dem vordem der Metzger und vor allem das Vereinslokal des örtlichen Schützenvereins untergebracht waren. Die Dorfbevölkerung freute sich über die Aussicht, dass die so lange verschlos-senen Räume wieder mit Dorfleben gefüllt werden könnten. Aber Felix' Familie konfrontierte sie mit Alternativ-Lebensentwürfen, von denen man sich nicht ganz sicher war, wie hoch die Dosis für Niederhone ausfallen dürfe. Noch skeptischer blickte man drein, als aus Felix' Transporter eine Horde Berliner Poeten und Musiker entladen wurde, die den Showblock für das mit Plakaten im Dorf angekündigte »Hoffest« bilden sollten.

Nachdem sich die scheu eintrudelnde Gemeinschaft mit der lässigsten verfügbaren Garderobe und Gastgeschenken an den Biertischen im Hin-terhof niedergelassen hatte, öffnete sich ein kleines Fenster im obersten Stock, und ein Durchgeknallter schrie: »Ich – will – Kacheln!«

»Was will er?«

»Du musst schon hinhören!«, mahnte die Ehefrau ihren für litera-rische Genüsse noch unempfänglichen Gatten.

»*Kacheln* hat er gesagt. Der will Kacheln«, klärte ihn sein angesäusel-ter Kegelbruder auf.

»Wieso Kacheln?«

»Jetzt hör schon hin!«

»Wenn er Kacheln will – ich hab noch den ganzen Keller voll.«

»Gibst du jetzt Ruhe? Ich will da zuhören!«

Einige Monate später sah man beim Poetry Slam in der *Schlüsselblume* bereits ein paar Damen von Niederhone spaßige Geschichten oder eso-terische Gedichte vortragen. Bisweilen ganz prototypisch barfuß und in luftigen Gewändern. Wie in einer französischen Milieukomödie hatte sich der Geist des neu bezogenen Hauses im Dorf ausgebreitet. Und wer da nun schmunzelt, sollte sich vor Augen halten, dass solch ein Schritt in einem Ort dieser Größe ein immenser ist. Insbesondere barfuß.

Was erst einmal eine Keimzelle ist, zieht noch weitere Kreise – und so klinkte sich der Schlüsselblume-Verein auch in die Programmgestaltung des Eschweger *Open Flair Festivals* ein. Als erstes überregionales Festival bot das *Open Flair* fortan einen Spoken-Word-Schwerpunkt in der Halle des *E-Werks*, und mancher Slammer vollzog später den Schritt hinaus auf eine der Hauptbühnen. Heute hat jedes zweite Festival einen Poetry Slam im Programm.

Nicht selten kommt es vor, dass die Slammer ihre Integration in den musikalischen Livezirkus zu sehr auskosten, insbesondere wenn sie einen Access-All-Areas-Pass erhalten. Sie genießen das Leben in der Festivalbackstage dann derart, dass ihnen der Zugang im Folgejahr nur noch mit Einschränkungen erlaubt wird. Bei den Portionsgrößen am Cateringbüfett und bei der Dauer der Whirlpoolnutzung verlieren die Dichter jegliches Maß, und auch bezüglich der Ausbeute an Selfies mit B-Prominenz kennen sie kein Halten. Da hat Clueso selbst auf dem Herrenklo keine Ruhe mehr. Die Festivalbackstage ist der Ort, wo Slammer ihre Schuhe ausziehen.

An den Treppenwänden der *Schlüsselblume* hängen Veranstaltungsposter, die Zeugnis davon ablegen, wer hier bereits Station gemacht hat, obschon diese Personen via Berühmtheitsschüben längst für die Metropolen vorgemerkt sind. Die Liebenswürdigkeit des Hauses bezauselt jeden und lockt manchen zurück. Da kann auch ein Unhold im Dachfenster nicht dran rütteln.

Möge der Segen der Unverdrossenheit stetig die Betreiber an allen ähnlichen Orten geleiten! Die Pampa dankt es ihnen. Aber noch wichtiger ist ihre Arbeit für die in die großen Städte strahlende Einsicht, dass jeder Miniort zum Hotspot werden kann.

27) 28.02.16, GÖTTINGEN, JUNGES THEATER, POETRY SLAM GÖTTINGEN
280 Zuschauer, 8 Teilnehmer, Gewinner: Björn Gögge

Dass ein Anatomiesaal zu einer passablen Slamlocation werden kann und die Sauna des vorzüglich kochenden Veranstalters zur Aftershow inklusive Po-Schau taugt, hat man lange Jahre in Göttingen bewiesen. Nun ist man ins *Junge Theater* umgezogen. Der Rest gilt wie gehabt.

28) 01.03.16, BERLIN, LIDO, KREUZBERG SLAM

420 Zuschauer, 9 Teilnehmer, Gewinner: Helge Albrecht

Keine Frage, meine Slamsozialisierung fand in Berlin statt. Mögen die ersten Bühnenstolperer im Ruhrgebiet und in Hamburg erfolgt sein – hier bin ich von der großen Slamily adoptiert worden, hier habe ich mir meine Sporen verdient, die ersten fünf Bücher geschrieben und den Wechsel vom »Prosatiger« zum Reimer gemeistert. Zwölf Jahre lang wurde ich als Berliner angekündigt. Und manch einer verortet mich nach wie vor dort. Meine Bühnen waren die Slams im *Bastard*, in der *Scheinbar* und im *Rosi's*. Habe ich zumindest gedacht.

Als ich mir aber zum Abschluss meiner Laufbahn eine Liste aller zurückliegenden Auftritte anfertigte, stellte ich fest, dass in Wahrheit der *Kreuzberg Slam* meine Nummer zwei der Berliner Slams ist. Mit bislang zwölf Auftritten liegt er zudem auf Platz drei meiner ewigen Slamliste, gleichauf mit dem *Livelyrix*-Slam in Dresden. Und da Dresden erst übermorgen im Kalender steht, kann Kreuzberg zwei Tage lang ganz allein die Bronzemedaille tragen. Und das, obwohl ich nie wirklich gern im *Lido* aufgetreten bin.

Doch der *Kreuzberg Slam* ist nicht mit dem *Lido* gleichzusetzen. Gestartet ist die Chose im *Kato*, einem Metal- bis Punkclub unter den U-Bahn-Bögen vom Schlesischen Tor als der mit Spannung erwartete, dritte regelmäßige Poetry Slam Berlins, gestartet von dem Trio Lehmann, Reichert, Kling.

Ja, genau der Kling mit dem Känguru, das zu jener Zeit gerade mal seinen ersten Whopper bei McDonald's bestellt hatte. Besser bekannt als die Zicken des Beuteltiers war das WG-Leben der drei Herren, mit dessen Berichten damals regelmäßig der *Scheinbar-Slam* in Schöneberg gewonnen wurde. Die Siegprämie in der *Scheinbar* war ein Bratapfelrömertopf aus dem KaDeWe – und keine Großküche der Welt wird wohl je über mehr Bratapfelrömertöpfe verfügen als diese Studenten-WG. Der von Sebastian Krämer moderierte, von Marco Tschirpke musikalisch umrahmte *Scheinbar-Slam* hatte seinen 50 Zuschauern oftmals ein Line-up zu bieten, für das man heute sehr viel Eintrittsgeld zahlen müsste.

2007 war also der Zeitpunkt gekommen, dass die stets als chaotisch beschriebene Herren-WG in die hohe Slamorga einsteigen sollte. Einen besseren Zeitpunkt konnte es nicht geben – der *Bastardslam* darbte am immer wieder für längere Umbauten geschlossenen Veranstaltungssaal, der *Scheinbar-Slam* war dazu verdammt, winzig zu bleiben. Und die drei Jungs waren bereits geschätzte Stars der Berliner Szene, ohne dass jemand ahnte, wie sehr die dazugehörige Richterskala nach oben geöffnet war. Mit dem anschließenden Umzug ins *Lido* im Juni 2009 war dann jener Tapetenwechsel vollzogen, den es gebraucht hatte, um regelmäßig Rekordzuschauerzahlen anzulocken.

Das *Lido* war die erste Slamspielstätte, bei der ich bemerkte, dass der Mainstream über die Eingangsschwelle geschwappt ist. Hier war nicht mehr das Spartenpublikum des *Bastardslams* oder auch des *Katos*, dem die Konventionalität und Erwartbarkeit eines Textes noch einen Punktabzug wert gewesen wäre. Hier saß ein Publikum, das sich unter dem Deckmantel einer literarischen Veranstaltung unterhalten lassen wollte – es wollte Dinge, die ohnehin Konsens waren, nochmals sprachlich gut ausgedrückt hören. Provokation und Virtuosität waren ab sofort nur noch schmückendes Beiwerk – die Slamschlachten wurden über ein anderes Merkmal gewonnen. Dieses Kriterium *Humor* zu nennen, macht die Sache zu einfach, obschon es oft die Lacher sind, die einen Slam entscheiden. Es geht um Linientreue mit dem einheitlich jugendlichen Publikum, das Treffen des Grundtenors aus Romantik, Weltschmerz und Amüsement. Dieses Bedürfnis nach Linientreue begegnet einem längst schon bei allen größeren Slams. Meine *Lido*-Abstinenz der letzten Jahre ist damit hinfällig – und völlig ungerecht: Heute Abend erscheint mir das Publikum keineswegs ignoranter als anderswo. Im Gegenteil: Es beweist ein offenes Ohr und ein gewisses Gefühl für den wohlgeformten Text. Da ist man mittlerweile in den Slamweiten der Republik mehr Taubheit gewohnt. Aber es sollte ja auch mit dem Teufel zugehen, wenn Berlin in puncto Linientreue nicht von anderen Städten überholt werden könnte.

Exkurs: Publikumsdiss
http://www.hirnpoma.de/slammed/exkurs6.html

Marc-Uwe Kling treffe ich erst am nächsten Abend in einem frisch eröffneten Produktionsbüro in Potsdam, direkt neben dem Veranstaltungsraum der Potsdamer Lesebühne, wo wir heute noch einmal gemeinsam auftreten. Er erzählt mir, dass er nach seinem Abschied als Moderator im September 2010 nie wieder im *Lido* war, ja, dass er sich seither auch sonst keinen Poetry Slam mehr angeschaut habe. Ich müsste sehr viel hineinfantasieren, würde ich da jetzt von einer leichten Note des Bedauerns in seiner Stimme berichten. Mag sich die Slamszene damit brüsten, Stars wie Marc-Uwe Kling hervorgebracht zu haben, hat sich dieser von unserem Clan komplett freigestrampelt.

Ich frage mich, ob ich am 31. Dezember ähnlich rigoros der Slamily den Rücken kehren werde. Oder ob ich doch eher so der Familienmensch bin.

29) 03.03.16, DRESDEN, SCHEUNE, LIVELYRIX POETRY SLAM

320 Zuschauer, 9 Teilnehmer, Gewinner: Fabian Navarro

Sippentreffen mit Abwesenden:

»Ist ja geil, der Felix! Von wann ist das denn?«

»Keene Ahnung, aber da sind sogar noch Fotos von den ersten *Trixom*-Slams in Leipzig bei … Hier, kennste den noch?«

»Falk! Haste von dem mal wieder was gehört?«

»Ewigkeiten nicht. Aber er soll jetzt ab und an wieder slammen. Und guck mal: Peh!«

»Ach, Gott, ja, die Peh …«

In der Backstage der Dresdner *Scheune* durchblättern wir zwei Floppy-Disc-Boxen, die mit unzähligen Polaroidporträts gefüllt sind. Aus dreizehn Jahren Slamgeschichte. Man sieht, wer von den abgebildeten Personen sich im Laufe der Slamlaufbahn wie verändert hat: vom → U20-Sprössling zum angehenden Urgestein, in das die indes absolvierten Auftritte unleugbar ihre Spuren gemeißelt haben. Bei manchen liegen gut tausend Auftritte zwischen dem *Livelyrix*-Polaroid und dem Jetzt. Das sieht man. Auch an meinem Polaroid.

Es mag Nostalgie sein, Ressourcenschonung oder Sparzwang – auf jeden Fall tritt man in Dresden häufig mit einem Foto an, das weit in die eigene Gesichtsvergangenheit zurück langt. Als persönliche Qual erkennt man den Ausschnitt eines T-Shirts, für das man sich mittlerweile schämt.

Aber man erkennt an den Fotos auch die Veränderungen der Szene, besser gesagt: die Karteileichen unserer Bewegung. Die, die auf der Strecke irgendwo verloren gegangen sind, obwohl man ihnen einige Jahre lang ständig bei Slams über den Weg gelaufen ist – an den unerwartetsten Orten.

Manche der Personen haben sich slamsatt freiwillig verabschiedet, manche haben den Anschluss an frühe Erfolge nicht finden können, andere sind einfach als One-Hit-Wonder geboren worden und am Zenit ihrer Popularität ins Nirgends abgestürzt. Ich entdecke so viele Gesichter von liebenswerten Freaks auf den Polaroids, dass ich den Ausdruck »schwermelancholisch« erfinden muss. Es ist eine schrecklich nette Familie, mit der man viele großartige Abende und auch manch grandiosen Text verbindet.

Eigentlich bräuchte es einen Literaturhistoriker, der diese Fotos sichert und zu einer Geschichte verdichtet. Man spürt, dass jetzt der Zeitpunkt wäre, Interviews zu führen, Informationen über jene Gesichter einzuholen, die keiner der aktuellen Szene mit Namen oder Biografien verbinden könnte, für die man Zeitzeugen benötigt. Und man spürt, dass es in diesem Moment schon ein wenig zu spät dafür ist.

Ich möchte auch nicht wissen, wie entsetzt so ein Historiker über den Zustand der von Klebestreifen ordentlich verhunzten – und stetig verhunzteren – Fotos wäre. Es gibt keinen Respekt vor der Vergangenheit des Slams und auch kein Interesse dafür. Manche der Menschen auf den Fotos sind längst in neuen Gefilden etabliert, und es lässt sich kaum nachvollziehen, was all diese Menschen mal ins gemeinsame Hostelzimmer zog. Auch in einer Stadt, die sich wieder neu aufbauen ließ, reift die Erkenntnis: Es lohnt nicht, die Slambewegung zu rekonstruieren. Am Ende ist die Flüchtigkeit ihr größter Reiz.

Der Hintergrund für die unzähligen Dresdner Polaroids ist eine → **Abstimmungsmethode**, die von Sachsen ausging und andernorts eine übersichtliche Schar an Nachahmern gefunden hat: die Münzabstimmung.

Jeder Besucher erhält eine Münze, die er nach der Vorrunde seinem favorisierten Slammer in die durch ein Poträtfoto gekennzeichnete Sammelbüchse wirft. Das klingt sehr demokratisch. Stellt den Zuschauer aber auch vor eine Alles-oder-nichts-Entscheidung. Beziehungsweise vor die Frage, ob er sich überhaupt noch an alle Slammer erinnert.

Noch vielfältiger fällt der Fragenkatalog für den Slammer aus: Die Frühstartenden überlegen, mit welchem Text sie anderthalb Stunden im Gedächtnis bleiben. Die Komiker checken das Starterfeld auf Komikerkonkurrenz ab. Die Ernsthaften hoffen, ihre Spartenchance über Alleinstellung oder einen späten Startplatz zu nutzen. Klar ist: Wer von allen durchgängig als Zweitbester angesehen wird, erhält keine einzige Münze – und verpasst das Dreierfinale.

 *Exkurs: Das Schrauben an der Gerechtigkeit*
http://www.hirnpoma.de/slammed/exkurs7.html

Heute scheide ich in Dresden mit 36 Münzen gegen den späteren Sieger Fabian Navarro aus, der auf 37 Abstimmungscents kommt. Am Büchertisch beichtet mir ein schuldbewusster Zuschauer, er habe mir seine Münze vorenthalten, weil er sich sicher war, dass ich eh weiterkommen würde. Jetzt sei er etwas enttäuscht, keinen zweiten Text gehört zu haben. So verliert beim Poetry Slam eben jeder ein bisschen mit.

Mein Polaroid wird mit den kommenden Veranstaltungen immer weiter nach hinten, in den riesigen Wust der nicht mehr genutzten Fotos wandern. Es wird in zwei, drei Jahren ungefähr so kommentiert werden:

»Ach, er hier … Kennste noch? Hat doch ein Buch über diese fette Slamtour geschrieben.«

»Nö. Kennick nich. Sieht auch arg retro aus, der Typ. Und wat denn überhaupt für 'ne Tour? Du machst einfach schon zu lange Slam, Alter!«

Am nächsten Morgen hadere ich etwas mit der Abfahrt aus Dresden – einer Stadt, die ich zum ersten Mal über den Poetry Slam besucht und in der ich mich immer gerne aufgehalten habe. Nicht zuletzt ist hier der Verlagssitz meiner ersten Bücher. Wie war noch mal das Wort? Schwermelancholisch, genau. Und so verbringe ich den Vormittag im Elbsandsteingebirge, das mit seinen *Der Schatz im Silbersee*-Klippen eine hervorragende Kulisse für Nostalgie beschert.

30) 04.03.16, EISENACH, KUNSTPAVILLON, SOMMERGEWINN-SLAM
150 Zuschauer, 8 Teilnehmer, Gewinner: Friedrich Herrmann

Wenig später bin ich in ähnlicher Höhe auf Ahnenforschung: Auf der Eisenacher Wartburg wurde mit dem Sängerkrieg eine Art deutscher Entstehungsmythos des Slams geschrieben. Klingsor versus Wolfram von Eschenbach, Heinrich von Ofterdingen gegen Walther von der Vogelweide – so hießen die Vorrundenauslosungen im Mittelalter. Mit Rätselspiel und Fürstenlob sind indes einige Disziplinen des Urslams verloren gegangen, aber Dichterwettstreit bleibt Dichterwettstreit. Als ich 2013 über den Eisenacher Wäldern, hoch oben im Hof der Wartburg, als → **Featured Poet** bei den thüringischen Meisterschaften die Bühne betrat, vermeinte ich jedenfalls, das Kitzeln der historischen Wurzeln spüren zu können. Seither beschließe ich einen Stopp in Eisenach mit dem obligatorischen Weg hinauf zum UNESCO-Weltkulturerbe, das wie ein guter Geist über der Stadt thront. Von unten kikerikit es.

Ja, ahnt das einer außerhalb Eisenachs? Dass man hier ein Fußball-stadion-taugliches »Gut Ei – Gut Ei!« mit einem Kindergarten-tauglichen »Und kikeriki!« beantwortet? Zu den Feierlichkeiten zum *Eisenacher Sommergewinn* kann man diesem Schlachtruf nirgends in der Stadt entgehen. Wer etwas auf sich hält, schreibt den Slogan mit selbst gefalteten Papierblüten auf seine Häuserfassade.

 *Exkurs: Sommergewinn-Umzug*
http://www.hirnpoma.de/slammed/exkurs8.html

Slamorganisator und Gastgeber Matze sorgt sich, ob das Papierblüten-großgemälde an seiner Hauswand auch in diesem Jahr einen Preis erhalten wird. Es geht um ein handgefertigtes *Sommergewinn*-Binsen-Ei, wovon Matze eine lückenlose Sammlung besitzt. Aber die Juroren sind heute ein wenig zu schnell an seinem üppig geschmückten Haus vorbeigehuscht.

»Was bewerten die denn genau?«

»Wie man das Thema des *Sommergewinns* umgesetzt hat – in diesem Jahr ist das ›100 Jahre Autoindustrie in Eisenach‹. Außerdem müssen die drei Symbole Hahn, Ei und Brezel an der Häuserfassade auftauchen. Und nicht zuletzt achten sie darauf, dass man keine Blüten vom Vorjahr wiederverwendet.«

Weh! Ich habe gestern aus Nostalgie den Text von meinem ersten Eisenacher Poetry Slam wiederholt. Das erklärt mein Ausscheiden.

Kein Ei. Und auch kein Kikeriki. Aber im Vorwendechic des *KUNST-Pavillons* beweist sich, dass auch die Slamszene über ein »Gut Ei!«-Äquivalent verfügt: Als ein Starter bei seinem Vortrag ins Stocken gerät, rufen die übrigen Slammer im Saal »Heavy Metal!« und ernten von dem sich empört umdrehenden Publikum strafende Blicke. Aber was da als unfaire, zusätzliche Störung des Vortragenden gewertet wird, ist in Wahrheit als unterstützende Geste gemeint. Man ruft beim Slam »Heavy Metal!«, um dem Strauchelnden etwas Bedenkzeit zu geben, in den Text zurückzufinden.

Dieser Schlachtruf geht zurück auf einen Berliner Slammer, der in den Neunzigerjahren regelmäßig auftrat, seine Texte aber quasi nie auswendig konnte und gleich mehrfach während seines Vortrags ein pampig genuscheltes »Helfta mir mal!?« in den Raum rief, wenn er nicht weiterwusste. Irgendwann wurde aus dem Hilferuf dank bewussten Missverstehens: »Heavy Metal!«

So viel zum bislang unüberlieferten Entstehungsmythos dieser Slammarotte. Den Rest bitte ich nachzuschlagen im »Sängerkrieg auf der Wartburg«.

31) 05.03.16, DARMSTADT, GOLDENE KRONE, KRONE-SLAM
300 Zuschauer, 6 Teilnehmer, Gewinner: Jan Cönig

Schon klar: Cönig gewinnt den *Krone-Slam*. Die Realität ist sich auch für nichts zu blöde.

IRGENDWO KOMMEN WIR SCHON UNTER

32) 06.03.16, JENA, KASSABLANCA, LIVELYRIX POETRY SLAM

300 Zuschauer, 8 Teilnehmer, Gewinner: Jason Bartsch

Die Unterbringung der bei einem Slam antretenden auswärtigen Poeten ist ein anekdotenreiches Panoptikum. Mit unglaublichen Ausschlägen zu beiderlei Seiten des Komfortmeridians. Mal schwitzt man vorm Slam im Spa-Bereich einer Fünf-Sterne-Anlage, mal schiebt man im Sparbereich die Bankelemente der WG-Küche zu einer Liegestatt zusammen. Um dann am nächsten Morgen von einem nicht informierten Mitbewohner rüde aufgefordert zu werden, diese gefälligst für die Vorbereitung des Frühstückstischs freizugeben.

In Radolfzell war mir 2011 ein Schlafsessel in Aussicht gestellt worden für den Fall, dass ich keine Isomatte dabeihätte. »Schlafsessel« klang für mich nach Schlafcouch in schmal. Es handelte sich aber um einen pupsnormalen Ohrensessel, in dem dessen Besitzer beim Fernsehschauen gelegentlich einschlief. Da saß ich dann also, aufrecht, die Arme auf den Lehnen, und wartete auf den einschläfernden Einfluss des Schlafsessels, während sich die anderen Slammer ein paar Sitzunterlagen für Balkonstühle teilten.

Doch die allzu improvisierten Liegestätten gehören der Vergangenheit an. Im Verlauf der Tour werde ich 110 Mal auf eine nicht von mir arrangierte Unterbringung nach dem Slam angewiesen sein. 52 Mal hat man für mich ein Einzelzimmer in einem Hotel oder Hostel gebucht, 12 Mal ein Doppelzimmer mit einem anderen Slammer, 20 Mal ein Mehrbettzimmer mit bis zu sechs anderen Personen. 19 Mal werde ich privat einquartiert, 7 Mal gibt es einen Schlafraum oder eine Künstlerwohnung vom Club selbst. Nicht ein einziger Totalausfall in Sachen Unterkunft –

wer heute mit dem Slammen beginnt, darf sich vom Start weg auf hohe Standards freuen. Dafür muss sich der Härten-unbedarfte Slamnachwuchs schnell mal den »Weicheier!«-Vorwurf der älteren Semester gefallen lassen. So soll es denn sein:

Jena zählte bei der Planung meiner Abschiedstour vorab zu den Pflichtterminen. Nicht nur weil das *Kassablanca* ein ungemein stimmungsvoller Veranstaltungsraum mit unschlagbarem Catering ist, sondern weil der an einer Bahnlinie gelegene Club über die großartigste Unterkunft der Slamlandschaft verfügt: original Schlafwagenwaggons, die direkt am Hintereingang auf einem Abstellgleis warten. Geht es cooler? Direkt von der Bühne in ein privates Schlafwagenabteil zu kippen – selbst das WLAN funktioniert dort noch. Ein Apfel, ein Mr.-Tom-Riegel und eine Wasserflasche werden jedem Übernachtungsgast in die vom Radiator vorgewärmte Schlafkoje gelegt. Wie bei Muttern. Herz, was willste mehr? Alle im *Kassa* auftretenden Bands übernachten dort – und ich kann mir aus eigener Tourzeit vorstellen, dass die Musiker die Jenaer Waggons als tourbeste Unterkunft in Erinnerung behalten werden. Das gilt aber nicht für Poetry Slammer. Die hätten sich oft beschwert: zu kalt, zu unbequem seien die Waggons – und zu anstrengend sei das Leben eines Slampoeten, um derartige Beeinträchtigungen des nächtlichen Schlafs abfedern zu können. Zu viele starben.

Ich protestiere, als mir die Veranstalter die Keycard für das Viersternehotel am Stadtrand in die Hand drücken: »Ich hab doch geschrieben, dass ich den Termin vor allem wegen der Eisenbahnwaggons mitmachen will!«

»Katja meinte, dass das ironisch gemeint war ...?«

Man sollte eher mal bei den Slammern nachfragen, dass es doch wohl nur ironisch gemeint sein könne, für einen Fünf-Minuten-Vortrag eine Viersternunterkunft mit Wellnessbereich verlangen zu wollen.

Die Leute vom *Kassa* freuen sich jedenfalls, dass ihre einzigartige Unterbringung auf dem Gleis heute einen starrsinnigen Abnehmer findet.

Ich sollte nun natürlich tunlichst verschweigen, dass eine einsame Nacht in einem Schlafwaggon auch ihre unheimlichen Züge hat: ein verlassenes Gelände, keine Menschenseele weit und breit. Es gibt nur diesen im nicht verschließbaren, über alle Fenster blindgesprayten Waggon schlummernden Slammer, der soeben seine Kollegen verächtlich grinsend zur Taxifahrt ins Viersternehotel verabschiedet hat. Man hat einfach zu viele Horrorfilme gesehen, um darin keine prototypische Einstiegssequenz zu erkennen ... Und dann öffnet tatsächlich jemand mitten in der Nacht die Waggontür und poltert durch den Gang. Meine Nackenhaare stellen sich auf. Doch die Entwarnung folgt auf dem Fuße: Einem der Leute vom *Kassa* war der Weg von seiner Trinkkneipe nach Hause zu lang erschienen. Und da erinnerte er sich daran, dass die Pennplätze im Schlafwagen heute nicht genutzt werden, war ja Poetry Slam am Abend.

33) 10.03.16, SCHWABACH, KNEIPE JUNGEGGER'S, FREIDENKER SLAM

100 Zuschauer, 7 Teilnehmer, Gewinner: Thomas Spitzer

»Klar bringe ich dich noch unter«, bestätige ich die fast schüchterne Anfrage vom Schwabacher Slammaster Thomas Schmidt. Zur Belohnung gibt es einen Artikel in der Lokalzeitung unter der launigen Überschrift: »Chicago – Paris – Schwabach«.

34) 11.03.16, OLTEN, SCHÜTZI, LAUT & DEUTLICH-SAISONFINALE

300 Zuschauer, 9 Teilnehmer, Gewinner: Kilian Ziegler

»Klar bringe ich dich noch unter«, bestätigt Rainer von Arx meine fast hoffnungslose Anfrage. Es wäre zu schade gewesen, wenn der nur viermal im Jahr stattfindende Slam im schweizerischen Olten nicht Teil der Tour gewesen wäre. Als alter Spaziergänger habe ich in den letzten sechs Jahren jede Menge meiner Texte auf Oltener Wanderwegen verfasst und eingeprobt. Ich kenne die umgebenden Hügelketten besser als manch Einheimischer. Olten muss in den Kalender! Das Zwanghafte meines Wunsches beweist sich mit Blick auf die benachbarten Termine. Diesmal habe ich Olten nur vom Zug gesehen.

35) 12.03.16, ULM, ROXY, POETRY SLAM ULM
670 Zuschauer, 11 Teilnehmer, Gewinner: Daniel Hoth

Zurück zu den Unterkünften: Wir begeben uns ins Jahr 2004 und erreichen Ulm rechtzeitig zur Begehung der Räumlichkeiten. Unsere Gastgeber erklären gerade, dass der Raum vor uns tabu sei.

»Und was passiert, wenn man da aus Versehen doch reingeht?«

»Dann bist du tot.« Unsere Herbergsväter bevorzugen klare Ansagen. Es gibt verbotene Türen für uns Slammer. Und keine weiteren Nachfragen mehr.

Das härteste Bett meiner Slamlaufbahn stand zweifelsohne in Ulm. Ein Drei-Etagen-Bettenlager im Gästezimmer des dortigen Motorradclubs. Und wir sprechen hier nicht von freundlich-bärtigen, zweiradbegeisterten Freizeitsteppenwölfen, sondern von einem Verein der *Hell's Angels*-Kategorie.

»Stellt euch bitte alle in den Aufnahmewinkel der Kamera, damit sie drinnen sehen können, wer und wie viele wir sind«, weist uns der Kumpel vom Veranstalter an. Nun, wir sind Slammer. Die beginnen natürlich Faxen zu machen, sobald sie eine Kamera auf sich gerichtet wissen. Hätten wir annähernd geahnt, in welche Abgründe die videoüberwachte Tür führt, wäre die Mehrzahl der Eselsohren und Grimassen wohl unterblieben. Unser MC-Empfangskomitee gibt uns schon optisch zu verstehen: Hier ist eine andere Welt, in der völlig andere Regeln gelten. Ein paar davon werden uns direkt zu Beginn eindrücklich erklärt. Wir sind eingeschüchtert. Aus Gründen. Selbst der Breitschultrigste von uns könnte sich gleich zweimal hinter dem zur Begrüßung herangerauschten Präsi verstecken. Seinen Adjutanten schmücken mehr Tattoos, als die komplette Slamszene zusammenbrächte – und reichen über die Lippen bis in den Mund. Wir bemühen uns, weder das noch sein machetenähnliches Messer eventuell ungebührlich anzustarren. Wir sind so verunsichert, dass unser notorischer Drang zum Zotenreißen im Leibe gefriert. Dann erhalten wir unsere Verzehrkarten für den Abend.

Auf denen sind Felder mit unterschiedlichen Knarren abgebildet, die jeweils irgendeinen Wert symbolisieren. Eine ganz neue Währung für

uns. Schnaps kostet ein Maschinengewehr. Bier bekommt man für eine Handfeuerwaffe. Man findet sich so rein.

Andere verabschieden sich und ergreifen die Flucht auf die Couch des Slammasters.

»Ihr lest dann einfach Geschichten auf der Bühne vor, oder was?«, werde ich von einem Dreizentnerriesen an der Theke gefragt.

»Das ist mehr ein Vortrag – bisschen Schauspiel, bisschen Comedy. Damit's auch spannend fürs Publikum ist.«

»Ah. Ich hör ja immer Hörspiele von John Sinclair, wenn ich Auto fahr. Das ist nicht schlecht. So in der Art?«

»Ja, äh ... in der Art.«

»Aber ich fahr natürlich nicht gern Auto.«

Heute ist der Münchner Slampatron Ko Bylanzky Organisator des Ulmer Slams im *Roxy* und moderiert diesen zusammen mit Dana Hoffmann. Für die Unterbringung der Slammer werden Zimmer im Ibis-Hotel der Stadt angemietet, für Exjungspunde wie mich gerne mal ein Einzelzimmer. Das ist sehr bequem, hat aber natürlich weniger Legendenpotenzial.

Machen wir uns nichts vor: Die heute flockig erzählten Geschichten aus der guten alten Zeit haben seinerzeit für viele schmerzhafte Stunden gesorgt. Niemand wünscht sich mehr das Zusatzgepäck von Isomattenrolle und Schlafsackbündel zurück, um sich damit ein Nachtlager in einem Schweinfurter Eingangsflur einzurichten. Mit alle Mann, alle Frau, alle Hund und einem Tierhaarallergiker. Aber dass im März 2007 in diesem Menschenknäuel Slamkoryphäen wie Marc-Uwe Kling, Felix Römer, Tobi Kunze, Björn Högsdal und meine Wenigkeit ineinander verwuselt lagen, macht das eigentlich Unerträgliche zur vermeintlich gerne miterlebten Geschichte.

»Würd' ich mir gerne mal anschauen, was ihr da macht!«

»Klar, wir schreiben euch auf die Gästeliste für das Finale morgen im *Roxy* – sind eh zu wenig Karten verkauft worden!«

Zur Krönung der Verbrüderung zwischen Wort- und Krad-Rockern werden Club-Feuerzeuge und Kugelschreiber gegen Gästelistenplätze getauscht. Alkohol erleichtert vieles.

Nach dem Übernachtungsschock von 2004 im Rahmen der desaströsen *Südwestdeutschen Meisterschaften* schien in Ulm die Slamerde lange Zeit verbrannt. Nun findet hier ein kontinuierlich ausverkaufter Slam vor mächtiger Kulisse statt. Wir sprechen natürlich nicht vom größten monatlichen Slam der Welt, weil wir nach wie vor Rücksicht auf Honolulu nehmen – und zudem das *Ernst-Deutsch-Theater* in Hamburg und das *FZW* in Dortmund auf ähnlichem Level mitschwimmen. Aber der fulminante Ulmer Zehn-Punkte-Applaus, der zu Beginn probehalber eingeholt wird, kurbelt eine alles überbietende Adrenalinproduktion an.

Die verspürte auch das Kassenpersonal, als wir seinerzeit bei der Slamentjungferung des *Roxys* unsere Gästeliste überreichten:

»Leute, eins ist euch klar?! Sobald einer von denen hier auftaucht, machen wir den Laden dicht. Den Ärger geben wir uns nicht heute!«

Unsere neuen Freunde tauchten dann doch nicht im *Roxy* auf. Aber auch sonst kam quasi niemand. Zwölf Jahre später ist das kaum noch zu glauben.

GRENZ-
ÜBERSCHREITUNGEN

36) 13.03.16, MÜNCHEN, SUBSTANZ, ORIGINAL SUBSTANZ POETRY SLAM

350 Zuschauer, 10 Teilnehmer, Gewinner: Yannik Sellmann

»Elf Minuten!«, bilanziert Hausherr Bylanzky. »Ich hatte schon befürchtet, dich noch abbrechen zu müssen!« Der *Substanz Slam* in München ist der viertälteste deutsche Slam und der letzte, der noch eine früher des Öfteren geltende Zehn-Minuten-Grenze für den Vortrag vorsieht. Vielleicht werde ich der Letzte sein, der diese großzügige Bemessung – die lange auch für den Teamwettbewerb der Nationals galt – mit »Der Täucher« überreizt. Epik benötigt ihren Raum. Doch ich scheitere mit meinem Textmarathon gegen den späteren *Bayernslam*-Champion Yannik Sellmann. Noch fünf Tage zuvor war der in meinem Workshop. Kann man sich das als Erfolg zurechnen? Oder muss man es als Respektlosigkeit anmahnen?

37) 14.03.16, KOBLENZ, CIRCUS MAXIMUS, REIMSTEIN TEAM-SLAM

200 Zuschauer, 5 Teams, Gewinner: Team Scheller

»Ja, jetzt erkennt ihr langsam auch eure Blödheit!«, bezirzen Wehwalt und ich das Publikum vor unserem zweiten Text. »Wir haben die gleich bemerkt!«

Es hat eine gewisse Tradition, dass *k.u.k.* auf schlechte Wertungen oder debil dreinschauendes Publikum etwas unhöflich reagiert. Das war auch niemals gespielte Arroganz, sondern stets aufrichtige Empfindung.

38) 16.03.16, POTSDAM, WASCHHAUS, HAVEL SLAM

150 Zuschauer, 6 Teilnehmer, Gewinner: Daniel Hoth

»Ich komme nicht mehr nach Potsdam«, kündigte ich nach meinem letzten Besuch beim *Havel Slam* an. Die Jurywertung eines Stammgasts ging mir so gegen den Strich, dass ich die Moderatoren in der Pause bat, darauf hinzuweisen, ich würde alle Ausgänge besetzt halten und auf einen fairen Kampf hoffen. Alte Ulmer Rockerschule. Wer sich eine derart schulmeisterliche Abqualifizierung meines Vortrags leistet, hat sich ein saftiges – wenngleich virtuell gemeintes – Bedrohungsszenario redlich verdient.

Bin dann doch wiedergekommen. Potsdam gehört schon deshalb auf die Tourliste, weil ich meinen zweiten National 2003 als Gesandter des *Waschhaus-Slams* bestritt, der in den ersten Jahren von Boris Preckwitz veranstaltet wurde. Ja, Preckwitz – der Schrecken der Slammillionäre! Der Kitschterminator.

Ich mag den Artikel, den er im November 2012 in der *Süddeutschen Zeitung* herausgegiftet hat und der für mächtig Gewusel und Gequieke im Ferkelkoben der Slamily sorgte. Noch schöner ist sein längeres Elaborat, das er ihr anschließend zukommen ließ und in dem er beinahe lyrisch darlegt, wie sich der Kitsch zum Lebenselixier des Poetry Slams gemausert hat. Auch wenn viele seiner Behauptungen im Artikel keineswegs dem aktuellen Stand entsprechen, ist das Pamphlet in mancherlei Hinsicht gelungen pointiert und reinigend.

Preckwitz, der schon zu aktiver Slamzeit ein glühender Verfechter der amerikanischen Schule war, hatte sich gut zehn Jahre zuvor wutschnaubend aus der an die Comedy verloren geglaubten Szene verabschiedet. Dass Lasse Samström 2002 in Bern die berlinisch-amerikanischen Starter trotz ihres beseelten Spoken-Word-Singsangs mit Punkrock aus dem Finale kickte, hat Boris nie ganz verwunden, glaube ich. Mir hatte es ausnehmend gut gefallen – aber mittlerweile kann ich den Furor nachempfinden, den man verspürt, wenn im Lieblingsclub plötzlich unliebsame Trends die tonangebenden Hits stellen.

Einer der ersten Gedanken bei der Planung meiner Abschlusstour war, ein Treffen mit Boris Preckwitz, *der* Persona non grata des Poetry

Slams, zu arrangieren. Ein Gespräch anzuschubsen, das nochmals solche Brandsätze hervorlockt, mit denen ein feinsinnig böses Licht auf den sich feiernden Slamtriumphzug geworfen wird. Ich war mir sicher, keiner könne das besser. Und ich erhoffte mir, in diesem Gespräch meine eigene Haltung im Tanz zwischen den Extremen zu positionieren. Aber dann kursierte plötzlich dieser Post durch die Netzwerke: Boris Preckwitz ist im Mitarbeiterkader der AfD als Pressesprecher des Bezirksvorstands der AfD Berlin-Mitte.

Wie geht das? »Aber klar, wir wussten es immer!«, surrt es kurz darauf durch die Facebook-Zentren der Slamszene, die sich plötzlich ein wenig wie eine politisch verfolgte Gruppierung fühlen darf. »Der Nestbeschmutzer hat sein wahres Gesicht gezeigt, ist enttarnt, wir sind rehabilitiert!«

Mich macht es betroffen. Ich frage mich: Können Verbitterung und Gram über schwindenden Einfluss und ausbleibenden Erfolg sich so hochschaukeln, dass man derart auf der falschen Seite landet? Setzt der empfundene Gegenwind der Welt dann zwanghaft einen Prozess der Sarrazinisierung in Gang?

Es wäre sehr falsch, das politische Abirren Preckwitz' als Triumph über seine Slamkritik zu feiern. Im Gegenteil. Wir verlieren einen beherzten Streiter um die Authentizität der Szene, dessen weitere Auslassungen nun selbstverständlich keine Bewandtnis mehr erlangen können. Deshalb wird der Programmpunkt »Treffen mit Preckwitz« unverrichteter Dinge von meinem Aufgabenzettel gestrichen. Stattdessen notiere ich mir auf meinem inneren Memo: die weiteren Fehlentwicklungen des Poetry Slams gelassen betrachten, nicht nachtreten! Und erst recht: nirgendwo eintreten.

Mit diesem Bekenntnis zur Friedfertigkeit im Hinterkopf erkundige ich mich bei den Potsdamer Moderatoren, ob denn der eifrige Stammjuror immer noch so begeistert die ihm weniger genehmen Texte abwerte.

Nein, der sei nach meiner eklatnahen Reaktion damals nie wieder aufgetaucht. Ups, denke ich, das hab ich nun auch nicht gewollt ...! Dann erst freue ich mich ein wenig.

WIE BIN ICH HIERHER GERATEN?

39) 17.03.16, BERLIN, PANKE, WEDDING SLAM
200 Zuschauer, 10 Teilnehmer, Gewinner: Samson

Es gibt viele Orte, die ich nie ohne Poetry Slam kennengelernt hätte. Ein paar davon lagen direkt vor der Haustüre. So verdanke ich dem wanderfreudigen *Wedding Slam*, den ich heute in seiner vierten Location aufsuche, einen passablen Überblick über den Stadtteil. Aber es gibt exklusivere Orte.

40) 18.03.16, LEIPZIG, SCHAUSPIEL LEIPZIG, LIVELYRIX BUCHMESSENSLAM
480 Zuschauer, 9 Teilnehmer, Gewinner: Florian Wintels

Die Leipziger Buchmesse! Irgendwas an Emotionen sollte sich bei diesen drei Worten schon regen bei jemandem, für dessen Leben das Veröffentlichen von Büchern derart Bedeutung hat. Auf zu neuen Projekten! Initialzündungen setzen! Kontakte knüpfen! Netzwerken!

Hättest du mal besser ausgeschlafen, denke ich, während ich gewohnt lustlos durch die Messehallen streife. Ich habe keine Ahnung, was ich hier tun soll. Es gibt neue Bücher, sehe ich. Oh! Ich höre Heinz Strunk aus seinem Buch vorlesen und Schorsch Kamerun auch. Bei welchen Verlagen sind die gleich noch mal? Nicht drauf geachtet. Ich bin ein Businessversager. Seit 2005 resultatlos auf der Leipziger Buchmesse unterwegs.

In der Backstage vom *Schauspiel Leipzig* gleichen wenig später die anderen Slammer den Stand ihrer Projekte ab: Seitenzahlen, Talkformate, Werbemaßnahmen. Es ist also keinesfalls so, dass auf der Buchmesse für den Slam keine Züge in Bewegung gesetzt würden. Es stockt nur bei mir. Gewohnheitsgemäß, irgendwie.

»Wir machen gleich mal eine Bühnenbegehung, damit jeder weiß, wie er zum Mikro kommt. Ist nicht so ganz ohne.«

Das ist es selten. Wenn es eine Sache gibt, die mich ratloser als eine Buchmesse macht, so sind es die Garderobengänge hinter den prächtigen Bühnen unserer Theaterlandschaft. Da Poetry Slam ein erfolgsverwöhnendes Konzept ist, hat im Grunde keines der größeren Häuser seine Slamjungfräulichkeit bewahrt. Ich hatte sie alle: die *Volksbühne Berlin*, das *Deutsche Theater Berlin*, das *Gripstheater*, das *Berliner Ensemble*, die *Schaubühne Berlin*, den *Admiralspalast*. Ähnlich sieht es in anderen Städten aus. Und überall schaut es gleich aus, sobald man in das Dunkel hinter den Kulissen tritt: Irgendwo sitzen zwei Feuerwehrmänner, am Rand der monitorbeschienene Inspizient, alle Ecken und Kanten des Halbdunkels sind mit gelb-schwarzen Warnklebebändern kenntlich gemacht, und aus der Weite des düsteren Raumes führen wuchtige Brandschutztüren. Aber welche war noch mal die Richtige?

Hinter diesen Türen lauern gesichtslose, schmuddelige Gänge, die jeden Neuling dauerhaft verschlucken können. Mit der Verweigerung aller Logik vollbringen es die Theaterarchitekten, den unerschütterlichsten Orientierungssinn hinters Licht zu führen. Es geht Treppen rauf und wieder hinunter, mal durch die nächstbeste Tür, mal ganz bis zum Ende des Ganges. Und alles schaut gleich aus. In besonders perfiden Garderobenlabyrinthen lassen sich die Türen nur von einer Seite öffnen.

Die Garderoben selbst sind von brutalster Schäbigkeit – jede in den Siebzigern verharrende Jugendherberge verfügt über schmuckere Linoleumböden. Es muss ernüchternd sein, endlich im Ensemble eines der großen Häuser gelandet zu sein, um dann solche Turnhallenumkleidekabinen seine neue Wirkstätte zu nennen. Da bleibe ich lieber gleich im Flair-gesegneten Raum hinterm Vorhang.

Das Wort »Raum« ist bereits falsch, sprechen wir ohne Scheu von einer Kathedrale! An allen Ecken warten Seilwinden darauf, massige Dinge zu bewegen, und dünne Spalte zwischen den Bodenplatten geben zu verstehen, dass sich hier auch umstandslos ein Loch einrichten ließe, um Gewaltiges aus dem Nichts auftauchen zu lassen. Manchmal parken hinter dem Vorhang noch Kulissenteile der aktuellen Inszenierung.

Dann umrundet man staunend riesige Teekannen aus Pappmaschee, schaut in ein zehn Meter hohes Supermarktregal oder hadert mit sich, das ritterliche Waffenarsenal mal auf Schärfe zu prüfen. An diesem Ort ereilt mich stets der Gedanke, dass Regisseur ein wunderbarer Beruf sein muss. Auch wenn ich vermutlich ein recht schlechter Regisseur wäre:

> » ... wieder einmal versucht Klötgen, sein uninspiriertes Bühnenbild mit einer ziellosen Materialschlacht zu tarnen. Das ist gut für den Effekt, aber eine Katastrophe für das Theater. Dieses Haus befindet sich ohne Not in der Geiselhaft eines provinziellen Popanzes. Denn lange genug war bekannt, dass Klötgen sich nicht einmal auf dem profanen Parkett der Buchmessen zu bewegen weiß.«

Ich werde diese Momente hinter den Theatervorhängen vermissen, wenn der letzte Slamauftritt vollbracht ist. Es gibt viele aufstrebende Slammer, die sich die Finger danach lecken, endlich mal auf solch eine Bühne gerufen zu werden. Bei mir stehen u. a. noch das *Opernhaus Hannover*, das *Thalia Theater* Hamburg und das *Schauspielhaus* in Zürich auf dem Tourplan der nächsten Wochen. Gleich daneben steht das Fragezeichen, ob man den Fuß, den man in solche Türen gesetzt hat, wirklich zurückziehen sollte. Was gebe ich da auf? Ich bin doch bescheuert!

Es folgt eine durchgehende Neunerwertung für meinen Text »Der Hochmut«. Wie oft sorgte dieses Gedicht schon vor studentischem Publikum für den Unmut der Ratlosigkeit?! Die Leipziger Theatergänger feiern seine Grenzüberschreitungen, so wie ich es mir als alter Inszenierungshase vorgestellt habe!

Aber solche besonderen Momente sind nicht der Slamalltag. Sie können auch nicht übertünchen, dass der Schwung, den der Abend mit meiner Darbietung aufgenommen hat, auch den nachfolgenden Vortrag trägt. Welcher zudem die paar Zehntel mehr rausholt, die es braucht, um mich aus dem Wettbewerb zu drängen.

»Wie lief der Slam?«, fragen mich meine Agentinnen, als ich ihnen ein paar Stunden später bei der *Party der Jungen Verlage* begegne. »Hast du gewonnen?«

Nein, aber ... Es ist klar, dass ihnen die umständlichen Ausflüchte, wie gut mein Auftritt dennoch verlaufen sei, morgen bei der Verlagsakquise wenig helfen werden. Ich bin ein Buchmessenversager. Aber wenn Sie einen tollkühnen Regieassistenten suchen – ich kenne alle Garderobengänge der bundesdeutschen Theaterlandschaft!

41) 20.03.16, DÜSSELDORF, ZAKK, POESIESCHLACHT
450 Zuschauer, 7 Teilnehmer, Gewinner: Sandra da Vina

Du kommst aus Frankfurt, Oder?

In Zürich 2008 war ich Düsseldorfer. In Düsseldorf 2009 war ich Essener. In beiden Jahren war ich laut Einwohnermeldeamt Berliner.

Für welche Stadt man als Einzelstarter bei den deutschsprachigen Meisterschaften antritt, entscheidet sich oft recht willkürlich. Selbst zu seligen Zeiten, da jede Slamveranstaltung noch zwei Teilnehmer entsenden konnte, gab es in Städten wie Berlin einige Hochkaräter, die ohne Startplatz blieben und von anderen Städten adoptiert werden mussten. So findet man in den Programmheften älterer Nationals hinter manchem Teilnehmernamen eine Stadt, die der Betreffende wohlmöglich bis heute niemals persönlich aufgesucht hat. Und ganz sicher ahnt Frankfurt/Oder nichts davon, dass es sich als Wiege des Erfolgs von Marc-Uwe Kling bezeichnen könnte. Der holte sich 2006 in München seinen ersten Meistertitel für den *Poetry Slam Frankfurt/Oder*. Viel war über diesen Slam nicht bekannt, genauso wenig wie über den *Poetry Slam Cottbus*, den der zweitplatzierte Felix Römer im selben Jahr vertrat. Es waren eher Veranstaltungsdummys, über die man ein paar weitere Berliner Slammer mit Startplätzen versorgte. Das musste dann auch der Münchner Lokalreporter einsehen, der in seinem Artikel die Dominanz der ostdeutschen Slammer zum Thema machen wollte. Tatsächlich war 2006 das Jahr der Berliner Slammer, denn auch der Teamtitel ging an das *Team LSD* nach Berlin. Weniger Anteil am Hauptstadttriumph hatte der offizielle Starter für *Spoken Word Berlin*. Der schied in seiner Vorrunde aus. Das war ich.

In München war ich erstmals sowohl im Einzel- als auch Teamwettbewerb vertreten. Schlimme Doppelbelastung. Aber das sollte erst der

Anfang sein. Bei meinen nächsten drei Nationals startete ich mit gleich zwei Teams und zusätzlich noch als Einzelstarter.

2009 rächte sich in Düsseldorf meine multiple Starterpersönlichkeit per Lospech: Ich hatte alle drei Vorrunden an einem Abend. Diese waren zeitlich so nah getaktet und geografisch so weit auseinander, dass ich mich zum ersten Mal über einen Startplatz zwei in einer National-Vorrunde freute. Ich lieferte schnell im *Pretty Vacant* meinen Einzeltext ab, schmiss mich in ein Taxi zum *Düsseldorfer Schauspielhaus*, um direkt nach absolviertem Auftritt mit *k.u.k.* die noch laufende Teamvorrunde Richtung *zakk* zu verlassen. Dort beendete ich den Abend mit *Agrar Berlin* bei der zweiten Teamvorrunde. Als nervliches Wrack. Don't try this at home!

Dass *Agrar Berlin* an diesem flotten Dreierabend ausschied, bewahrte mich zumindest davor, wie im Vorjahr mit zwei Teams ins Finale zu ziehen und dort gegen mich selbst anzutreten. Man kann es durchaus übertreiben mit der multiplen Starterpersönlichkeit.

Blöderweise war aber gerade mein Team *k.u.k.* diesmal nicht auf ein Weiterkommen vorbereitet, und wir mussten am folgenden Tag im *zakk* einen zweiten Text fertig schreiben und einstudieren. Weil uns dabei ein Fernsehteam vom ZDF filmte und mehrere Settings ausprobieren wollte, wurden uns sämtliche Türen aufgeschlossen. Es gibt daher keinen Veranstaltungsort, den ich so gut kenne wie das *zakk*. Selbst altgedienten Mitarbeitern könnte ich noch eine Insiderführung durchs Haus anbieten.

Dem kommt entgegen, dass das *zakk* einer jener Orte ist, an dem sich nichts zu ändern scheint. Ich treffe auf das gleiche Veranstaltertrio wie bei meinem ersten Düsseldorfer Slam vor zehn Jahren, und selbst einige der Stammgäste in der ersten Reihe sind die alten geblieben. Außerdem entscheidet nach wie vor eine mit Kugeln gefüllte Lostrommel darüber, wer als Nächstes die Bühne betritt. Diese Trommel wird von Moderator Markim so gewissenhaft zu der bewährten Melodie gedreht, dass auch der Aufsichtsbeamte von der Ziehung der Lottozahlen keinerlei Einwände hätte. Für die Starter selbst ist diese Art der Auslosung mitunter arg nervenstrapazierend. Aber es sind natürlich diese Schrullen, die für die

liebenswürdigen Aufblitzer im Slamgeschehen sorgen. Sollte es irgendwann einmal ein Slammuseum geben, gehört die Lostrommel der *Poesieschlacht* unabdingbar in den Eingangsbereich.

Die Liveauslosung der Startreihenfolge hat zudem den Vorteil, dass alle noch nicht gestarteten Slammer sich in Bühnennähe aufhalten und so den Slam und die Beiträge der anderen Poeten wohl oder übel mitverfolgen müssen. Ja, lieber Zuschauer, so musst du es erfahren: Das, wofür du Eintritt zahlst und bange Stunden in der Warteschlange verbringst, mögen sich die Protagonisten des Abends in der Regel nicht mal umsonst anhören! Es ist üblich, dass selbst Slamgrünschnäbel einen Abend auf ihre fünf Vortragsminuten reduzieren und die restliche Zeit mit Ego-Googeln in der Backstage verbringen.

Im *zakk* ist heute keine Flucht vorm Slam möglich. Der komplette Wettbewerb wird über eine Lautsprecherbox in die Backstage übertragen. Wer sich dort aufhält, wird mit dem puren Mikrofonsignal ohne Publikumsreaktionen beschallt. Klingt furchtbar. Also sitzen alle Slammer neben der Bühne und verfolgen brav den Wettbewerb. Als ich der Veranstalterin Christine mitteile, wie sehr ich diese selten gewordene Situation eines gemeinsam verbrachten Slamabends genossen habe, entgegnet sie:»Was meinst du, warum die Box in der Backstage angebracht wurde?«

Das eitle Desinteresse der Slammer am Slam sei ihr so gegen den Strich gegangen, dass sie vor ein paar Jahren die Box für die Liveübertragung aufgebaut hat. Nicht als Service, sondern als Erziehungsmaßnahme. Nach einigen Jahren Poetry Slam leiden alle Beteiligten augenscheinlich an genau den gleichen Unsitten. Schön, mit seiner bärbeißigen Zaunkritik nicht allein dazustehen.

PARALLELWELTEN

Erwarte das Ungewöhnliche in deiner direkten Nachbarschaft!

42) 21.03.16, AMSTERDAM, FESTINA LENTE, POËZIESLAG

45 Zuschauer, 8 Teilnehmer, Gewinner: Rein Schiphorst (Jury und Publikum)

Während meiner Tour waren Überraschungen bezüglich des Ablaufs eines Poetry Slams durchaus zu erwarten gewesen: Hawaii, Madagaskar, Costa Rica – kein deutscher Slammer ist dort je zuvor aufgetreten! Aber ausgerechnet die Niederlande maßen sich an, die größten Abweichler zu sein. Hier wird schlichtweg auf die unumstößliche Grundregel des Poetry Slams gepfiffen: *Das Publikum entscheidet über den Sieger des Abends.* Mancher meint, dass gerade hierin das Wesen des Slams begründet sei. Mag sein. Doch gilt dies nicht in Amsterdam – und generell nicht in den Niederlanden, wie ich später erfahre. Hier prüft der Chef noch selbst die Güte der dargebotenen Texte.

Diesem Frevel wird wohlgemerkt seit 1998 gefrönt. Seither findet monatlich der Amsterdamer Poetry Slam im *Festina Lente* statt, der damit der älteste der Niederlande ist. Es ist also kein Versehen oder einmaliger Versuch, dass heute Abend eine vierköpfige Fachjury den Sieger kürt.

Das Juryquartett besteht diesmal aus zwei Exchampions der niederländischen Slammeisterschaften, einem Verleger sowie einer Lyrikerin. Zwei Damen, zwei Herren – allesamt dem Durchschnittsalter des anwesenden Publikums um ein rundes Jahrzehnt entwachsen. Aber sie sind im Besitz der Macht. Angesichts einer solchen Entmündigung wird dem deutschen Slamstammgast unweigerlich der Ruf nach Revolution durch den Kopf jagen. Als Friedensangebot gibt es im *Festina Lente* einen Publikumspreis, für den man nach dem Halbfinale (über dessen Besetzung freilich die Fachjuroren entscheiden) per Wahlzettel abstimmen darf. Der Publikumspreis ist eine Flasche Wein. Die Jury verleiht die Siegprämie von 70 Euro. Ohne den Wein genau begutachtet zu haben, denke ich, dass sein Wert da nicht ganz heranreicht.

»Es geht uns darum, beim Slam lyrische Talente zu spotten. Für Anthologien und Lyrikfestivals. Poetry Slam ist in den Niederlanden nicht so ein großes Ding wie in Deutschland, hier geht es nicht um Massengeschmack. Das Publikum ist mehr an der lyrischen Qualität interessiert und wertet daher oft genau wie die Jury. Dann gehen beide Preise an denselben Dichter.«

Klingt nach einer von mir nicht für möglich gehaltenen Parallelwelt. Ich habe zu viele Poetry Slams miterlebt, um derlei vorbehaltlos glauben zu können. Die lyrische Qualität eines Textes ist eher ein Privatvergnügen der Vortragenden. Niemand sonst wird ein Interesse daran haben oder sie überhaupt bemerken.

Poetry Slam ist in Amsterdam deutlich kleiner als in jeder vergleichbaren Stadt in Deutschland. Dafür muss das Publikum noch gar nicht eingetrudelt sein – das *Festina Lente* ist eine hübsche kleine Künstlerkneipe, in der man seinen Geburtstag feiern könnte. Wenn es keine zu große Party werden soll. Auch der Slam ist eine leise und etwas kuschelige Veranstaltung bei freiem Eintritt. Ohne Podest für die Vortragenden, ohne Mikrofon und Verstärkung, ohne Spot oder Bühnenbeleuchtung, dafür mit einem kleinen Notenständer zum Ablesen der Texte. Zwischen den Kaffeehaustischchen auf der Empore des *Festina Lente* verschmilzt der Slamauftritt zu einem Happening im gemeinschaftsstiftenden Rahmen. Im Grunde genommen das, was eine »normale Lesung« ausmacht. Das, was Poetry Slam ursprünglich mal zu überwinden suchte. Aber nachdem ich im Gegenzug die Gleichförmigkeit der Slamveranstaltungen leid geworden bin, scheint das ausgediente Ambiente schon wieder erfrischend neu.

Am meisten fasziniert mich der stilechte Dandylook eines der Auftretenden. Lyrik als Sinnensport braucht so etwas. Ich habe es immer genossen, das KaDeWe zu durchwühlen, durch Antiquitätenläden und Hutgeschäfte zu streichen, um dort Accessoires für mein Bühnenoutfit aufzutreiben. Krawattenschals, Manschettenknöpfe, Poserschuhe. Aber bei den von schlumpfiger Stilfremde uniformierten deutschen Slamveranstaltungen wird so etwas mit Punktabzug gestraft, erst recht seit ich als Münchner Slammer angekündigt werde. Der Amsterdamer Kollege zieht amüsiert an seiner Pfeife und entgegnet: »Ich würde nie etwas anziehen, das nicht zu meinen Texten passt.« Seliges Holland.

 *Exkurs: Zur Slamgarderobe*
http://www.hirnpoma.de/slammed/exkurs9.html

Die jüngeren Starter des Abends machen sich dagegen die übliche Slammerpose zu eigen und lassen sich ihre Performances nicht vollends durch die hiesige Mikrofonlosigkeit trüben. Ein wenig Geschrei muss auch diese Enklave der leisen Töne hinnehmen. Der Gewinner des Abends vereint beides auf Kompromisslevel.

Dreimal im Verlauf des Abends bittet sich das Juryteam eine längere Pause für ein »beratje« aus, und ich bin beeindruckt von dem Blätterstapel mitgeschriebener Notizen. Hier wird keinesfalls aus dem Bauch entschieden. Das erfährt man nach der Verkündung der Sieger noch etwas detaillierter: Zwei Jurymitglieder betreten die nicht vorhandene Bühne und erklären dem Publikum ihre Entscheidung, indem sie die Texte des Abends Revue passieren lassen. Wohlgemerkt, *alle* Texte. Die Juroren zitieren schöne Zeilen und Bilder, machen ihre Anmerkungen zum Stil des Vortrags, geben Verbesserungstipps und erfahren ab und an Widerspruch aus dem Publikum. Ich lausche gebannt, auch wenn sich die Prozedur auf Niederländisch abspielt. Ein wenig warte ich wohl darauf zu sehen, wie das Publikum nach und nach das Interesse an den Ausführungen verliert – denn die ziehen sich! Vermutlich wollen die Zuschauer ihren schönen Tischplatz nicht aufgeben und trösten sich mit der Aussicht, hier in Kürze in Ruhe und ganz ohne Gelaber ihre Abendbierchen genießen zu können … – aber nein, sobald das Juryduo mit seinem Vortrag durch ist, brechen alle Zuschauer zum Heimweg auf. Spätestens jetzt ist klar: Ich bin in einer Parallelwelt gelandet.

Mit Sven Ariaans steht der erste niederländische Slamchampion der Jury vor und hält einen von vier Daumen darauf, welche Art von Texten in Amsterdam das Rennen macht. Jedem Wildwuchs wird Einhalt geboten und ein Beitrag an diesem Abend wegen unziemlicher Comedynähe direkt ausgesondert. Für mich wird ein Texthänger zum Fallstrick – als Zeichen mangelnder Vorbereitung. Aber ich bin mehr als zufrieden. Ob des Prinzips. Und der Prinzipientreue.

Als ich mich über unzählige Grachtenbrückchen auf den Rückweg zum Hotel mache, spiegeln sich die Laternen in den Kanälen, jede Kaschemme sieht urig wie einladend aus. Mit diesem Slamabend im Rücken erscheint mir das altvertraute Amsterdam romantischer denn zuvor. Ich hätte einen längeren Aufenthalt buchen sollen. Am Samstag wäre wieder Slam gewesen. Der von den jungen Slammern, die heute zum Teil recht früh ausgeschieden sind. Mag sein, dass auch hier die Dinge bald auf den üblichen Weg einscheren. Heute Abend ist Amsterdam einzigartig.

43) 21.03.16, NÜRNBERG, KÜNSTLERHAUS (K4), COVERSLAM
120 Zuschauer, 8 Teilnehmer, Gewinner: Rita Apel

Am selben Abend geht für mich parallel eine Schlacht in Nürnberg verloren. Dort startet gerade Peter Parkster mit meinem Text »Der Täucher« beim Coverslam. »Von der Eins.« So umschreibt man in Slammerkreisen das Unglück, als Erster im Wettbewerb das Eis brechen zu müssen. Ohne auch nur eine Spur von der tendenziell immer gefälliger werdenden Stimmung im Publikum profitieren zu können.

»Habe 8-8-8-9-9 bekommen!«, mailt mir Peter nach seinem Vortrag begeistert. Mit Doppelsmiley. Läuft.

Der Coverslam ist eine eher rare Slamabart, bei der die Teilnehmer mit einem fremden Text in den Ring steigen. Mit »Der Täucher« hat sich Peter ein geschmeidiges Gedicht ausgesucht, das ich allein wegen seiner Länge selten bei Slams vorgetragen habe. Zehn Minuten Vortragszeit stehen einem ja in den seltensten Fällen zu. Peter schafft es eine gute Spur schneller, wie er berichtet – hat aber ernsthaft das Monster von Text extra für den Abend auswendig gelernt. »Wie hast'n das geschafft?«, frage ich und meine die Frage vor allem als Lob. Ich weiß schon, wie man einen Text auswendig lernt. Ein Text aus fremder Feder ist allerdings ein erhöhter Schwierigkeitsgrad, und es schmeichelt mir, dass Peter die Mühen gleich im XXL-Format auf sich genommen hat.

»Jetzt ist Pause – wir sind noch auf Platz zwei!«

Während ich in Amsterdam den letzten Schluck vom schwerfälligen Schoko-Vanille-Fla aus dem Trinkkarton sauge, bin ich in Nürnberg auf Finalkurs. An den Coverslam könnte ich mich gewöhnen.

»Mit einem Punkt am Finale gescheitert. Damn it!«, sehe ich in meinem Mailfach, als ich mit einer mittleren Friet-Speciaal-Tüte in den Händen vom *Festina Lente* ins Hotel zurückkehre. Holland ist das Land der glücklich machenden Ungesundheit. Würde ich hier wohnen, wäre ich innerhalb von vierzehn Tagen so unbeweglich, dass ich zu allen Veranstaltungen einen Vertreter abkommandieren müsste. Peter hat sich heute dafür überzeugend beworben – das knappe Scheitern gehört zu einer umfassenden Coverversion meiner Texte irgendwie dazu. Mehr Original kriege ich auch nicht hin.

 Exkurs: Von Plagiaten
http://www.hirnpoma.de/slammed/exkurs10.html

Wie sagte mir noch mein Arzt vor der Abfahrt: »Sie müssen sich zwingen, kürzer zu treten, nicht mehr bei jeder Veranstaltung mit dabei zu sein. Und Sie sollten stärker auf Ihre Ernährung achten!«

Ich blicke auf die an mir heruntergepurzelten, von Ketchup und Fritessaus getränkten Zwiebelstücke; betrachte meine fettigen, obschon vor Kurzem erst sauber geleckten Finger. Der Mann hat recht.

44) 27.03.16, BERLIN, SCHAUBÜHNE, »DEAD OR ALIVE«-SLAM
480 Zuschauer, 4/4 Teilnehmer, Gewinner: *Team Alive* (Julian Heun, Tobi Hoffmann, Lisa Eckhart, Frank Klötgen)

Noch so eine Spielart des Poetry Slams: der »Dead or Alive«. Vier Schauspieler verkörpern verstorbene Dichter und treten gegen vier Slamtexte an. Bei der Abstimmung stellt sich die Frage »Dead or Alive?« meist nur pro forma. Das Publikum ist bei solchen Slams in der Regel auf Seiten der lebenden Dichter, sprich: der Poetry Slammer.

Heute geht es zum Beispiel gegen Pablo Neruda und den Pumuckl, was den üblich gewordenen Radius der Toten-Dichter-Abdeckung beschreibt. Den klassischen Dichtern allein wird auch an den Traditionstheatern in den seltensten Fällen vertraut. Mal ist es Michael Jackson, mal eben der Pumuckl, die den Comedypart auf Schauspielerseite übernehmen. »Mit gleichen Waffen zurückschlagen!« heißt die Devise der von den stetigen Niederlagen provozierten Schauspielerseelen. Das ist ohne Frage witzig fürs Publikum. Aber etwas anbiedernder als erforderlich. Und immer noch keine Erfolgsformel. Auch derart angepasst hält die klassische Literatur dem Sympathiedruck der Slamstreber nicht stand. Das Comeback des Jenseits steht weiterhin aus ...

45) 05.04.16, HELSINKI, CAFE MASCOT, HELSINKI SLAM CONNECTION
200 Zuschauer, 15 Teilnehmer, kein Wettbewerb

Ich gönne mir vier Tage Helsinki. Erst vor anderthalb Jahren bin ich für zehn Tage hier gewesen, was eigentlich reichen sollte, um von einer europäischen Hauptstadt entzaubert zu sein – die Sehenswürdigkeiten und die Ausflüge ins Umland per Bus und Boot sind abgehakt. Aber gerade das reizt mich. Kein Sightseeingzwang, nur zweckentbundene Spaziergänge. Und dabei Piirakkas essen, jene sämige Teigware, die einem ein eigenartiges Geschmackserlebnis mit vielen toten Winkeln bietet.

Noch spannt sich eine Eisfläche zwischen der Stadt und den im Winter über Schwimmbrücken zu erreichenden Schäreninseln. Aber die üppig strahlende Sonne wird in den Cafés schon als Hochsommerahnung gefeiert. Ich lege mich auf die sonnengewärmten glatten Uferfelsen, schaue auf die Ostsee und denke: »Woah, ja, der Sommer!« Wenig später beginnt es zu schneien. Und der nächste Tag ist eine wahre Grauschleierwüste. Aller Lichteinfall scheint plötzlich an Helsinki vorbeizudriften. Doch die Außenbestuhlung harrt optimistisch weiter, für morgen ist bereits Sonne pur angesagt. Ich liebe das.
Zufällig bin ich bei einem meiner zahllosen Ziellosspaziergänge über das *Cafe Mascot* gestolpert und habe mit Erstaunen festgestellt, dass mein Name nicht auf dem Plakat vom Poetry Slam vermerkt ist. Nicht wie die der übrigen Starter wie zum Beispiel Tom Bresemann ... aus Deutsch-

land! Habe ich die Flüge und vier Tage Aufenthalt am Ende umsonst gebucht? Aber nein, mailt mir Aura zurück, sie freue sich bereits wahnsinnig auf mein Kommen. Auch der zweite Ansprechpartner der *Helsinki Slam Connection*, Kasper, meldet sich mit einer Entwarnung: Die Namen auf dem Plakat seien die »von den literarischen Gästen«.

Nun ja, zumindest weiß ich jetzt schon mal, wo ich morgen hinmuss. Und ein Blick in das *Mascot* ruft Erinnerungen an das *Hawaiian Brian's* wach: Billardtische im ersten Stock. Wie in Honolulu. Die Ostsee fällt dagegen etwas ab.

»Das Wasser hat heute drei Grad. Da muss man nicht schwimmen. Aber viele Leute tun das«, erklärt mir der Saunameister. Klingt ein bisschen nach einem verbrämten »Ist dir das zu hart, bist du wohl zu weich«.

Mein erster Besuch in einer echten finnischen Sauna birgt einiges Überraschendes in sich. Über die strikte Geschlechtertrennung klärt einen ja jeder Reiseführer vorwarnend auf. Doch direkt hinter dem Eingang stolpere ich über ein Meer abgestellter Schuhe. Eigentlich ist dahinter nur der vollbetonierte Kassenbereich zu betreten – kein Bodenbelag, der besondere Sorgfalt verlangt. Aber über einen solch mengenintensiven Hinweis kann ich nicht einfach hinweggehen, also Schuhe aus und auf Socken zur Kasse geschlurft!

Dort erhalte ich neben dem Kabinenschlüssel einen Fetzen verwaschenen Stoffs, der in etwa die Größe eines halbierten Geschirrhandtuchs hat und sich auch genauso anfühlt. Es wird darauf hingewiesen, in der Sauna auf diesem Stückchen Stoff zu sitzen und sein Handtuch nur außerhalb der Sauna zum Abtrocknen zu benutzen. Als exakt ausgemessene Gesäßablage macht das Tüchlein einen noch erbärmlicheren Eindruck. Von wegen »Kein Schweiß aufs Holz« – so zielgerichtet kann niemand schwitzen.

Runde eins: Das literarische Anheizen

Der Saunaraum versprüht eine apokalyptische Fegefeueratmosphäre. Das hat nichts mit Wellnessoasen und ätherisch-esoterischen Duftzusätzen zu tun. Hier riecht es nach Birke, Rauch und wahrer Arbeit. Die Luft ist brüllend heiß, weil ein nackter Mann gerade mit einer etwa zwei Meter langen Kelle fünf Liter Wasser auf ein pechschwarzes Blech gießt. Es zischt und brodelt infernalisch. Ich bin in einer Hieronymus-Bosch-Animation gelandet. Nach wenigen Atemzügen glüht mir die Birne, mein Körper ist jedoch noch in einem Schockzustand und kann sich nicht einmal zum Schwitzen entschließen.

Als ich wenig später todesmutig und in obligatorischer Schwimmkleidung auf die Terrasse schreite, verliere ich im eigenen Dampf fast die Orientierung. Ich bin ein aus dem Feuer gezogener Holzscheit nach Erlöschen der Flammen. Dann beschließe ich, dass die Luft eigentlich kalt genug ist, und bleibe dampfend vor der in die Ostsee geleitenden Trittleiter stehen. Im Wasser paddeln ein paar prustende Finnen umher. Finnen eben.

Im *Cafe Mascot* wird die erste Runde von den »literarischen Gästen« eingeläutet. Mit einem multimedialen und vielsprachigen Showblock, in dem u. a. eine Spracherkennungssoftware Schwarzenegger-Zitate zu Poesie umwandelt und eine zypriotische Lyrikerin einen Videoclip präsentiert. Sie ist den langen Weg gekommen, um »Film bitte ab!« zu fordern und den Applaus für das Gezeigte zu erhalten.

Das Gezeigte ist ein von Tanzszenen versinnbildlichtes Gedicht über die Liebe zur Heimat, das Vermissen trockenen Laubs ... Der Abend beginnt, zäh zu werden. Aber dann folgt der finnische Beitrag. Das Tauchbecken. »Hauerwass!«, schreit der Vortragende immer wieder mit großem Getöse, und auch auf der Leinwand wird »Hauerwass« eingeblendet. Ansonsten sieht man dort Seemänner, die in einem alten Schwarz-Weiß-Film faules Fleisch essen und irgendwann zur Meuterei übergehen. Ich muss unbedingt nachschlagen, was sich hinter dem Wort versteckt, tippe auf irgendwas mit Aufstand und Revolution. Da schreit es wieder: »Hauerwass!« Jau, bin wach, kann weitergehen ...

Runde zwei: Temperatur aufnehmen

Mein Gesäßlappen ist klatschnass. Die ganze Sauna ist klatschnass, weil es deutlich voller geworden ist und jede entstehende Lücke sofort von einem neu Eintreffenden ausgefüllt wird. Was die Schweißversorgung aller Sitzplätze im Fluss hält. Irgendwer schnappt sich die irre lange Kelle und schöpft neues Wasser auf den schwarz geschmauchten Ofen. Da nun auch die Gedanken schon ein wenig flirrig werden, sollte ich temperaturig gewappnet sein für ein Bad in der Ostsee. Ich entfliehe dem Höllenspekta-

Sauna mit Aussicht

kel und überlasse meinen Platz einem nackten Mönch. Dann stehe ich im
Hafenbecken von Helsinki. Bis zu den Knien.

Am anderen Ufer der Ostsee, in Graal-Müritz, war zu Beginn der Tour
ebenfalls an diesem Punkt Schluss. Damals hatte ich aber noch das glasklare Wasser als Motivation, den Sprung zu wagen. Hier lassen sich bereits jetzt die Füße nicht mehr erkennen. Brackig-braune Undurchdring-

lichkeit, noch dazu an einem trüben nachgeholten Wintertag. Streng genommen sind intensiv genutzte Abwasserkanäle auch nicht weniger einladend. »Ja, aber ich soll da jetzt rein, oder wie?!«, protestiert mein Körper. Hm. Ich denke, dazu bin ich noch nicht bereit. Zu wenig Finne.

Ein DJ und ein Folkduo sorgen für die Akklimatisierung des Abends, nachdem der literarische Teil geschluckt ist. Der Raum füllt sich. Kasper und Auri erzählen mir, dass es ihnen darum gehe, die Grenzen zwischen zeitgenössischer Lyrik und Performance-Poetry an so einem Abend verschmelzen zu lassen. Für Deutschland sehe ich da zu viele Vorbehalte in beiden Lagern.

Eine halbe Ewigkeit habe ich unseren Leonce-und-Lena-Preisträgern vorgeworfen, es sich in ihrem Inzestkogel zu bequem zu machen und sich vor der Herausforderung zu drücken, ihre Texte vor breitem Publikum vorzutragen. Ich habe propagiert, dass Slam formbar sei, dass sich über die Vielfalt der Texte die Rezeptionsfähigkeit eines noch so tumben Publikums schulen ließe ... Alles vergeblich. Sie kamen nicht zu den Slams. Faulpelze und Diven, die die Herren und Damen Dichter nun mal sind. Und nun, da Poetry Slam ein vom Mainstream geschlucktes Format ist, glaube ich selbst nicht mehr, dass solche Schritte gangbar sind. Im Rahmen der vom Menschengeschlecht zu überblickenden Zeitrahmen finden zeitgenössische Lyrik und Slam nicht mehr zueinander. Es sei denn, man trifft sich in Finnland. Mit Tom Bresemann komme ich überein, dass das entspannte Nebeneinander eine beneidenswerte Note dieses Abends ist. Aber, so seufzen wir still im Hinterkopf, wir sind halt keine Finnen.

Runde drei: Augen zu und durch!
Ich habe eine riesig lange Kelle in den Händen und mache einen tonnenschweren Aufguss für die anderen nackten Kerle. Der Ofen faucht wie blöde und ist verrußt wie gutes Hölleninterieur. Dabei bin ich keinesfalls in einer der als *traditionell* angepriesenen Saunen gelandet, sondern in einer Designsauna der jüngsten Schweißgeneration. Ich könnte mir vorstellen, dass durch die kernigen Traditionssaunen Teer und Schwefel fließen.
Auf der Terrasse ist ein Lagerfeuer entfacht worden, das am Ufer vor sich hin kokelt und raucht. Und raucht und raucht. Ich schlage mich durch allen Dampf und schmeiße mich ins Wasser. Gott! Jetzt weiß

ich: Die wahre Hölle ist kalt! Ich vergesse, die Schwimmzüge zu zählen (viele sind es nicht), paddele zurück zur Einstiegsleiter und setze mich ans Feuer. Ich pruste noch zwei Minuten lang im Rauch herum. Ein Mann beobachtet mich mit verständnislosem Blick. Er denkt vermutlich: Finnen eben.

In Sachen Slam gerät meine finnische Integration hingegen etwas ins Stocken. Der *richtige* Poetry Slam fände übermorgen statt, erfahre ich. Eine Qualifikationsrunde fürs Finale vom finnischen National, Kasper mache dort vermutlich auch mit.

 Exkurs: Vermutlich qualifiziert
http://www.hirnpoma.de/slammed/exkurs11.html

Ich schaue etwas ungläubig. Der Slam übermorgen hat für finnische Poeten die Relevanz einer National-Vorrunde. Wieso lädt man mich für heute Abend ein, zu einem normalen Open-Mic-Abend?

Ach, da sei übermorgen nicht viel los, kleiner Club, die Hälfte an Publikum, höchstens. Ich beginne zu verstehen: Das Open Mic im *Mascot* ist das Paradepferd der *Helsinki Slam Connection* – das, worauf man stolz ist und was man seinen Besuchern präsentieren möchte. Daneben gibt es eben noch den Poetry Slam. Kennste einen, kennste alle.

Ich lerne diese Entscheidung im Verlauf des Abends zu schätzen. Dieser findet nach Beiträgen aus Spanien, Griechenland, Mexiko und meinem Text seinen Höhepunkt in einer herzzerreißenden Darbietung eines greisen Birmanen in seiner Landessprache.

Man vermisst solche Skurrilitäten im Rahmen herkömmlicher Slams natürlich nicht – aber wenn man sie mal live erlebt, scheint dies doch bedauerlich.

Es macht immer Sinn, sich auf Reisen ans Landestypische zu halten: Piirakka, Gesäßtüchlein, Open Mic.

»Hauerwass« bedeutet übrigens nichts. Und Kasper qualifiziert sich zwei Tage später für das finnische National-Finale.

ZWEITE GÄRUNG

46) 06.04.16, ESSEN, HELDENBAR IM GRILLO-THEATER, HELDENBAR SLAM
100 Zuschauer, 11 Teilnehmer, Gewinner: Luise Frenzel

»Und sollte der Zug doch zu viel Verspätung haben, kommste einfach zurück – irgendwo bringen wir dich schon unter!«

Ich nicke benommen. Vor einem knappen Monat hat mich Sushi in Düsseldorf nach meiner Lieblingsspirituose gefragt und ich habe »Rum!« geantwortet. Und den muss ich hier und heute trinken. Wir sitzen zur Aftershow in der kleinen Wohnung von Claas, dem zweiten Moderator des Essener *Heldenbar Slams* und essen Chili.

»So, Herr Klötgen, noch 'n bisschen Rum?«

Die anderen am Tisch flüchten sich schnell ins Bier, ich aber möchte der lieben Geste wegen ein standhafter Rum-Trinker bleiben. Es ist spät geworden. Weniger auf den Uhren als in mir. Wer einige Stationen meiner Tour in Fahrkilometer und Schlafstunden umgerechnet hat, mag schon mal gedacht haben: »Ui, klingt anstrengend!« Aber es braucht dieses Kapitel, um zielsicher ein »Krasser Scheiß!«-Urteil zu fällen.

Noch gestern Abend habe ich mit Kasper und Auri im *Mascot* Abschied gefeiert. Dann war die Nacht bereits um 3 Uhr morgens vorbei, weil ich den ersten Flughafenbus erwischen musste. Da sich dies alles in Finnland abspielte, ist diese Uhrzeit auf 2 Uhr MEZ zurückzurechnen. Nach der Landung in Berlin bin ich mit dem Regionalexpress nach Falkensee in Brandenburg gedüst und habe dort meine alljährliche Show für den Abschlussjahrgang des Lise-Meitner-Gymnasiums gespielt. Neunzig Minuten und zehn Poeme volle Konzentration am frühen Vormittag – mit dem Gepäck meines Helsinki-Trips im Schlepptau. Anschließend zurück nach Spandau und ICE-Fahrt nach Essen. Essen, die Heimat.

»Wo ist für dich Heimat?«, fragt mich der Moderator von *Radio Essen* und spielt damit auf meine Umzugsodyssee von Hamburg über Berlin nach München an. Ich hätte ihn die Freude machen und »Essen!« antworten sollen. Oder »Rum!«

Essen ist schon von daher meine Heimat, weil Heimat das ist, was du stets vernachlässigst. Weil sie bleibt, im Gegensatz zu dir, und zuverlässig wie treu auf dich wartet. Auch heute bin ich nur auf dem Sprung. Mein Zug fährt um 2:06 Uhr gen München, weil bereits am Abend des in einigen Minuten beginnenden Tages ein Auftritt in Kufstein in Tirol ansteht. Von den Schären in die Berge in vier Etappen.

»Nach Überruhr schaffst du's nicht mehr, oder?«, fragte meine Schwester, bei der ich vor dem Auftritt in der *Heldenbar* einen kleinen Zwischenstopp machte. Essen-Überruhr-Holthausen heißt meine wirkliche Hood und ist nach wie vor der Wohnort meiner Eltern. Aber eben auch eine knappe halbe Stunde vom Zentrum der Stadt entfernt. Meine Eltern sind die einzigen Menschen, die den Tourplan auf meiner Homepage wirklich mitverfolgen und wissen, dass ich heute in Essen bin. Aber sicher sehen sie mir nach, dass auf der Strecke *Helsinki – Kufstein* keine Zeit für einen Abstecher nach Überruhr bleibt. Heimat eben.

 *Exkurs: Mein Essen*
http://www.hirnpoma.de/slammed/exkurs12.html

»Nimm noch 'nen Teller Chili, wird 'ne lange Nacht!«, rät mir Claas, der als Koch eine Art zertifizierte Form der oft als umstandslose Massenverköstigung gereichten Speise auftischt. Soll heißen: Lecker war's. »Nimm noch 'ne Cola Rum!«, rät Sushi, formerly known as »Sushi da Slamfish«.

Er ist einer jener Archetypen des Slams, die heute nicht mehr gebaut werden. Wäre das Slampublikum etwas empfindsamer gegenüber taktischem Bla-Bla, würden das Chaos und die Inbrunst seiner Darbietungen jeden Konsensslammer enttarnen. Vor allem ist er aber eine der selten werdenden Personen der Szene, mit denen man spätestens nach dem Auftritt zwanghaft ins Druckbetanken übergeht. Und das tun wir. Mit Cola-Rum sowie ein paar hilflosen Mai-Tai-Versuchen mit irgendeinem Fruchtlikör und Sprite. Aloha, Alter!

Wir verfolgen gespannt die Verspätungsupdates der Deutschen Bahn. Der Zug, mit dem ich zwölf Minuten Umsteigezeit in Köln habe, holt auf. Nur noch fünfzehn Minuten Verspätung bis Buffalo. Um diese Uhrzeit den Anschluss zu verpassen, wäre fatal. Ich kann jetzt schon kaum mehr die Augen offen halten. Was auch daran liegt, dass Claas' kleine Bude so vollgeschmokt ist wie eine voll besetzte Hafenkneipe in den Siebzigern. Damit komme ich als Nichtraucher durchaus klar. Ich teile eure Leidenschaft nicht, aber ich würde alles dafür tun, dass ihr sie ausleben könnt, ist meine Maxime in Bezug auf jegliche Genussmittel. Darauf eine Cola. Mit Rum.

»Jetzt wird keine Verspätung mehr angezeigt!«

»Na, siehste! Trotzdem noch 'nen Chili?«

Pünktlich um 3:02 Uhr wechsle ich in Köln den Zug. Ich bin jetzt 25 Stunden auf den Beinen. Nur die kleine Technoübung, aber anstrengend genug. Irgendwann in meiner Vergangenheit bin ich mal in Helsinki gewesen.

»Boah, stinkst du nach Knoblauch!«, beschwert sich Katrin, als ich fünf Stunden später in München ins Bett steige. Claas' Chili. »Hast du Alkohol getrunken?« Sushis Rum. »Deine Haare riechen voll nach Rauch, wo bist du denn gewesen?« In der Heimat.

»Sehen wir uns heute Abend?«, fragt jemand um 8:30 Uhr in meinen ersten Tiefschlafversuch hinein.

»Ich muss nach Kufstein«, brumme ich. So kann das nicht weitergehen, denken wir beide. Und ich stimme innerlich in Katrins Seufzen ein.

47) 07.04.16, KUFSTEIN, ARCHE NOE, WORTFLUSS POETRY SLAM

100 Zuschauer, 11 Teilnehmer, Gewinner: Andreas Rebholz

48) 09.04.16, SALZBURG, ARGEKULTUR, ARGE POETRY SLAM

100 Zuschauer, 9 Teilnehmer, Gewinner: Noah Klaus

49) 10.04.16, 14 UHR, IPHOFEN, ILMBACHER HOF, WEINZEICHEN-SLAM

150 Zuschauer, 4 Teilnehmer, Gewinner: HANZ

Zu den häufigsten, wiewohl nur bedingt beliebten Backstagegesprächen zählt das Debattieren darüber, warum es heute nicht fürs Finale gereicht hat. Startplatz, Vorgängertext, Nachfolgertext, die eigene Textwahl, das Wetter – es gibt unzählige Gründe, die entscheidend gewesen sein mögen. Meist legt man den Kollegen im Raume damit nur die Fährte zu der Erkenntnis, dass der wahre Sieger des Abends gerade zu ihnen spricht. Vor einem anderen Publikum hätte man sicher ganz anders abgeschnitten. Wie viel Wahrheit und Relevanz in dem geschilderten Unrecht liegen, lässt sich nicht überprüfen, weil so ein Slam mit dem gleichen Starterfeld ja nicht wiederholbar ist. Es sei denn, man wiederholt ihn eben doch.

Heute sind wir in einer Scheune auf einem Weingut im Nirgendwo von Franken, vor uns eine Armada von Bierbänken. Eine Off-Location!

Lieber Gott, bewahre uns vor Krieg, Feuer durch Blitz, der Maul- und Klauenseuche und den Off-Locations! Derzeit überlegt ja jeder Kleingrundbesitzer bei der Partyplanung zur Eröffnung seines Hobbykellers, ob nicht vielleicht ein Poetry Slam den Abend heiter abrunden würde. Zumeist vergilt der Off-Location-Veranstalter das Bauchweh mit erhöhtem Gagenfluss, und so slammt man halt in der Fußgängerzone, in Straßenbahnen und Jugendknästen, auf Betriebsfeiern und Werbeveranstaltungen und, und. Und. Vor einem halben Jahr habe ich im strömenden Regen von einem zwölf Meter hohen Baugerüst herunter getextet, mit Arbeitsschuhen und Helm bekleidet.

Ein Weinfest stellt im Reigen notorischer Event-Crazyness eine sehr überschaubare Off-Location dar. Tatsächlich ist die Scheune in Iphofen ein mit guter Akustik wie exzellenter Technik gesegneter Raum, der sich nach und nach mit Zuschauern füllt, die erwartungsvoll ihrer Slamentjungferung entgegensehen. Im Schnitt eher dreifach als doppelt so alt wie das klassische Publikum.

Ich erkläre mich bereit, den Anfang zu machen, weil mir mein Text ein guter Einstieg in einen gesitteten Slamnachmittag zum Thema *Wein* scheint. Heut geht es nicht nur um die erste Off-Location meiner Tour, sondern auch um die Spielart → **Themenslam.**

Die Thementreue der dargebotenen Texte bei solchen Veranstaltungen ist natürlich eine Frage des Budgets. Um ein Starterfeld namhafter Slammer zum Schreiben eines neuen Textes zu nötigen, braucht es schon ein paar Tausender. Deswegen war die Terminanfrage aus Iphofen direkt an die Bedingung geknüpft, bereits einen passenden Text zum Thema »Wein« im Repertoire zu haben. Hatte ich nicht. Dafür gab es aber eine parallele Anfrage für einen Poetry Slam im Mai zum Thema »Bier«. Bilden wir also die Schnittmenge und schreiben einen Text über Alkohol!

Doch damit nicht genug der Zweitverwertung: Vier Starter mit Texten zum Thema »Wein« sind ein Programm, das sich hervorragend zweimal in einen Nachmittag quetschen lässt. Das Publikum rotiert zwischen den verschiedenen Showbühnen des Weinfests, auch wenn einige Menschen so begeistert von ihrem ersten Slamerlebnis sind, dass sie bei uns sitzen bleiben wollen. Dann erklären wir ihnen, dass lediglich eine identische Zweitauflage des soeben Gehörten zu erwarten ist: gleiche Texte, gleiche Reihenfolge. Und doch scheint plötzlich alles anders.

50) 10.04.16, 17 UHR, IPHOFEN, ILMBACHER HOF, WEINZEICHEN-SLAM
150 Zuschauer, 4 Teilnehmer, Gewinner: Pauline Füg

Die klaren Finalisten des ersten Durchlaufs landen beim zweiten Mal nicht minder deutlich auf Platz drei und vier. Nicht nur die Neuverteilung der Ränge ist bemerkenswert, sondern auch deren Eindeutigkeit. Dass Pauline und ich unsere Texte plötzlich um dies bedingende Qualitätsstufen besser vorgetragen haben sollten, ist unwahrscheinlich. Es scheint eher so, dass sich die Welt innerhalb von drei Stunden komplett gewandelt hat.

Ab und an ist es geradezu niederschmetternd und erdrückend, wie stereotyp das Slampublikum an völlig unterschiedlichen Orten reagiert und wertet. Hamburg und Kufstein sind plötzlich geklonte Städte. Aber manchmal geschieht es eben auch, dass sich alles auf erfrischende Weise umkehrt. In Iphofen sogar im Verlauf eines Nachmittags.

51) 11.04.16, MÜNSTER, CUBA NOVA, TATWORT-SLAM
200 Zuschauer, 7 Teilnehmer, Gewinner: Florian Schreiber

Andere Dinge sind unumkehrbar. Ich schwächele weiter voran, körperlich wie mental, scheine am Limit angelangt. Ich würde gerne mal zwei, drei Tage Verschnaufpause machen und die Geduld meiner Mitmenschen nicht weiter überreizen. Doch was sind schon die bisherigen 50 Auftritte? Manch hyperaktiver Nachwuchsslammer hat mich in diesem Jahr längst eingeholt. Da steht eine neue Generation mit Superkräften in den Startlöchern, die uns alte Hasen in evolutionäre Abgründe verdrängen wird. Ich kann froh sein, wenn sie mich diese Tour noch vollenden lassen. Der Generationswechsel scharrt mit den Hufen.

»Kennst du den?«, frage ich ungläubig meinen Skaterfreund Paul. Es ist 1982. Der Mittelbereich der Turnhalle ist soeben für die Freestyler freigegeben worden, die sich für die am Abend startenden Competitions warmfahren sollen – und dem spärlich versammelten Publikum einen ersten Showfaktor bieten. Sofern man irgendeinen dieser spektakulären Tricks beherrscht, die da gerade von dem Skater vor mir im Akkord durchgezaubert werden.

»Das ist auch einer von denen aus Münster!«

Wir sind auf den deutschen Meisterschaften im Skateboardfahren in Bamberg, und ich beobachte argwöhnisch jene Ecke auf den Zuschauerrängen, wo ein knappes Dutzend Jungs mit der größten Lässigkeit herumlümmelt. Die aus Münster. Im Zentrum des Pulks saust ein Jo-Jo rauf und runter, an dem ein alter Mann hängt – der keineswegs so alt ist, wie er mir in diesem Augenblick erscheint. Ich selbst habe schließlich gerade mal vierzehn Jahre auf dem Buckel der Coolness.

Der Greis mit dem Jo-Jo hieß Titus und war der Grund, weshalb alle coolen Skater plötzlich alles cool fanden, was mit Münster zusammenhing. Jo-Jo-Spielen war kurz vor dem Durchbruch und stand damit auf der Kippe zum In-Kürze-nicht-mehr-so-cool-Sein. Ich fand es eh nie cool. Und würde zwei Monate später dennoch hart trainieren, um zumindest einige Tricks an meinem spät erworbenen Jo-Jo zu beherrschen. Die Grundsätze eines Vierzehnjährigen sind stetig in Bewegung.

»Münster«, dachte ich in Bamberg noch mit bockiger Abwehrhaltung und blätterte auf Fehlersuche durch die erste Ausgabe des *Münster Monster Magazins*: »Was zur Hölle ist schon Münster!?«

Münster ist die Stadt, in der die etwas weniger nördlichen Erzählstränge meines Lebens zusammenlaufen. Hier habe ich mit *Marilyn's Army* bei einem Auftritt im *Gleis 22* unseren Mischer Tobi kennengelernt und angeheuert, wodurch wir anschließend in dieser Stadt etwas wichtiger wurden als im Rest der Welt. Tobi sorgte dafür, dass wir in den angesagten Münsteraner Liveclubs spielten, obschon die einige Nummern zu groß für uns waren. Aber so wurden wir regelmäßig in Lokalzeitungen und Programmzeitschriften hervorgehoben, und irgendwann erwähnte sogar das Münsteraner Theater die Musik unserer Band als Referenz in einer Stückbeschreibung. Außerdem hat Katrin hier studiert, und ich habe aus ihrer WG heraus neue Bekannte als Publikum für unsere Shows rekrutiert. Plötzlich passten die Clubs. Und die Geschichte am temporären Wohnsitz von 1992–95 spann sich fort: Ich bin regelmäßig Gast bei Sondershows in Museen und Off-Locations, auf denen ich mein Soloprogramm darbieten darf. Münster ist ein gutes Pflaster für mich. Weil es bereits so früh eingelaufen wurde.

In Bamberg zieht die *Münster-Monster*-Clique die alte Skaterhochburg Essen schon gewaltig ab. Noch kann abgewendet werden, dass sie in allen Disziplinen vorne landet – es lässt sich aber nicht abstreiten: Hier ist eine neue Generation von Skatern am Start, die in den nächsten Jahren alles gewinnen wird. Wir, der alte Clan der bockigen Jo-Jo-Verweigerer vom *TUSEM Essen*, haben ausgedient. Unser bester Mann zieht einige Monate später nach Münster. Dort haben sie einen eigenen Skatepark, der ihnen von Titus hingebaut worden ist. Wir können nur auf einer Halfpipe üben, über die unser Zweitbester gebietet, weil sie auf dem Firmengelände seiner Eltern steht. Paul hat sich gerade mit ihm zerstritten. Und ich gebe das Skaten auf. Wissend, dass es nach der Silbermedaille, die ich in Bamberg noch erhalte, für mich nichts mehr zu gewinnen gibt. Außerdem habe ich gerade Gefallen an dem Gedanken gefunden, eine Punkband zu gründen. Das Skaten ist doch irgendwie durch.

Das Slammen auch. Nicht mehr meine Turnhalle.

Wie es sich für einen Generationswechsel gehört, leert sich schlagartig das Haben-Konto meiner Gewohnheiten: Just heute wird die Münsteraner Abstimmungsmethode per individuellem Bewertungszettel zugunsten herkömmlicher Stimmtafeln aufgegeben.

 Exkurs: Zeugniszettel
http://www.hirnpoma.de/slammed/exkurs13.html

Und Andreas Weber moderiert nicht mehr! Ja, gibt er zu, es sei an der Zeit gewesen, seinen Platz Jüngeren zu überlassen. Nach dem Slam komme er aber nach wie vor gerne als Gesellschafter mit zum klassischen Hähnchenessen im *Nordstern*. Dort klagen wir bald im sehr kleinen und äußerst greisen Kreise über die neue Generation, die unsere alten Absturztraditionen nicht zu pflegen weiß.

Man muss Alkoholismus nicht zur poetischen Tugend erheben. Auch das Bedürfnis nach regelmäßigem Schlaf steht einer talentierten Textproduktion nicht entgegen. Aber dass die angehenden Wracks die Stellung halten, derweil die Generation Sprungbrett schon vom Schönheitsschlaf kostet, lässt doch darauf schließen, dass das nachströmende

Slammervolk nicht nur jünger ist, sondern von essenziell anderer Art. Wenn Kräuterhuhn und Pilsbier nach dem Münsteraner Slam nichts mehr gelten, verliert auch das Bekenntnis, beim Slam gehe es doch nicht ums Gewinnen, etwas an Überzeugungskraft. Die wollen übernehmen. Ich halte nach einem älteren Jo-Jo-Spieler Ausschau.

»So, die Herrn, letzte Runde! Wat kann ich euch noch Gutet tun?«, fragt die in ihren besten Jahren ruhende Bedienung.

»Poah, also ich bin raus, beim besten Willen!«, wehre ich ab. Klingt nach Bamberg '82.

WEIN UND EMOTIONEN

52) 14.04.16, OZIERI, CENTRO DI DOCUMENTAZIONE LETTERATURA SARDA, OZIERI POETRY SLAM

50 Zuschauer, 10 Teilnehmer, Gewinner: Ignazio Chessa

Endlich wieder auf großer Tour. Vielleicht ist das die Erlösung vom Blues der letzten Tage: drei Tage Slam auf Sardinien! Der Zug quert bei schönstem nachmittäglichem Sonnenschein die Insel. Aber ich sehe nichts.

Ich möchte nun keiner dieser alten Zausel werden, die der Gegenwart ständig vorwerfen, erst heute gültig zu sein. Aber ich muss mich gerade mit Kräften gegen den kulturpessimistischen Eindruck wehren, dass sich diese Welt in einem Smartphone-beflügelten Prozess der Verblödung befindet: Alle Sichtblenden der Waggons sind zwecks Abblockung des Display-verwässernden Sonnenscheins heruntergezogen! Und je schöner das Licht der flacher einfallenden Sonne, umso hermetischer werden die letzten Sichtschlitze versiegelt. Überall leuchten Smartphones, niemand betrachtet die Landschaft, von der ich selbst ja auch nur annehmen kann, dass ihr Anblick lohnenswert sein könne. Ich greine im Stillen: Wir enden alle als Geistesgestörte! Wir dämmern im Dilemma, die Bildschirmhelligkeit zwecks Akkuschonung drosseln zu müssen, und haben die Sonne als Endgegner ausgemacht. Aber vertraut mir als geläutertem Webprogrammierer: Freizeit beginnt bei gelöschtem Monitor!

Ich liebäugele damit, meinem Sitznachbarn das Handy zu mopsen und ihn zu zwingen, die Scheißsichtblende hochzuziehen. Ich möchte endlich Sardinien sehen! Stattdessen sehe ich ein: Ich bin in der absoluten Minderheit hier im Zug. In fünf Jahren muss ich mich auf die Suche nach einem anderen Planeten machen.

Natürlich bin ich längst ein alter Zausel. Mit Hang zur naiven Romantik: Setzt mich auf eine sonnenbeschienene Wildwiese, deren Gras bereits den herben Duft der Dörrung verströmt, spielt etwas Zikadengeplärre ein und serviert mir ein paar Scheiben schwitzender Salami – ich werde selig lächeln und mich an den schönsten Platz der Welt versetzt fühlen.

Nun zieht mein Nebenmann tatsächlich eine schwitzende Salami hervor und zerteilt sie mit einem altertümlichen Messer. Zunächst vermute ich, dass er nur die Displayschmierfähigkeit seiner Fingerspitzen nachölen möchte. Dann bietet er mir ein Stück an. Gut, ein Anfang ist gemacht! Schön hier auf Sardinien!

Sergio, ein alter Freund aus Berliner Zeiten, hat mich zu dieser Tour auf Sardinien eingeladen.

Station eins ist, nur wenige Stunden nach meiner Ankunft auf der Insel, der vierte Poetry Slam in Ozieri, zum ersten Mal im *Centro di Documentazione Letteratura Sarda*. Es gibt im Haus entwaffnend freundliche Angestellte, die dem deutschen Gast etwas zu der poetischen Bedeutung und Geschichte des Ortes erzählen, dies aber auf Italienisch tun und bald einsehen, dass ich öfter nicke, als mein Verstehen vorankommt. Der arme Sergio wird immer wieder als Übersetzer herbeigerufen, obwohl er gerade schwer mit den Vorbereitungen des Slams beschäftigt ist. Ich erfahre, dass wir uns in der Dachkammer vom Archiv des sardischen Poesiepreises befinden. Die einströmenden Slammer herzen sich zur Begrüßung wie in einer großen Familie und begutachten mit Wohlwollen die Räumlichkeiten. »Das ist doch ein wirklich passender, schöner Ort!«, ruft man mir zu. Ich nicke. In den wenigen Minuten, die ich hier nutzlos herumstehe, habe ich mehr Italienisch gehört als in meinem bisherigen Leben.

Sergio überreicht mir Übersetzungen, die er von meinen Texten gemacht hat. Ich bin begeistert. Das liest sich wie der Sermon eines rappenden Eisverkäufers. Pure Silbenmelodie. Darum bitte ich ihn, die ausliegenden Übersetzungen vorzutragen, strophenweise mit mir im Sprachenwechsel. Ich lege jeweils vor und betrachte dann geschmeichelt die italienische Variante, die Sergio mit beschämender Hingabe performt. Ich habe den Eindruck, dass meine Texte auf Italienisch viel schöner sind.

Sollte mich jemand fragen, ob ich eine geeignete Methode zum Erlernen einer Sprache wüsste, würde ich den Poetry Slam vorschlagen. Während der Tour auf Sardinien notiere ich immer wieder einige Schlüsselwörter der Texte (remember »Hauerwass!«?), deren Bedeutung ich anschließend bei Sergio erfrage. Dass ich diesen Vorträgen in einer mir fremden Sprache überhaupt so aufmerksam lausche, hängt damit zusammen, dass ich gar keine andere Wahl habe. Ein sardischer Slam ist so laut, wie ihn ein zur Übertreibung neigender B-Movie-Regisseur inszenieren würde. Und da ist es herzlich egal, ob der Vortragende das auf der Empore stehende Mikrofon benutzt oder nicht. Auch die dorthin führende Treppe ist ein viel zu verlockendes Requisit, um ungenutzt zu bleiben: Es wird altersunabhängig auf dem Geländer herumgeklettert und auf dem Hosenboden die Treppen heruntergerutscht, dass es eine wahre Freude ist. Die zwischen solchen Clownereien platzierten, nachdenklichen Texte erhalten über den Kontrast eine Tiefe, die sie sonst vermutlich nicht ausfüllen könnten. Ab und an wird auch getanzt. Ich betrachte das verwundert und beginne, mich zu fragen, weshalb ich jedes Mal zum unkritischen Poetry-Slam-Fan werde, sobald ich Deutschland hinter mir lasse.

Aber allein die gesunde Mischung der Vortragenden zwischen alt und jung, Männchen und Weiblein, laut und leise und das ständige Kitzeln an den Fußsohlen des Extrems – das sind krautige Eigenheiten, die Seele besitzen. Die deutschsprachige Szene hat im Austausch dafür den Erfolg erhalten. Der alte Deal.

Zur üppigen Aftershow-Verköstigung tritt auch das gesamte Publikum an, wir verständigen uns per Italienisch-Häppchen mit Englisch-Dip. Es gibt wunderbaren Landwein und eine derbe Wildsalami, auf die man recht stolz ist.

»You like?«, werde ich immer wieder gefragt. »It's from Sardegna!«

»Sì!«, antworte ich, mache Essbewegungen und füge kryptisch hinzu: »Today! En el treno!«

»Ah, el treno!«

Auch wenn wir uns nicht wirklich verstehen, entwickelt sich an diesem Abend noch ein taugliches Alternativesperanto. Muss ich erwähnen, falls mich mal jemand fragt, wie viele Sprachen ich spreche.

Der Leiter des Archivs hat derweil eine Besonderheit für mich vorbereitet und zeigt mir die Textsammlung des ersten sardischen Poesiepreises. Der wird seit 1896 in Ozieri verliehen – nach einem Wettstreit, dessen Schilderung an einen Hip-Hop-Battle erinnert.

»Die Dichter bekommen kurz vor ihrem Vortrag ein Thema genannt und müssen dann dazu einen Text frei verfassen. Dabei gehen sie auch auf die Beiträge ihrer Kontrahenten ein, um zu zeigen, dass sie besser dichten können. Ein bisschen wie Poetry Slam«, übersetzt Sergio.

Ich blättere durch die Transkripte von 1896 und schaue auf in altertümlicher Schönschrift niedergeschriebene Verse, jedes Gedicht zieht sich über viele vergilbte Seiten hinweg.

»Und das wurde alles frei improvisiert?«, lasse ich über Sergio fragen. Der erkundigt sich, nickt, wundert sich selbst.

»Ja, und zudem müssen Reimschema und Metrik beibehalten werden. Jede Zeile des Gedichts muss aus exakt elf Silben bestehen.«

Ich schaue ungläubig auf die Unzahl der hübschen Zeilen. Mir schwirrt der Kopf. Wie ist so etwas möglich? Dann schaue ich noch mal hin. Zähle.

»Aber das hier sind 14 Silben, oder?«

Der Archivleiter erklärt Sergio, dass man hier die Schriftform nicht heranziehen dürfe. Gesprochen klinge es wie elf Silben.

»Das hier sind allerdings nur zehn«, lege ich bei einer der nächsten Zeilen nach. Dann schweige ich. Ich möchte nicht per Pedanterie meine Herkunft beweisen. Vielmehr atme ich erleichtert durch und sende einen dankbaren Gruß an die sardischen Poeten der Vergangenheit, dass auch sie einiges nicht zu eng gesehen haben.

»Incredibile!«, lobe ich stattdessen mit leichter Gianna-Nannini-Intonation. Wir nicken alle, schließen ehrfürchtig die Akte und nehmen noch ein Stückchen Wildsalami.

53) 15.04.16, SASSARI, ISTITUTO ALBERGHIERO, SCHULSLAM
90 Zuschauer, 7 Teilnehmer, Gewinner: Roberto Demontis

Ich müsse nicht mitmachen, nur wenn ich Lust habe, hat Sergio zum Veranstaltungsnachwuchs angemerkt, der kurzfristig noch als vierte Station der Tour dazugekommen ist. Aber nein, selbstverständlich wäre ich mit dabei, antworte ich. Obwohl ein prächtiger Sonnentag ansteht und es sich komisch anfühlt, diesen auf einer strandumsäumten Insel einem Schul-Poetry-Slam zu opfern.

Es geht in eine gastronomische Fachschule. Vom Klischee her könnte das im gourmetbesiedelten Italien unter Elitenförderung laufen. Ich bin allerdings etwas skeptisch, ob auf dem rigoros ummauerten Schulgelände wirklich die jungen Fans der Poesie auf uns warten. Wir sind zu neunt unterwegs und sehen nicht wie Leute aus, bei denen 14-Jährige »Cool!« jubeln. Der Klassenraum quillt über vor Pubertierenden. Alles wuselt umher, niemand bremst. Es ist sehr laut. Und es wird die lauteste Schulshow, die ich je miterlebt habe.

Das liegt nicht allein an den Schülern, die sich erstaunlich interessiert zeigen und uns mit frenetischem Applaus zum Auftritt motivieren. Die Slammer steigen auf Pult und Tische, schreien wie wahnsinnig gegen den Lärmpegel an. Man merkt, dass die Poeten nichts auslassen möchten, um der Sache Herr zu werden. Und man sieht den Gesichtern der Schüler an, dass sie einen Riesenspaß an den Texten haben. Natürlich gibt es auch den üblichen Anteil der gesichtsstarren Totalverweigerer. Aber die werden böse entblößt, als sich Sergio zum Warm-up eines ihrer Smartphones schnappt und die jüngst versandten WhatsApp-Nachrichten vorliest. Um nicht als totale Honks dazustehen, bleibt der Coolenfraktion nur die Flucht nach vorn in die Slambegeisterung.

Der spätere Gewinner Roberto stülpt sich sein Headsetmikrofon über und verursacht zunächst ein ohrenbetäubendes Feedbackgewitter. Dann zelebriert er körperbetont und raumgreifend einen Text, in dem er kontinuierlich »Vaffanculo!« brüllt, worauf die Schüler bereitwillig mit einstimmen. Zum Finale öffnet er das Fenster zum Hof, steigt auf die Fensterbank und schreit einige Male mit markerschütternder Inbrunst: »Vaffanculo!«

Die Fenster der Nachbargebäude sind längst voller neugieriger Schüler. Einige von denen lassen sich mitreißen und rufen ebenfalls »Vaffanculo!«.

Zwei Lehrer laufen in die Mitte des Schulhofs und recken die Hälse, um zu ergründen, was da für ein Aufstand im zweiten Stock des Italienischtrakts vonstattengeht. Da Roberto just in diesem Moment mit einem Sprung abgetaucht ist, sehen sie nur mich auf der Fensterbank sitzen. Sie fuchteln empört zu mir herauf. Ich zucke hilflos mit den Schultern, was sie mit einem fassungslosen Vogelzeigen beantworten. Zeitgleich erhält Roberto einen mit Fußstampfen und Gejohle gepimpten Abschlussapplaus.

Sergio fragt zum Ende der Vorrunde nach eventuell an einem Vortrag interessierten Talenten unter den Schülern. Die fordern stattdessen die Lehrerin auf, die Bühne zu entern – die sich nicht nur wacker schlägt, sondern ihren Text mit fulminantem Gesang beendet. Tatsächlich ist sie ausgebildete Opernsängerin, die in eine neue berufliche Laufbahn ausscheren musste. Aber sie ist eben auch Italienischlehrerin der versammelten Meute, die heute Vormittag in der exklusiven Lage ist, einmal zurückzuzensieren. Hoffnungsfroh und mit süffisantem Lächeln werden die sechs Juroren angefeuert. Doch statt der erwartbaren Null werden Herzchen auf die Jurytäfelchen gemalt, eine Millionen Punkte vergeben und eintausend Küsse versprochen. Nein, diese Musterschüler! Auf einer anderen Tafel steht: »Der Deutsche soll noch mal!«

Alle jubeln bestätigend. Ich hatte vor meinem Opener noch befürchtet, dass ein deutsches Gedicht in Sardinien 14-jährige angehende Servicekräfte direkt in Grund und Boden nerven würde. Und nun wird sogar eine Zugabe gefordert.

»Dürfen die Schüler Sie filmen?«, fragt mich die Lehrerin, nachdem eine schüchterne Wortmeldung an sie gerichtet wurde. »Si claro!«, antworte ich in meinem Alternativesperanto, das noch nach der Bestform vom Vorabend sucht. Prompt werden alle Handys des Raumes auf mich gerichtet und ein Meer an Gigabytes daran verschwendet, aus um Nuancen verschobenen Blickwinkeln eine Aufnahme meines Vortrags zu machen. Sollte irgendwann mal die Technik des XXL-3D-Films entwickelt werden, können mit den Filmaufnahmen aus Sassari hierfür die ersten Schritte gegangen werden. In den Schlussapplaus werden mit Kreideherzen bekritzelte Tafeln in die Höhe gereckt.

Nachdem sich die ganze Bande per Handschlag bei uns bedankt hat und Fotos in allen Konstellationen geschossen worden sind, geht es in die Schulbar. Dort werden die Barkeeper von morgen ausgebildet und die Slammannschaft so musterschülerisch bedient, dass wir uns mit einem Dauergrinsen anstrahlen.

Auf dem Weg zum Ausgang begegnet mir einer der Lehrer, die Robertos Vortrag so konsterniert vom Schulhof aus mitverfolgt hatten. Er erkennt mich, nickt versonnen und murmelt anerkennend: »Vaffanculo!«

»Was heißt das eigentlich?«, frage ich Sergio.

»Wörtlich ›Geh zum Arsch!‹, ›Fick dich!‹« Nun.

Auch Musterschüler haben ihre derben Momente.

54) 15.04.16, SASSARI, VECCHIO MULINO, MINOSSE POETRY SLAM
70 Zuschauer, 13 Teilnehmer, Gewinner: Alessandro Doro

Nach all diesen Eindrücken konnte der »richtige« Sassari-Slam am Abend natürlich nur zweitklassig mitspielen. Aber das Festmahl nach dem Slam war ein Gedicht für sich. Eventuell wurden die hierfür Verantwortlichen an unserer vormittäglichen Station ausgebildet.

55) 16.04.16, GAVOI, OSTERIA BORELLO, BARBAGIA POETRY SLAM
120 Zuschauer, 11 Teilnehmer, Gewinner: Chiara Sedda

»Es ist gar nicht so kalt, schön erfrischend!«, lüge ich. Sergio schaut kritisch, aber dann entschließt er sich doch, ins Meer zu gehen. Eine sublime Form der Gastfreundschaft: Den übereifrigen Poeten aus Deutschland nicht vollends allein dastehen zu lassen mit seinem zwanghaften Vorhaben, ein paar Stunden am Strand und ein paar Minuten im Meer zu verbringen. Alle anderen Poeten haben heute Vormittag etwas anderes vor, fuhren uns aber zum Strand und wünschten uns milde lächelnd viel Spaß beim Schwimmen. »Ich würde ja auch gerne mitkommen«, flunkerte uns Roberta an.

Als Einwohner Sardiniens kann man es sich durchaus verkneifen, im April an einem nicht durchweg sonnigen Tag in das noch kühle Meer zu springen. Aber mir bleibt keine weitere Gelegenheit. Morgen geht es zurück nach Deutschland. Also hinein!

Später ist das saisonale Anschwimmen eine Art Heldengeschichte unserer verschworenen Tourgemeinschaft. »Ihr wart echt im Wasser?«, fragt jeder, um Sergio und mir eine Freude zu machen.

»Ja, es war schön erfrischend. Und gar nicht so kalt«, antwortet Sergio. Niemand glaubt ihm.

Wir fahren zum Slam nach Gavoi. Konservatives Pflaster, werde ich vorgewarnt. So konservativ, dass selbst die konservativsten Sarden die Einwohner dieser Gegend »Barbaren« schimpfen. Die nehmen diesen Begriff mit etwas Ironie in die Bezeichnung ihres Poesiefestivals auf. Überhaupt gibt es noch weitere Literaturfestivals in dem Örtchen und den Job eines Stadtschreibers, der international besetzt wird. Scheint mir insgesamt weder barbarisch noch allzu konservativ, sondern recht engagiert für ein kleines Städtchen in den Bergen Sardiniens.

Die Fahrt ist lang und wird von uns permanent verlängert. Schon in Sassari fahren wir einige Viertel ab, um die üblichen Verdächtigen des sardischen Poetry Slams aufzunehmen. In irgendeinem Dorf auf dem Weg machen wir Halt, um eines der Autos gegen ein schnelleres auszutauschen. Das geht nicht so Hopphopp, weil wir uns so sehr verspätet haben, dass sich die im Ort auf uns Wartenden indes in einem Café niedergelassen haben. Sie müssen nun noch schnell ihr Eis essen – und dann auf uns warten, die wir ebenfalls auf den Geschmack gekommen sind. Wir vervollkommnen das Klischee, indem wir mit einer abschließenden Runde Espressi die Zeit vollends überreizen.

»In Gavoi rechnen sie eh nicht damit, dass wir pünktlich kommen«, beruhigt mich Giovanni, der meine deutsche Disziplin leidend wähnt. Aber ich winke gelassen ab, fühle mich vollends italienisch. Cool von Gelati und Mare, wie wir Alternativesperantosprecher sagen.

Wir sind die langsamste eilige Reisegesellschaft der Welt. Giovanni hat erfahren, dass ich täglich Gedichte und Fotos auf meinem Blog hinterlasse und befindet, dass ich hierfür noch einige sardische Sehenswürdigkeiten wie die Masken von Ottana, und die Nuraghen-Türme berücksichtigen müsse. Wir halten jeweils für Fotostopps.

Als wir endlich in Gavoi ankommen, werden wir von einem Verantwortlichen des Poesiefestivals unterrichtet, wie wir zu der Osteria kommen, in der wir in Kürze auftreten werden. Er wartet schon eine ganze Weile auf der Straße am Ortseingang, um uns den weiteren Weg zu erklären. Aber er habe eh nicht damit gerechnet, dass wir pünktlich kommen würden, versichert er uns, alles kein Problem.

»Das hätten wir ja nie gefunden!«, schreit die Fahrgemeinschaft nach der ersten kleineren Straße, in die wir einbiegen müssen. Dann entdecken wir eine Plakatwand mit dem Festivalmotto »Invasione poetica«, vor der wir noch mal Halt machen und einige Gruppenfotos schießen. Anschließend werden die Smartphones und Kameras herumgereicht, die Fotos freudig belacht, und niemand kann sich mehr so richtig erinnern, wie denn der Weg zur Osteria weiterging. Nach der nächsten Kurve ist das Ziel allerdings eh zu erkennen. Der Vorteil des Zuspätkommens ist, dass man den Veranstaltungsort am davor lungernden Publikum erkennt.

War Ossieri schon von älteren Zuschauern geprägt, bietet Gavoi auch stockgestützte Greise auf, wie man sie als Prototypen auf Marktplatzbänken platzieren würde. Außerdem Babys, Kinder und sämtliche Altersgruppen dazwischen. Ein komplettes Dorf in einer Kneipe. Das Getränk zur überaus herzlichen Begrüßung macht früh den Vorsatz zunichte, heute Abend mal keinen Alkohol zu trinken: ein Landwein zum Reinlegen. Jeder Schluck ein Lächeln. Ich ändere den Vorsatz in: vorm Auftritt nicht zu sehr betrunken werden! Das lässt sich vor Ort schwer bewerkstelligen, und so nutze ich die verbleibende Zeit für einen Spaziergang durch die sich den Berg heraufschraubenden Altstadtgassen.

In denen verirre ich mich derart, dass es vom Spaziergang direkt auf die Bühne geht. Bei meinem zweiten Text erkennt der für die Zwischenmusik zuständige Solobassist schnell das Muster der Abfolgen und begleitet mich ab der zweiten Strophe. In der dritten steigt das klatschende Publikum mit ein. Der Rest ist Euphorie und bis zur Raserei gesteigerte Vorfreude auf den eigentlichen Slam.

Just da die Stimmung nicht steigerbar scheint, betritt die erste lokale Starterin die Bühne. Sie singt ein Lied. Und rührt alle zu Tränen. Selbst Roberta kommt nicht mehr aus dem Schluchzen heraus. Giovanni und Sergio, die den Abend moderieren, schauen sich während des Applausorkans unschlüssig an. Sie setzen vorsichtig an: Das sei ein wirklich hervorragender Beitrag gewesen, aber der Poetry Slam sei ja bekanntlich ein Wettbewerb der Worte, und deshalb müsse man leider ... »Noooooo!«, protestiert der Saal. In Gavoi würde man Gedichte eben singen. Immer schon. Ganz normale Gavoier Vortragsweise. Dies mag nur eine semioriginelle Flunkerei sein, aber Giovanni und Sergio sehen ein, dass hier die einzige Lösung zur Befriedung der Situation liegt: Wer aus Gavoi kommt, darf beim Poetry Slam auch singen, Gewohnheitsrecht – die Noten bitte!

Im Finale weint die Sängerin bei ihrem Vortrag selbst mit, auch Roberta ist wieder tränenüberströmt. »Worum ging es denn?«, frage ich sie nach einigen Minuten der Abkühlung.

»Um zwei Frauen, die ermordet wurden.«

So erklärt mir auch die Gavoier Slammerin den Text nach ihrer nicht ganz unparteiischen Kür zur Siegerin des Abends. Sie fordert Sergio auf, mir irgendwann eine Übersetzung anzufertigen. Was mir eher fehlt, ist die Übersetzung zu solchen Gefühlsausbrüchen. Zwei Frauen werden ermordet, keine schöne Sache, sicher, aber ... Ich denke, es fehlen mir ein paar Synapsen, um aus einer solchen Geschichte derart tiefe Trauer zu entwickeln. Dafür bin ich umso gerührter über die Rührung an sich.

All die Ergriffenen weinen zu sehen, treibt mir selbst die Tränen in die Augen. Während wir noch aufgewühlt auf die Slampremiere in Gavoi anstoßen, werden bereits die Tische für das obligatorische Festmahl zusammengeschoben.

Die Besitzer und Freunde der Osteria bitten einen Slammer nach dem anderen, auf seinen Stuhl zu steigen und noch einen Text zum Besten zu geben. Derweil biegen sich die Tischplatten unter immer weiteren Vorspeisen. Da wird glattweg die Luxusspeisung der Schweizer Slams noch mal rechts überholt. Hier könnte ich ewig sitzen bleiben und mich für eine emotionale Nachschulung anmelden.

Aber es ist offensichtlich, dass es bald an mir ist, mich zu erheben, um noch ein Gedicht vorzutragen. Ich verfasse eine spontane Kurzode an den Landwein. Vier Zeilen, die Sergio simultanübersetzt, obschon wir beide von dem Protagonisten des Gedichts bereits mehr als ausreichend intus haben. Aber es geht ohnehin eher um den Gestus, die Poeten des Abends auf Stühle und Bänke zu zwingen und dem Rollenbild des ungestümen Dichters Nahrung zu liefern. Zwischen all den Bergen vorzüglicher Nahrung. Ein reines Sinnenfest. Und dann kommen die Hauptgänge.

DER TUNNEL
AM ENDE DES LICHTS

56) 19.04.16, FREISING, LINDENKELLER, FREISINGER POETRY SLAM
300 Zuschauer, 9 Teilnehmer, Gewinner: Philipp Scharrenberg

Nur um mal zu schauen, wo wir so stehen, entjungfert heute mein Slamteam *Die Stützen der Gesellschaft* einen für den National in Stuttgart vorgesehenen Text beim Slam in Freising. Nachher sind wir nicht viel schlauer. Aber das erkennen wir erst in sechs Monaten.

57) 22.04.16, CHEMNITZ, WELTECHO, WORTSCHARMÜTZEL
280 Zuschauer, 6 Teilnehmer, Gewinner: Temye Tesfu

»Alter, wo schießt du denn hin?« Wir haben alle drei bei diesem besoffenen Schießspiel die Ernsthaftigkeit von Kindersoldaten entwickelt. Temye kombiniert sie immer noch mit der Treffsicherheit eines Babysoldaten. Gastgeber Tobi und ich beobachten ihn skeptisch. Immerhin ist das da ein geladenes Gewehr in seiner Hand. Er schießt. Daneben. Wieder mal.

»Alter, das gibt's doch nicht!«

»Er ist halt Pazifist.«

Oder gerade nicht. Hinter dem Jenga-Bauklötzchenturm ist ein AfD-Landtagswahlplakat als Abfangfläche für danebengegangene Geschosse aufgestellt. Dort landen Temyes Luftgewehrkugeln sehr zuverlässig in der Stirn des gequält lächelnden Kandidaten.

Bis vor zwei Stunden war noch Maßgabe, dass jeder Schütze ein Pinnchen Pfeffi-Likör zu schlucken hat, wenn es ihm nicht gelingt, einen Jenga-Bauklotz aus dem Turm zu schießen, ohne dass dieser umfällt. Temye hat in dieser anspruchsvolleren Phase des Irrsinns nicht einmal den Turm getroffen. Mittlerweile liegt für ihn ein trefffreudiger Apfel auf dem Jenga-Turm. Weitgehend unbeschadet.

Der Pfeffi ist schon eine ganze Weile geleert, Tobi und ich trinken Bier und kommentieren kopfschüttelnd die emsigen Versuche unseres Freundes. Wir sind auf dem Höhepunkt des Tourkollers, jeder auf seine Weise. Temye lädt durch, wir laden nach. Am Tag drei der Sachsen/Sachsen-Anhalt-Tour.

Von der sächsischen Konklave der Reise, wo ich mich als Featured Poet außer Konkurrenz austoben durfte, ging es in die Landeshauptstadt Sachsen-Anhalts.

58)   23.04.16, MAGDEBURG, MORITZBASTEI, WORTWÄSCHE SLAM

120 Zuschauer, 5 Teilnehmer, Gewinner: Aron Boks und Laander Karuso

Mit einer Anfangszeit von 23:15 Uhr war der Magdeburger Slam die unangefochten späteste Veranstaltung meiner gesamten Tour. Unsere Finalauftritte zogen sich bis in den nächsten Tag. Beim letzten Auftritt in Halle waren alle Beteiligten kaum noch richtig anwesend.

59)   24.04.16, HALLE, TURM, SCHLAGWORTE-SCHWARZ/WEISS-JAZZSLAM

90 Zuschauer, 7 Teilnehmer, Gewinner: Fabian Bublitz

Man baut ab im Laufe so einer Kurztour. Stärker als an drei voneinander unabhängigen Auftritten, zwischen denen man vielleicht etliche Zugkilometer zu absolvieren hat. »Ich muss heute nicht so lang machen!«, hat jeder von uns an jedem Abend angekündigt, wenn wir Quartier in der Hallenser Künstlerwohnung bezogen haben. Hat nicht geklappt. Zwischen den Stationen sind wir mit dem Auto von Matze aus Eisenach gependelt. Dabei haben wir einen Dachs überfahren.

»Und ihr seid euch sicher, dass das ein Dachs war!?«
»Haste den denn nicht gesehen?«

»Ich hab geschlafen. Bin nur aufgewacht, weil ihr so geschrien habt.«

»Ja, weil der Wagen gerutscht ist.«

»Den haben wir voll erwischt.«

»Scheiße.«

»Ich konnte nicht mehr bremsen, der kam direkt auf die Straße gelaufen. War wohl noch ein bisschen unerfahren.«

»Na, die Erfahrung nutzt ihm jetzt auch nix mehr ...«

Am letzten Abend zerbröselt unsere Unschuld. Der Koller ist da. Wir frönen dem Waffengebrauch. Aber heute treffen wir schlechter als auf der Landstraße. Beziehungsweise einer von uns.

»Jetzt nimm ihm mal die Knarre weg, sonst erwischt er noch einen von uns!«

Temye rennt wütend zum Plakat und markiert mit einem schwarzen Kringel den Ort, an dem sein abermals danebengegangenes Geschoss eingeschlagen ist. Es macht den Eindruck, als wenn er sich Treffsicherheit über den wissenschaftlichen Weg erstreiten möchte. Draußen dämmert es bereits.

Zum Schutz vor dem Tageslicht verziehen Tobi und ich uns in seine Wohnung. Ob ich seine Toilette schon kenne, fragt er mich begeistert. Ich verneine, verstört. Er habe da einen Schwarzlichtraum draus gemacht und die Boxen seiner Anlage reingelegt, erklärt er. Ein Sahneplatz zum Abchillen. Als er die normale Beleuchtung ab- und die Schwarzlichtröhre einschaltet, erstrahlen unzählige psychedelische Zeichnungen in Neonfarben an den Wänden.

»Is' das cool?«, fragt er begeistert und erläutert mir, von welchem Slammer welche Zeichnung ist. Dann breitet er das Malzeug auf dem Boden aus. Ich ahne meine Aufgabe für die nächsten Minuten. Tobi holt Getränkenachschub.

Ich male leuchtende Schamlippen auf ein Blatt und bin etwas gekränkt, dass meinen Malkünsten nur eine temporäre Leinwand zugestanden wird. Sie gelingen so gut, dass Tobi bedauern muss, mir nicht den Spiegel als Malfläche angeboten zu haben. Andererseits kann er das Blatt nun gut verkaufen als Zeugnis dessen, wozu einen der Tourkoller

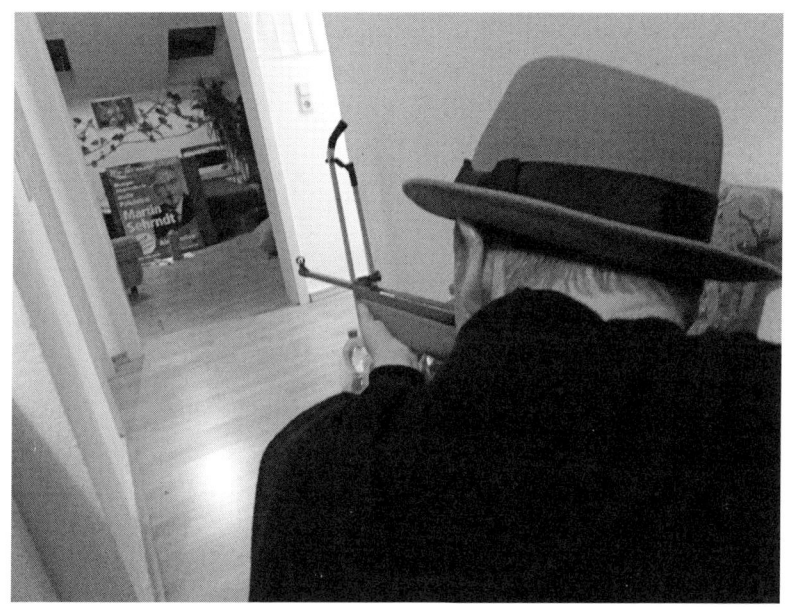

treiben kann. Irgendwann zwischen Nacht und Tag in einem abgeschotteten Partyklo in Halle. »Auf deine letzte Tour!«

Tobi und ich grinsen uns im Schwarzlicht zu. Mit diesem seltsamen Schimmer um Augen und Zähne. Auf der Toilette sitzt man recht gemütlich. Aber ich möchte vermeiden, dass es schon wieder dunkel wird, wenn ich diese wild bekritzelte Höhle verlasse, und verabschiede mich vom bereits für weitere Stunden gerüsteten Tobi – mit großem Dank für eine spleenige Zeit mit exaltierter Rock'n'Roll-Attitüde. Auch der Slam im *Turm* wäre noch eine Erwähnung wert gewesen: das klammkühle Tonnengewölbe, die Themenvorgabe »schwarz/weiß« für Text und Dresscode, die die Beiträge begleitende Jazzband sowie der → **Rookie**-Sieg eines Hallenser Newcomers gegen die vom Tourexzess abgehalfterte Slamprominenz. Aber jetzt muss wirklich geschlafen werden. Genau solche Abende wollte ich während meiner Mammuttour vermeiden. Genau solche Vorsätze müssen immer scheitern.

Ich betrete die Künstlerwohnung nebenan mit der Unbedarftheit eines jungen Dachses. Mist. Da war doch was! Ein unaufmerksamer Moment

– schon stehe ich in der Schussbahn. Aber Temye schläft mittlerweile. Zwischen den zerstreuten Jenga-Klötzen liegt ein brutal durchlöchertes Apfelwrack. Geht doch.

60) 26.04.16, MAINZ, FRANKFURTER HOF, POETRY SLAM MAINZ
430 Zuschauer, 6 Teilnehmer, Gewinner: Marvin Sukkut

»Na, das sieht doch schon ganz gut aus«, befindet die Durchleuchteärztin und glitscht mit ihrem Phaser auf meinem Unterschenkel herum. Wir starren auf einen Bildschirm und betrachten blubberndes Gewebe in Monochrom. Überall könnte jetzt ein Fötus auftauchen: »Herzlichen Glückwunsch, Herr Klötgen, Sie sind schwanger!«

Stattdessen: »Glück gehabt, die Vene ist wieder komplett frei!«

Muss mit meinem gepflegten Lebenswandel der letzten Tage zusammenhängen.

61) 27.04.16, BERLIN, AHA, SLAM DES WESTENS IN THE DARK
65 Zuschauer, 10 Teilnehmer, Gewinner: Juston Buße und Marcos Rosado

Back to Berlin. Kurz nach Südkreuz eine Durchsage des Lokführers im breiten Berliner Dialekt: »So, meene lieben Fahrjäste, wir nähern uns unsam Endbahnhof Balin, und ooch für mich jeht dort die Fahrt nach üba vierzsch Jahrn zu Ende. Ick danke Ihn'n, dass Se mich auf meene letzten Fahrt begleitet ham. Mach'n Se't jut!«

Am Bahngleis steht ein zehnköpfiges Empfangskomitee mit Ballons und »Willkommen, Opa!«-Transparenten, das den sich öffnenden Türen entgegenjubelt. Dann besinnt sich auch die Masse der ihr Gepäck aus dem Zug hievenden Fahrgäste und beginnt wie auf ein Zeichen zu applaudieren. Schöne Szene. Manchmal klappt es auch außerhalb Sardiniens mit den Emozioni.

Noch immer bin ich völlig eingenommen von den Eindrücken, die sich über die Reisen zu fernen Slamzielen angesammelt haben. Dass ich nun erst einmal wieder etliche Slams auf deutschsprachigem Boden abzuarbeiten habe, verpasst meiner Vorfreude auf die nächsten Wochen eine passable Betäubungsspritze. Was denkbar ungerecht ist, sind es doch die Gagen der deutschen Slams, die mir die Reisen nach Hawaii, Costa Rica und Co. erst ermöglichen. Nirgendwo klappt Slam so gut wie in Deutschland, nirgendwo hat er sich derart als Publikumsrenner etabliert. Wahrscheinlich können in Deutschland mehr als doppelt so viele Menschen vom Poetry Slam leben als im gesamten Rest der Welt. Doch der zuverlässige Musterschüler versagt, wenn es darum geht, ein Kapitel mit faszinierenden neuen Erfahrungen zu füllen.

Wie gut also, dass es Experimente wie den Darkslam gibt! Seit 2013 schaltet Volker Surmann im Berliner Lesben- und Schwulenzentrum *AHA* das Licht aus. Ich hätte also durchaus schon zu Berliner Zeiten hier auftauchen können, aber wie das so ist mit den stetig vorhandenen Möglichkeiten – man nutzt sie erst, wenn der Countdown läuft.

Irgendwer hat mir im Vorfeld erzählt, dass man wegen der Notausgangschilder und unvermeidbarer Lichtschlitze nicht von einer kompletten Dunkelheit im Saal sprechen könne. Dementsprechend unbeeindruckt habe ich mich hinter den schwarzen Vorhang gesetzt, der den Vortragenden noch zusätzlich von Zuschauerblicken abschirmt – und ihm erlaubt, bei Bedarf eine kleine rot glimmende Leselampe anzuschalten. Als dann das Licht im Saal gelöscht wird, stehe ich in kompletter Dunkelheit. Von wegen Restlicht! Ich taste mit den Lippen nach dem verschwundenen Mikrofon, um nicht womöglich bei einer exaltierten Passage hineinzubeißen. Aber nach ein paar Versen bin ich längst nicht mehr sicher, ob ich wirklich noch in Mikrofonrichtung spreche und wie weit entfernt ich von ihm bin. Hui, der erste Stolperer im Text! Jetzt aber konzentrieren ... Vom Publikum ist nichts zu hören. Bedeutet das ergebenes Lauschen oder Langeweile? Ich merke, wie wichtig der optische Feedbackkanal ist, um einen Text mit der nötigen Souveränität vorzutragen. Der Slam im Dunklen gerät zur Selbsterfahrungsübung. Noch ein Stolperer! Doch von da ab erobere ich mir Schritt für Schritt dieses fremde Terrain, begreife, dass ich Bilder und stimmungsvolle Adjektive länger wirken lassen muss. Den in Reizarmut geplumpsten Zuhörern, die heute keine Zuschauer sind, food for thought servieren. In den körpersaftigen Passagen von »Die Pocke« spielen sich kurz darauf ganz sicher Kopfkinoszenen ab, die eine »FSK ab 18«-Kennzeichnung verdienen.

Mit der Zeit gewöhnen sich die Augen an die Dunkelheit, und das prognostizierte Restlicht meldet seine Existenz an. Plötzlich erscheint mir meine dunkelgraue Hose als verräterische Reflexionsfläche der Notausgangsschilder. Außerdem sind alle bunten Knicklichter entfacht, mit denen die Jurymitglieder die Anzahl der von ihnen vergebenen Punkte mitteilen, was recht hübsch ausschaut.

Alles in allem eine Show, die dem Reiz des Poetry Slams eine Frischzellenkur verpasst – und doch nur ein Nischendasein am Rand von Schöneberg fristet.

Vermutlich werden wir Slammer doch etwas zu gerne angeschaut. Und ganz sicher beruht der Erfolg der Erfolgreichen zu großem Teil auf Aussehen und Bühnenpräsenz. Die Gleichmacherei der Dunkelheit kann unsere Sache nicht sein. Wer verlässt sich schon allein auf die Qualität seiner Texte?

Für mich geht die Dunkelheit heute Abend in Verlängerung. Ich mache mich noch auf zur Kamikazefahrt nach München. Mit dem letzten IC nach Hannover – wo man früh genug landet, um den ersten Zug nach München zu erwischen. Der liefert mich insgesamt eine Stunde eher in München ab als der erste Direktzug von Berlin. Nach fünf Umstiegen mitten in der Nacht.

Das macht nicht viel Spaß, wird aber von mehr Leuten praktiziert, als man vermuten möchte. Was auch immer die jungen europäischen Isomattentouristen so spät durch Deutschland treibt – für meine letzte Zugfahrt wünsche ich mir eine andere Strecke.

62) 29.04.16, BREMEN, TOWER, SLAMMER-FILET
300 Zuschauer, 9 Teilnehmer, Gewinner: Piet Weber

Wer sich fragt, wieso ich einen Tag nach Ankunft in München schon wieder in Bremen bin, hat das Spiel immer noch nicht ganz begriffen. Zur Verdeutlichung: Morgen geht es wieder zurück nach Berlin.

63) 30.04.16, MÜNCHEN, DAHEIM, WIDERSPRUCH ZUM KSK-BESCHEID

o Zuschauer, 2 Teilnehmer, Gewinner: ich!

Es wäre jedenfalls kein Aufwand gewesen, sich den Schlenker über einen weiteren Slam in Berlin als »auf dem Weg liegend« schönzureden. Aber daheim brennt die Hütte: Die Künstlersozialkasse hat mir endgültig die Mitgliedschaft aufgekündigt – gültig ab morgen! »Selbst schuld!«, hat mir Katrin gestern am Telefon zugeflüstert, als sie von dem frisch eingeflogenen Brief der KSK berichtete. Sie ist mein Gereise noch mehr über als ich. Also Schluss mit der Aufopferung eines Lebensjahres für den fixen Plan einer Slamweltabschiedstour! Niemand benötigt das Brimborium deines finalen Schaulaufs. Du bist wegen alldem in diesem Jahr schon in der Ambulanz gelandet – und ab morgen nicht einmal mehr krankenversichert.

»Doch, doch!«, erläutert mir die Hotline der Krankenkasse, bei der ich bislang über die KSK versichert war. Ich bliebe ohne Versicherungslücke – allerdings gelte für mich als Selbstständigen dann der neue Beitragssatz von ... Schluck!

Ich bin quasi pleite. »Selbst schuld!«, flüstert mir Katrin zu. Da ist wieder so ein Zwicken in deiner Wade, sagt der Thrombosestrumpf. Es ist dein Tod, sagt die Liebe. Es ist Zeit, noch mal alles zu überdenken, sagt die Umsicht. Es ist ja gut jetzt, sagt Erich Fried. Ich dachte, ich sei die lyrische Referenz des Buches, protestiert Rainer Maria Rilke.

Es ist an der Zeit für einen formal korrekten Widerspruch, sagt die von der KSK gesetzte Frist. Ich studiere also die beanstandeten Steuerbescheide der letzten vier Jahre und feile an Argumenten. Wartet nur ab, ihr Sparstrumpfkünstlerbegünstiger! Ich habe die Thrombose besiegt, den heutigen Auftritt abgesagt – und euch bekomme ich auch noch klein! Ich widerspreche. Heftigst!

IHR EINSATZ, BITTE!

64) 01.05.16, WÜRZBURG, POSTBAHNHOF, POETRY SLAM WÜRZBURG
600 Zuschauer, 11 Teilnehmer, Gewinner: Daniel Wagner

 *Exkurs: Rise and Fall*
http://www.hirnpoma.de/slammed/exkurs14.html

Eine Tour ist nicht nur eine Zicke, was die Erledigung des zwischenzeitlichen Bürokrams angeht. Auch logistisch ist sie eine ständige Herausforderung. Das Waschen, Trocknen und Bereitstellen von tauglicher Bühnenkleidung muss in den oftmals knappen Pausen daheim gestemmt werden. Manchmal reicht die Zeit nur, um die Lieblingsklamotten in die Wäsche zu schmeißen und sich mit der B-Garderobe wieder auf die Reise zu machen. Wenn sich in der Zwischenzeit niemand für die aromatischen Hinterlassenschaften verantwortlich fühlt, muss man den nächsten Teil der Tour womöglich mit der dritten Liga des Kleiderschranks bestreiten. Ein Teufelskreis auf Kosten der Optik. Der alte Bühnenhase taktet seinen Tourplan daher so, dass sich in den Pausen die Stinkknödel gebrauchter Wäsche zum Wiedergebrauch herrichten lassen. Außerdem investiert er in die Zweit- bis Viertausstattung, um nicht wegen zu lahm trocknender Wäsche einen Outfit-GAU zu erleben. Raffiniert.

65) 06.05.16, BADEN-BADEN, KULTURHAUS LA8, ART BANKETT POETRY SLAM
100 Zuschauer, 10 Teilnehmer, Gewinner: Wehwalt Koslovsky und Moritz Konrad

Heute habe ich eine Aufgabe aus der ganz hohen Schule der Reiselogistik zu bewältigen: Neben dem Rüstzeug für eine hygienische Runderneuerung – zwei große Handtücher und Badeschlappen – sind noch Frack, Hemd und Fliege in meinem Gepäck. Denn Baden-Baden bedeutet Casino! Außerdem muss ich in einer der Thermen des Kurortes die Duschlücke der letzten Touretappe schließen.

Exkurs: Die Duschlücken
http://www.hirnpoma.de/slammed/exkurs15.html

Mein Tagesprogramm ist dementsprechend streng getaktet: Therme, Zähne putzen, Garderobe anlegen, Bargeld in Chips umtauschen, gewinnen, Chips in Bargeld umtauschen, Outfit wechseln – bevor um 18 Uhr das Essen für die Poetry Slammer serviert wird.

Baden-Baden ist so unstudentisch, dass es knistert. Überaltert und mit jener Luxuskonnotation gesegnet, die für mich seit jeher ein zusätzliches Argument ist, eine Terminanfrage positiv zu beantworten. Das Slamcatering wird von dem in der Fünf-Sterne-plus-Liga spielenden *Hotel Brenners* übernommen, und es geht gar die Legende um, dass die Slammer der ersten Veranstaltungen daselbst genächtigt hätten. Das würde den Slam glattweg zu einem der bestvergüteten Auftritte machen.

Als ich am Nachmittag im Casino auftauche, dünste ich derart vor mich her, dass sich das Hemd um meinen Bauch dampfbügelt. Es ist sommerlich heiß draußen, und der kurze Weg durch den Kurort hat bereits klar dargelegt, dass meine Garderobe zwar für ein Casino angemessen sein mag, nicht aber für einen Sommertag. Außerdem bin ich noch vom Thermenwasser überhitzt. Meine Stirn glänzt klatschnass dem Kassenangestellten entgegen, der erfragt, in welcher Stückelung ich meine Jetons erhalten möchte. In meiner Verfassung muss ich auf ihn wie ein Getriebener wirken, gedünstet auf Dostojewski-Art. »Spielen macht süchtig!«, steht etwas verlaufen auf meiner Schockbild-Stirn.

Aber an solch einem herrlichen Sonnentag schauen ohnehin keine smarten Gelegenheitsspieler vorbei. Wer so früh am Tag hier aufschlägt, hat die Verzweiflung als steten Begleiter. Von daher schaut der Mann hinter der Kasse auch nicht weiter verwundert: angemessenes Äußeres, normale Verfassung – viel Glück beim Spielen!

Das Casino ist ein wohlriechender Ort. Das prunkvoll überladene Ambiente aus Gold, Samt und wuchtigen Deckengemälden lässt einen die Profanität seines Barvermögens für einige Momente vergessen. Man taucht in die Fassade einer altehrwürdigen Luxuswelt, ist Graf X von Soundso – »Ach, heute ohne die werte Gemahlin?«

Die anwesenden Aristokraten haben sich mit Rasier- und Duftwässerchen gesalbt, um dem allmählich aufsteigenden Spieleifer keine Chance zur Geruchsirritation zu geben. Die Kulisse hält, was sie verspricht. Noch.

Wir sind in der Aufwärmphase, in der die Spieler die beiden geöffneten Tische umschleichen, zögern, erst in der letzten Sekunde ein paar Jetons auf dem Spielfeld positionieren. Die Würfe wirken etwas willenlos – Hauptsache, man hat noch etwas abgelegt, bevor man sich per »Nichts geht mehr!« anpfeifen lässt. Aber irgendein System muss hinter der hektischen Verteilung stecken. Die beiden älteren Herren, denen siebenundachtzig Prozent der Jetons an meinem Tisch und am Nachbartisch gehören, wissen genau, wo ihre Einsätze gelegen haben. Der Einzige, der hier kein System hat, bin ich. Ich setze auf Irgendwo, bis über die Hälfte meiner Chips im Abkassierschlund der Tischplatte versenkt ist. Dann besinne ich mich und spiele die profane 50/50-Chance: fünf Euro auf Schwarz. Schwarz gewinnt. Ich lasse liegen. Gewinne wieder. Lasse liegen. Gewinne. Bin wieder auf sechzig Euro, meiner Ausgangsposition, zurück. Jetzt muss ich erst mal einen Schampus trinken. Hauptsache nichts verloren – so sehen die schalen Triumphe des Spießertums aus. Ein recht unwürdiger Weg, sein Geld zu behalten.

Im Laufe des Abends schnelle ich dreimal auf ein Jetonguthaben von 75 Euro hoch. Ich sage mir, dass das noch kein Betrag ist, über den ein Wort zu verlieren, geschweige denn ein Kapitel in diesem Buch zu schreiben wäre, und setze großzügiger: zwanzig Euro hierhin, dreißig Euro dorthin. Aber nie komme ich über 75 Euro. Um 17:25 Uhr verfüge ich mal wieder über 75 Euro. Ich beschließe abzubrechen. Kurz.

Dann setze ich alles. Und verliere. Dostojewski lächelt wissend.

Aber ich fühle mich erleichtert. Es hat sich einfach zu wenig bewegt für mein Verständnis von Thrill, dieses ewige Hin und Her vom Klein-Klein, dieses Auf und Ab in Häppchengröße, dieses ewige Herauszögern der Antwort auf die Frage »Alles oder Nichts?«.

Noch auf der Herrentoilette, in der ich mich aus Fliege und Hemd schäle, ergreift mich der 75-Euro-Blues. Wieso, zum Teufel, habe ich die nicht einfach eingesteckt? Ich bin völlig blank und könnte das Geld nach der auftrittsfreien Woche gut gebrauchen. Kein Gewinn von Welt, doch 60 Euro nicht verloren zu haben, wäre mit 75 Euro gut bezahlt gewesen. Ist das notorisch? Zerstöre ich mein kleines Glück immer dann, wenn es endlich eingeschult werden könnte? Verabschiede ich mich deshalb vom Slam?

»Gerade jetzt willst du aufhören!?«, hat mich der gute → **AIDA** vor Kurzem ungläubig gefragt. Er betreut die Steuererklärungen für die Hälfte der deutschen Slammer und weiß, in welche Richtung der Wind weht. Aber dieses Geld, diese Gagen für Best-of-Slams und Firmenveranstaltungen – es liegt auf den 50/50-Feldern. Ich setze alles auf die Null. Rien ne va plus. Und schwitze.

VERSCHWINDE, ALTER!

66) 08.05.16, INGOLSTADT, ALTSTADTTHEATER, »U20 VS. Ü40«-SLAM

90 Zuschauer, 3/3 Teilnehmer, Gewinner: *Team Ü40* (Thomas Schmidt, Grög, Frank Klötgen)

Ich erreiche mit Grög nassgeschwitzt und außer Atem den Ingolstädter Bahnhof. Den Resttriumph in den Knochen und den letzten ICE gen München im Blick. Ja, endlich mal wieder ein Slamsieg! Für das Team der Über-Vierzigjährigen.

Wenn ich kritisch auf die Bilanz dieses Jahres blicke, fällt auf, dass ich stets im Team, aber nie alleine gewonnen habe. Das deute ich mir zum Attribut »guter Teamplayer« zurecht, falls ich irgendwann mal wieder in ein Bewerbungsgespräch geraten sollte.

Das Ingolstädter *Altstadttheater* ist einer jener typischen Kleinkunstorte, die die zweiten Wohnzimmer von Altkabarettisten und ewigen Nachwuchskomödianten bilden. Es scheint in jeder Stadt einen umgebauten Dachstuhl mit freigelegten Balken zu geben, der den Bedürfnissen der wäschetrocknenden Bevölkerung entzogen und zur Kleinkunstbühne erkoren wird. Hieraus entstehen nie völlig uncharmante, meist aber gänzlich unglamouröse Veranstaltungsräume, die früh ihre besten Zeiten hinter sich haben. Die Wände sind gepflastert mit Plakaten aus grauen Vorzeiten und belegen, wer hier schon alles so aufgetreten ist. Da liest man dann von Namen, die viel bekannter und relevanter anmuten als das aktuelle Programm. Heldengeschichten von früher. Begleitet vom Soundtrack des stockenden Nachwuchses. Die Partykeller des kritischen Bildungsbürgertums, oft hoffnungslos überaltert.

Poetry Slam scheint da eine Lösung, um »junges Publikum« auf die vergreisenden Sitzplätze zu locken. Nachwuchspublikum zu züchten, ohne gleich Hip-Hop-Battles oder Grindcore-Festivals veranstalten zu müssen. Ein Slam ist so pflegeleicht, als sei er für diese Zwecke erfunden worden.

Wie geplant strömt fast ausnahmslos junges Publikum in den Saal. Phänotypisch der Fanblock unserer Gegner, aber vom Ambiente her hat Ü40 hier ein Heimspiel. Und so schlagen drei Endvierziger die zwei Mädchen und den Quotenboy aus dem Team der Unter-Zwanzigjährigen überaus deutlich. Schräg.

Freilich mögen die hastigen Coming-of-Age-Pamphlete in ihrem Vortrag gegen die routinierten Klassiker der alten Herren abfallen. Nur wissen wir allzu gut, dass das in unserer Sportart nicht spielentscheidend ist. Unbedarftheit und ehrliche Verzweiflung sind die Bühnentechniken des Poetry Slams – und Grund für den Erfolg des Formats. Heute Abend wurde nach den Kriterien des Kabaretts entschieden. Vielleicht hat der Ort dem jungen Publikum dann doch seine Wertmaßstäbe aufgedrückt. In einer Kirche liest man ja auch keine Comics.

Der Verjüngung des Publikums im *Altstadttheater* wird unser Sieg nicht dienlich sein. Aber wir müssen schließlich auch irgendwie überleben.

Es wird schon seinen Grund haben, dass mich der Umzug nach München in eine Dachstuhlwohnung geführt hat. Mit freigelegten Balken. Ich messe bei Gelegenheit mal aus, wie viele Stuhlreihen man dort unterkriegt.

67) 12.05.16, NÜRNBERG, GUTMANN AM DUTZENDTEICH, WORTGEFECHT

320 Zuschauer, 8 Teilnehmer, Gewinner: Philipp Scharrenberg

 *Exkurs: Champions aufspüren*
http://www.hirnpoma.de/slammed/exkurs16.html

Nach einer altersgemäßen Pause von drei Monaten absolviere ich meinen zweiten Teil der Frankentour – in der neuen Spielstätte des Nürnberger Slams an einem pittoresken See im Schatten des beklemmend mächtigen Reichsparteitagsgeländes. Idylleklasse D, aber interessant.

Tags drauf geht es in das Dach einer Kleinkunstscheune, die der gleiche Architekt wie in Ingolstadt entworfen haben muss.

68) 13.05.16, WENDELSTEIN, JEGELSCHEUNE, WENDELSTEINER POETRY SLAM
130 Zuschauer, 9 Teilnehmer, Gewinner: Philipp Scharrenberg

69) 18.05.16, BIELEFELD, BUNKER ULMENWALL, BUNKERSLAM
180 Zuschauer, 8 Teilnehmer, Gewinner: Sebastian Hahn

Ab in den Bielefelder *Bunker*! Zur Auswahl für meine letzte Slamrunde in der nichtexistenten Stadt stand noch der vermutlich doppelt so große Slam im *Cinemaxx*. Aber Veranstalter Katze Schuster befindet ohne Umschweife, dass ich darüber ja wohl nicht ernsthaft nachdenken wolle. In Wahrheit bin ich in den letzten Jahren eher so der Kinotyp gewesen und ganz froh, von außen zurechtgewiesen zu werden. Schon vorm Eingang klärt mich der auf einem Citylight-Poster mumifizierte Harry Rowohlt auf, dass der *Bunker Ulmenwall* Kult sei. Ist er. Eine total ungeeignete Bühne, die von 35 Prozent der Zuschauer nicht einsehbar ist, aber wen stört's? Ein Old-School-Slam im besten Sinne.

Bielefeld war 2013 Ausrichter der deutschsprachigen Meisterschaften, aber hat sich als Slamstadt durch eine völlig andere Begebenheit hervorgetan: Von hier aus trat Julia Engelmann ihren Siegeszug via YouTube an! Ihr Video vom Bielefelder *Hörsaalslam* zog ein halbes Jahr nach der Veranstaltung so viel Web-Aufmerksamkeit auf sich, dass über den Hype auch die Zuschauerzahlen bislang schlecht besuchter Slamveranstaltungen in die Höhe schnellten. »Vielleicht«, mag mancher vom »One Day«-Versprechen Euphorisierter optimistisch gedacht haben, »treffe ich eines Tages die Julia da!«

Stattdessen wurde gerne alles halbwegs Artgleiche an Texten gefeiert. Wer eine »Hello Kitty«-Ausgabe der großen Philosophie besaß, konnte in jenen Tagen mächtig punkten. Kann es mitunter heute noch.

Da ich schon damals altersbedingt aus der Zielgruppe viralen Marketings herausfiel, war ich lange Wochen ahnungslos, was die Popularität jenes Videos anging. Mit 42 wird man für Online-Kampagnen eben als irrelevant abgestempelt, mag das Profil auch noch so vor juveniler Slambegeisterung sprühen. Kurzum, mir wurde niemals über Facebook oder sonst woher eine der Linkempfehlungen weitergeleitet, sodass ich das »One Day«-Video noch nicht kannte, als schon die halbe Welt darüber sprach.

Wohl aber kannte ich Julias Text, denn es war ausgerechnet mir vorbehalten, sie an jenem schicksalhaften Tag in Bielefeld aus dem Wettbewerb zu werfen. Eigentlich normales Tagesgeschäft, da Julia zu jener Zeit noch keine allzu erfolgreiche Kollegin war, und es wäre für alle vier Finalisten eher ungewöhnlich gewesen, gegen sie die Segel streichen zu müssen. Ich nutzte den Platz im Finale für einen öffentlichen Probedurchlauf meines frisch geschlüpften Gedichts »Mein erstes Mahl mit Carmen«. Resultat: ausbaufähig.

Einige Monate später ist der Text dann in meinem Standardrepertoire und manches Mal erfolgreich – wie im Januar 2014 in Mainz. Dort stellte mir ein Zuschauer allerdings die leicht vorwurfsvolle Frage, ob ich denn immer nur diesen einen Text vortragen würde, meinen Hit.

Nun, dass ich regelmäßig Texte wiederhole, rechtfertigte ich mich, träfe natürlich zu – wie bei jedem anderen Slammer auch. Nämlicher Text sei jedoch in dieser Hinsicht eher ein Gegenargument, da er recht neu und selten zum Einsatz gekommen sei. Als »mein Hit« kämen doch wohl ganz andere Texte in Betracht. Aber da war der junge Mann auf dem aktuelleren Stand. Er habe die angekündigten Teilnehmer des Slams ergoogelt, und auf YouTube sei der »Carmen«-Text das mit Abstand meistgeklickte Video von mir. Und er hatte recht. Verwundert stellte ich fest, dass das Video aus Bielefeld weit über 20.000 Mal angeklickt worden war. Mein YouTube-Hit!

In Goldgräberstimmung durchforstete ich das Netz nach prominenten Verlinkungen ... und fand keine. Es dauerte seine Zeit, bis ich realisierte, dass mein Erfolg lediglich Kollateralschaden des Engelmann-Hypes war. Über die Vorschlagspalte von YouTube waren die Schleusen geöffnet worden und spülten 20.000 Fans der Zuckowski-Poesie an, die eigentlich nur ergründen wollten, wieso ihr frisch entdecktes Slamprinzesschen von einem ollen Rumpelstilzchen am Finaleinzug gehindert werden konnte.

Da saß ich also als pensionierter Mr. Internet, starrte auf die geistes-öden Kommentare und Dislikes unter meinem »Carmen«-Video und fühlte mich als vom Zug der Zeit Zurückgelassener. Ab sofort, Baby, wer-de ich alt sein.

70) 21.05.16, BRAUNSCHWEIG, ROTER SALON, POP(P)IN' POETRY SLAM
150 Zuschauer, 5 Teilnehmer, Gewinner: Jey Jey Glünderling

Exkurs: Alte Eisen
http://www.hirnpoma.de/slammed/exkurs17.html

71) 22.05.16, ERLANGEN, E-WERK, E-POETRY
150 Zuschauer, 6 Teilnehmer, Gewinner: Kaleb Erdmann

72) 24.05.16, MÜNCHEN, AMPERE, ISAR SLAM
350 Zuschauer, 9 Teilnehmer, Gewinner: HANZ

»Oh, ist der für mich?«, fragt mich Katrin und meint den Steiff-Wellen-sittich »Hansi«, den ich ihr als neueste Errungenschaft präsentiere.
»Nein, der ist für den ›Dead or Alive‹-Slam morgen. Ich trete da als Eugen Roth an und nähe mir den Sittich auf die Schulter. Weil Eugen Roth auf der Erinnerungstafel an seinem Geburtshaus in der Augusten-straße einen Wellensittich auf der Schulter hat.«
»Und dafür gibst du so viel Geld aus?«

73) 25.05.16, MÜNCHEN, FRAUNHOFER THEATER, »DEAD OR ALIVE«-SLAM
85 Zuschauer, 4/4 Teilnehmer, Gewinner: *Team Alive* (Philipp Scharrenberg, Meike Harms, Dominik Erhard, Felix Bonke)

Ich feiere eine späte Premiere: auf der Dead-Seite eines »Dead or Alive«-Slams. Sozusagen die nächste Station nach dem Ü40-Slam. Da kann man schon mal in die Vollen gehen. Mit Markenplüschsittich. Als ich dann mein struppiges Haarteil aufsetze, fließen Tränen. Das wird ein amüsantes Kostümfest.

Chicago – Hawaii

The Beaches of Slammed!

v. l. n. r.: Péréybère (Mauritius), Stand-up-Paddling (Mauritius), Hanauma Bay (Hawaii), Poor Man's Paradise (Costa Rica), Fußabdrücke (Hawaii und Costa Rica), Mauritius und Seychellen

147

Europatournee

links: Helgoland und Olten, diese Seite: Wörthersee und Bodensee, rechte Spalte von oben: St. Gallen, Lauenbrück, Sardinien, Wiesbaden

Bini und Gad vom Madagaslam,
Lakana Be 3, Baobabs auf Madagaskar

Madagaskar

linke Seite: Antananarivo, unterwegs auf dem Tsiribihina, Coquerel-Sifaka, Fingertier (unten)
diese Seite: Streetlife in Antsirabe, schlafender Mausmaki

Reisebegleiter

diese Seite: Tukane (Costa Rica), Krokodil am Tsiribihina (Madagaskar), Falter (Costa Rica)
rechte Seite: Taggecko (Mauritius), Leguan (Costa Rica), Spinne (Seychellen), Chamäleon (Madagask
Hellroter Ara (Costa Rica), Nasenbär (Costa Rica), Dreifingerfaultier (Costa Rica)

Mauritius, die Seychellen und ihre Slamilies

Parallelwelten:
Schirmherrschaft in Port Louis und Klagenfurt

Verwandtschaftsbesuche

v. l. n. r.: Schwarzweißer Vari (Madagaskar), Weißgesichtskapuzineräffchen (Costa Rica), Wieselmaki (Madagaskar), Tempelaffe (Mauritius), Larvensifaka im Flug (Madagaskar), Dichter und Lemur, Rotbauchlemur (Madagaskar); Seite 160: Brauner Maki (Madagaskar)

Schon immer habe ich die Schauspieler bei den »Dead or Alive«-Slams um diesen Teil ihres Auftritts beneidet. Oft hatte es sich damit aber auch. Denn in puncto Textauswahl und Performance wurde mancher Dichter von ihnen schon recht unwürdig vertreten.

Natürlich schlummern im Repertoire der klassischen Dichter Texte, von denen unsereins gerade mal ein paar Teilbuchstaben nachkritzeln könnte. Doch bei einem »Dead or Alive« wird oftmals wenig getan, diese Dichtung zum Leben zu erwecken. Weil die Schauspieler schlecht vorbereitet sind oder ihr Intendant meint, besondere Raffinesse beweisen zu müssen, und ihnen komplett unbrauchbare Texte aus dem C-Katalog des Künstlers zuweist. Am Ende heißt es: Sieg für die lebenden Dichter! Pfft.

Das machen wir heute besser, Hansi, oder?! Doch ganz so einfach ist es nicht. Die Dichter der Vergangenheit hatten die Gesetzmäßigkeiten des Slams nicht einmal im Hinterkopf, als sie ihre Texte schrieben. Wie schematisiert so ein Poetry-Slam-Text in Aufbau, Länge und Publikumsansprache ist, fällt einem erst auf, wenn man das Repertoire eines verstorbenen Dichters auf Slamtauglichkeit prüft. Vielen Texten fehlt das verbindliche Finale, bei dem die Zuhörerschaft noch einmal mit einem Knaller versorgt wird, der den Rahmen zum bislang Vorgetragenen schlägt und die Larifari-Passagen vergessen macht. Manch genialer Witz der Klassiker plätschert einfach dahin, wo ein Poetry Slammer ein Dutzend roter Teppiche ausrollen würde. Und beinahe alles hat nicht die nötige Länge, um das etwas behäbige Slampublikum in einem Thema Platz nehmen zu lassen. Da, wo Länge wiederum schon an der Seitenzahl ersichtlich ist, gerät der Vortrag oft zäh. Überall ist spürbar, dass die Schriftform die den Texten zugedachte Erscheinung ist – so sehr sich auch Worte und Reime zu einem wohlklingenden Lautgebilde fügen, das über mehr rhythmischen Schmiss verfügt als ein kompletter National.

Mir juckt es in den Händen, slamgemäße Korrekturen an den Texten Eugen Roths vorzunehmen, Zeilen zu streichen, um andere hervorzuheben. Sonst wird das nichts mit der Slamkarriere, Herr Roth! Aber es kommt mir unstatthaft vor. Wenn man ehrlich ist, stellt bereits der slammige Vortrag seiner Gedichte einen Eingriff dar, der so nicht vorgesehen scheint. Ich mime nicht Eugen Roth, ich stehe als Slamderwisch mit einer Klaus-Kinski-Anmutung auf der Bühne.

Von Seiten des Literaturbetriebs wird oft der Vorwurf geäußert, die Impertinenz des Slamvortrags würde die lyrischen Elemente eines Texts verschlucken, ihnen den Platz zum Atmen nehmen. Bei Eugen Roth scheint das noch halbwegs verkraftbar. Aber sich den Poetry Slam als lyrische Nische schönzureden, erweist sich spätestens jetzt als evidenter Irrtum meines Lebens. Im Grunde genommen dulden wir keine Poesie neben unserem Performance-Ego.

Auch unser slamgestähltes Totenteam scheitert heute an den Texten der lebenden Kollegen. Aber zumindest denkbar knapp.

74) 26.05.16, MÜNCHEN, FRAUNHOFER THEATER, COACHING-SLAM
60 Zuschauer, 2/2/2/1 Teilnehmer, Gewinner: *Team Fee*

Einen Tag später büße ich weiter an Bühnenpräsenz ein – ich coache nur noch. Die Mitglieder meiner Lesebühne im *Fraunhofer Theater* betreuen den Nachmittag über jeweils ein Zweierteam von vortragswilligen Stammgästen. Wir geben Tipps, wie sie ihre selbst geschriebenen Texte performen sollen, um am Abend gegeneinander anzutreten. Da sich nur sechs Gäste für unsere Workshops anmelden, ist das mitgliedlos gebliebene *Team Klötgen* für die Moderation des Abends vorgesehen. Aber dann wird in der alkoholisierten Tiefe der Vornacht doch noch ein Rekrut überredet, der nun so unvorbereitet wie ich in den Abend hineinstolpert. Er schreibt, ich kommentiere, er bessert aus, ich nicke, wir verlieren. Aber bei so knapper Vorbereitung darf Dabeisein mal alles sein. Mit dem Dabeisein im Hintergrund komme ich übrigens viel besser klar als gedacht.

BIER AUF WEIN

75) 28.05.16, MÖNCHGRÜN, WEINFEST, POETRY SLAM

1.000 Zuschauer, 10 Teilnehmer, Gewinner: Skog Ogvann und
Friedrich Herrmann

Auch wenn man sich der eigenen Slammüdigkeit zu hundert Prozent
gewiss ist, lässt es einen immer wieder aufhorchen, mit welcher Euphorie das Format beim Publikum gefeiert wird. Insbesondere an Orten, die
man diesbezüglich nicht auf der Rechnung hätte. Mönchgrün in Thüringen hat vermutlich niemand für irgendetwas auf der Rechnung.

Es war aber der erste deutsche Slam, den ich für meine Abschiedstour
fix ausgemacht habe.

»Literarisches Weinfest« nennt das Dutzend Mönchgrüner die Veranstaltung, für das sie ihr Dorf umzäunen, alle angrenzenden Weiden als
Parkplätze freigeben und dem Ansturm von gut eintausend Besuchern
entgegensehen. Seit fünf Jahren bläht sich Mönchgrün ein Wochenende
lang um das Hundertfache seiner Größe auf. Man engagiert eine amerikanische Rockabilly-Band, ein paar Literaten plus Slammer und trinkt
sich mit hausgemachtem Obstwein um Kopf und Kragen.

Speziell in den späten Abendstunden ist der Slam in Mönchgrün natürlich kein Auftritt für zarte Seelen. Die vom breiten Obstweinangebot
kostenden Besucher werden von Minute zu Minute lautstärker, auch
während der Vorträge. In jedem Jahr führt das zu Beinahe-Eskalationen
zwischen Slammern und Krakeelern. Diesmal wurde gar die Restzeit
eines Vortrags im Pulk laut runtergezählt, nachdem der Slammer angekündigt hatte, dass sein Text ja nur noch zwanzig Sekunden dauern würde. Das ist nicht sehr höflich, aber auch nicht ganz unkomisch. Das ist
vor allem Mönchgrün. Am Ende hat man eh mit dem ganzen Fest Brü-

derschaft getrunken und alle Störungen verziehen. Bei der den Abend abschließenden Versteigerung der Mönchgrüner Apfelbäume werde ich für fünfzig Euro stolzer Pate des Baums am Ententeich. Sein Fruchtertrag wird mir in Form von Weinkanistern ausgezahlt, wodurch ich beim nächsten Weinfest zum Selbstversorger werde. Man sollte seine Kanister allerdings nie in der Nähe der Bühne abstellen: Das Exen von angebrochenen Apfelweinkanistern ist eine beliebte Nebendisziplin des Slams.

Immer wieder setzt einer an, den letzten verbliebenen Liter eines Kanisters zum Start seines Vortrags zu leeren. Das Publikum feuert an, ich leide schon mal vor. Man sieht bei jedem Schluck, dass das nicht gut gehen kann. Man hört es zu später Nacht aus Richtung der Toilette.

An der liebevoll hergerichteten Frühstückstafel werden die Verluste gezählt.

Ob denn wenigstens ich fit genug sei, werde ich gefragt. Für den Vormittag würden drei von uns im *Schloß Burgk* in Burgk benötigt, wo eine »literarische Ausstellungseröffnung« stattfände. Jeder halbwegs Anwesende sei für den Trupp der Freiwilligen vorgemerkt – der Bürgermeister von Mönchgrün, einzige fahrtüchtige Person im Dorf, würde uns aufs Schloss bringen.

Auf der Fahrt erhalten wir erste Informationen zum angesteuerten Ziel: Einige sehr wichtige Menschen der Region seien vor Ort, ebenso der Künstler selbst, Klaus Peter Dencker, Speerspitze der visuellen Poesie – der sei uns ja eventuell bekannt. Drei Slammer auf der Rückbank schauen sich fragend an. Wir seien die krönende Überraschung des Vormittagsprogramms.

Nun, wir sind drei verschlafene Alkoholleichen, zwei davon in kurzen Buxen. Selbst ein sehr barmherziger Türsteher würde uns zu keinem Schlosssaal der Welt Einlass gewähren.

Wir platzen in die laufende Veranstaltung. Ein Kontrabassist und ein Schauspieler haben gerade Showtime und improvisieren auf den Improvisationen des anderen: »Arbeit – Arbeit – Arbeiter – Brei – Arbeit!«, bellt der Schauspieler in Hochkulturpose. Zwei Fernsehteams sind anwesend. Was tun *wir* zum Himmel hier? Die altehrwürdigen Bodenbohlen des Schlosssaals, seine Trompe-l'œil-Wandbilder und die aufgeschreckten

Zuschauer scheinen gegen unser polterndes Eindringen aufzubegehren. Im Publikum entdecke ich Eugen Gomringer, was nicht schwer ist, da nur zwölf Zuschauer anwesend sind. In den Eröffnungsreden geht es dann um den Reiz der künstlerischen Reduktion von Sprache. Also genau das Gegenteil von dem Inflationsgeseier, das wir Slampoeten so im Programm haben.

Doch dann läuft es wie immer: Selbst das Kulturpublikum akzeptiert uns als erfrischenden Beitrag des Vormittags – wir flattern durch den Raum wie leichtfüßige Slamschmetterlinge mit Alkoholfahne. Ja, die Allzweckwaffe Poetry Slam funktioniert auch unter widrigsten Bedingungen. Ich denke nicht, dass wir die kleine Schar Kulturbeflissener nachhaltig für uns begeistern konnten, sie nickt uns dennoch höflich zum Abschied zu, bevor man sich zum Sektausschank in die Ausstellungsräume verzieht.

Zurück in Mönchgrün fragt uns der Rest der Mannschaft, wie wir uns geschlagen haben. »Tapfer!«, ist die bestpassende Antwort.

76) 29.05.16, WEIMAR, MON AMI, POETRY SLAM WEIMAR
100 Zuschauer, 12 Teilnehmer, Gewinner: Arndt Ulrichsen

Von einem Aussichtsturm genießen wir den Ausblick über die Saale-Schleife und die Mönchgrüner Felder. Einige zurückgelassene Pkw künden noch von der üppigen Alkoholversorgung am Vorabend. Ansonsten ist es wunderschön, und ich füge gerne an, dass Thüringen die unterbewertete Schönheit unter den Bundesländern ist.

77) 31.05.16, MÜNCHEN, ÄGYPTISCHES MUSEUM, THEMENSLAM BIER
65 Zuschauer, 8 Teilnehmer, Gewinner: Sven Kemmler

Nach dem Weinfest kommt der Bierslam. Dieser Abend ist der zweite Sponsor meines Texts »Dem Rauschen«, der vor anderthalb Monaten in Iphofen Premiere hatte. Eine alkoholgetränkte Etappe der Tour, auch wenn es kaum einen Raum geben kann, der mehr Nüchternheit ausstrahlt als der Vortragssaal des *Ägyptischen Museums* in München. Eine niedrige Stuhlreihenhöhle, die durch die wuchtig dunkle Achtzigerjahre-Holzvertäfelung noch gestauchter und toter wirkt. Jeder hier realisiert, dass er nicht zu den Pharaonen zählt und sich mit der Sklavenkaste begnügen muss.

»Moment!«, schreitet die Museumsleiterin ein. »Das ist ein großer Irrtum: In Ägypten gab es gar keine Sklaven! Die Bauern haben sich außerhalb der Erntezeiten freiwillig am Bau der Pyramiden beteiligt.« Und dabei das Bier erfunden. Und weil das Bayerische Reinheitsgebot momentan irgendein Jubiläum feiert, erinnern wir heute mit unseren Texten an dieses frühe Produkt der ägyptischen Kleinunternehmer.

Mir fällt erst jetzt ein, dass ich zum Themenspagat »Bier – Ägypten« durchaus etwas zu sagen gehabt hätte.

Im November 2013 war ich eine gute Woche lang in Oberägypten unterwegs, auf Einladung der Robert-Bosch-Stiftung. Ich weiß, wie ein Bier in Ägypten schmeckt:

Wir laufen bereits anderthalb Stunden durch Assiut, der ersten Station unserer Ägyptentour. Salam behauptet, im Zentrum gebe es eine Kneipe, in der Alkohol ausgeschenkt würde, und ich hoffe für ihn, dass sich das auch bewahrheitet. Der Weg war schon viel zu lang, um noch gemeinschaftlich in ein entspanntes »Na ja, kann man nichts machen!« einzustimmen, sollten wir irgendwann vor einer verschlossenen oder von der religiösen Prohibition verwüsteten Kneipe stehen. In Assiut haben sich die religiösen Sittenwächter besonders breitgemacht, und nicht wenige Bewohner der Gouvernementshauptstadt heulen noch den Muslimbrüdern hinterher, die die Kairoer Proteste vor einigen Wochen zum Teufel und aus der Regierungsverantwortung gejagt haben.

Als multinationale Dichtertruppe werden wir im Assiuter Kulturpalast die erste Show der Postmuslimbrüderzeit spielen und sind im Gästehaus der dortigen Universität untergebracht. Erst heute Morgen hat es eine Demonstration juveniler Muslimbrüder in der Eingangshalle gegeben, die die Regierungsverantwortung zurückforderten und auch uns als westliche Gäste irgendwie doof fanden. Da meine Arabischkenntnisse zu dünn sind, um die Parolen zu verstehen und ich immer versuche, in fremden Ländern ein höflicher Gast zu sein, habe ich der Handvoll

zorniger Burschen freundlich entgegengelächelt. Ein bisschen Slogan-Rap, um seinem Unmut Luft zu machen – das schien mir eine probate Studentenbeschäftigung. Wer ahnte denn, dass man selbst Thema des Protests war?

Um auch gegen weniger kümmerliche Einschüchterungsversuche gewappnet zu sein, geleitet uns ein Soldatenkommando auf den Reisen durchs Land. Es ist mehr als seltsam, zwischen zwei Wagen voll bewaffneter Jünglinge herumzufahren. Noch seltsamer wird es, als uns einige Tage später unser Schutztrupp an der Grenze zum nächsten Gouvernement auf offener Straße alleine lässt mit der Ansage, die für den anderen Distrikt zuständigen Soldaten seien bereits auf dem Weg zu uns und in wenigen Minuten hier. Es folgen die zweitlängsten Minuten dieser Reise. Noch zäher zieht sich nur unsere Suche nach Alkohol hin.

Assiuts Innenstadt ist bevölkert von jungen Männern, die unsere un-verschleierten Slammerinnen als heiße Ware und meinen Stetsonhut als Vorreiter amerikanischer Invasion betrachten. Und weil Religiosität die Stadt in jener Zeit des Übergangs stärker spaltet als zuvor, ruft dies mal begeistertes Jubeln, mal bedrohliches Zischeln hervor. Man sollte in jedem Fall nicht die falsche Gang nach dem Weg zur berüchtigten Bier-quelle Assiuts fragen. Andererseits müssen wir unbedingt langsam mal jemanden fragen.

Die Schweizer Soundartistin Heike Fiedler, die Rap- und Slampoetin Yas-min Hafedh aus Wien und ich sind der deutschsprachige Teil des Pro-gramms. Zusammen mit drei ägyptischen Dichtern haben wir eine bi-linguale Slamshow inszeniert, bei der wir unsere Einzeltexte, aber auch Teamstücke zu sechst vortragen. Es geht aber vor allem darum, nach der Muslimbrüderschockstarre die verwaisten Kulturpaläste wieder mit Le-ben zu füllen. Allesamt sozialistische Klötze komplett gleicher Bauart – nur die Farbe der samtigen Sitzreihen variiert von Stadt zu Stadt.

Wie üblich in muslimischen Ländern, sind wir als westliche Gäste angehalten, keine zu obszönen, politischen oder gar religionskritischen Texte vorzutragen. In den Vereinigten Arabischen Emiraten ist mir mal »Der Täucher« von der Titelliste gestrichen worden, weil im Text zu viele Hunde vorkommen. Religiöse Befindlichkeiten sind schon herrlich be-kloppt, überall auf der Welt. Aber man gesteht der gastgebenden Kultur ja die Portionen des Respekts zu, die diese einfordern zu müssen meint. Umso erfrischender ist es zu sehen, dass die ägyptischen Poeten sich um diese Anstandsgrenzen keinen Deut scheren.

»Wow, hart!«, sage ich zu Mahmoud, der mir die deutschen Überset-zungen seiner Texte zum Gegenlesen gegeben hat. Ein Text über seinen Hass auf den Vater. Darüber, wie dieses Gefühl mit der Hilflosigkeit des nach einem schweren Schlaganfall Gezeichneten zu arrangieren ist. Und über das Vergeben.

»Wann ist dein Vater gestorben?«, frage ich.

»Gar nicht. Darum geht es doch in dem Text. Dass er einfach nicht stirbt.«

»In der Übersetzung verstehe ich es so, dass dein Vater gestorben ist und du ihm verziehen hast.«

»Das ist doch totaler Quatsch!«

Wir gehen unsere Übersetzungen durch, vergleichen das Gemeinte mit dem Gewordenen. Ein ganzes Arsenal an Kraftwörtern ist verschwunden, Empfindungen wurden weichgeklopft. Und Hass beendet.

Es ist nicht verwunderlich, dass die normalerweise mit Wirtschaftskorrespondenz beschäftigten Arabisch-Deutsch-Übersetzer im Bereich der harmonischen Floskeln geübter sind. Wir korrigieren. Der kulturell verankerte Respekt vor der Vaterfigur wird zur bitterbösen Lachnummer. »Drastisch«, denke ich bei jeder Änderung. Erfahre von Mahmoud, dass er sich bis vor einem Jahr noch bei den Muslimbrüdern rumgetrieben hat, mit keiner Frau gesprochen habe und erst über den Befreiungsschlag in der Beziehung zu seinem Vater zum Mensch geworden sei. Er erklärt mir bis ins Detail, wie er den Schluss verstanden wissen möchte. Ich schreibe:

 »Dazu bin ich nicht bereit, selbst wenn ich es wollte. Vielleicht, vielleicht könnte ich dir verzeihen, wenn du endlich gegangen bist.«

Diese Version der Texte wird bei unseren Shows an die Palastwand projiziert werden. Vor meinem inneren Auge sehe ich bereits, wie uns empörte Zuschauer aus der Stadt jagen. Immerhin sind wir in einer Großstadt, in der man vor dem Betreten der gut versteckten Alkoholkneipe einen Waffendetektor passieren muss. Hier gelten verquarzte Religionsvorschriften noch was. Eben erst hat sich die Bedienung eines Fast-Food-Restaurants glatt geweigert, die Bestellungen der Frauen unserer Gruppe entgegenzunehmen.

Ich erfahre von Heike, dass der Text unserer ägyptischen Poetin den Begriff des Märtyrers in den Dreck ziehe und »ungemein kraftvoll« sein soll. »Eine tolle Frau«, schwärmt sie. Ich hoffe, dass solche Erkenntnis auch bei unseren Zuschauern greifen wird. Während wir unsere Textauswahl beflissen eingeschränkt haben, ziehen unsere ägyptischen Kollegen mit Texten vom Leder, die auch in Europa manches Publikum hart schlucken ließen.

Uns wird klar: Wir sind nur das Feigenblatt. Der Grund, weshalb diese Showreihe abgesegnet worden ist. Der Rahmen, auch in finanzieller Hinsicht, der die Geschichten des neuen Ägyptens erzählen lässt. Wir liefern die Anstandstexte, unsere ägyptischen Freunde die Essenz. Mit Blick auf die späteren Entwicklungen im Land war es vielleicht nur ein kurzer Zeitkorridor, in dem das so möglich war. Selbst in der Provinz jubelt uns das Publikum frenetisch wie befreit zu.

Nachdem in Assiut Erinnerungsfotos mit fast allen Zuschauern geschossen sind, stürmen zwei Jungs zum Abschied unserem Bus hinterher: »Thank you for bringing back the sun to our town!«

Wir prosten uns erlöst zu. Das ist ein Gefühl fürs Leben. Mein bestes Slamerlebnis.

»Und in der Pause gibt es richtiges ägyptisches Bier!«, kündigt die Münchner Museumsleiterin an. Danke für das Angebot. Aber ich denke, *mein* ägyptisches Bier bleibt das Bier von Assiut.

TITELCHANCEN

78) 01.06.16, IMMENSTADT, SCHLOSSSAAL, POETRY SLAM 2016
150 Zuschauer, 8 Teilnehmer, Gewinner: Brigitte Schnell

»Wow«, bestätigt Marvin unser gelöstes Gefühl nach dem Auftritt, »das war mal richtig gut!«

Die Stützen der Gesellschaft sind heute als Featured Poets im kolossalen Immenstädter Schlosssaal zu Gast und können ohne Druck beide für Oktober vorgesehenen National-Texte zelebrieren. Und das klappt auch prima. Marvin wettet einen Zehner darauf, dass wir den Teamtitel bei den deutschsprachigen Meisterschaften in Stuttgart holen. Geheimfavorit!

79) 03.–04.06.16, BAYREUTH, KOMM, BAYERNSLAM 2016
6 x 80 Zuschauer, 45 Teilnehmer, Gewinner: Yannick Sellmann (Ü20) und Teresa Reichl (U20)

Landesmeisterschaften sind eine relativ frische Konstante im Slambiz. Sachsen machte zwar bereits 2003 den Anfang, aber es dauerte bis 2008, dass NRW als nächste Landesmeisterschaft aufschloss, Berlin folgte kurz danach. Mittlerweile sind alle Bundesländer mit Slam-Champions versorgt. Da, wo die Szene zu klein erschien, entstanden Länderehen wie Rheinland-Pfalz/Saarland, Berlin/Brandenburg oder Niedersachsen/Bremen.

Exkurs: Länder und mehr
http://www.hirnpoma.de/slammed/exkurs18.html

Ich habe bis zum *Bayernslam 2014* nie an einer Landesmeisterschaft teilgenommen. Die Berliner Stadtmeisterschaften fanden immer in der Zeit zwischen Weihnachten und Silvester statt – da sonnte ich mich in der Regel an irgendeinem weit entfernten Strand oder stromerte Dschungelpfade entlang. Um mir diese Lücke im Slamlebenslauf schönzureden, habe ich Landesmeisterschaften immer zu einem nicht relevanten Übungshügel der National-Organisation degradiert.

Dass das natürlich Quatsch ist, merkte ich 2013, als ich in die Pflicht genommen wurde, für Essen die NRW-Meisterschaften auszurichten. Drei Jahre nach dem National im Ruhrgebiet hatte ich den Eindruck, dass die zweitägige Landesmeisterschaft vom Orga-Aufwand gleichgezogen hat. Und auch die Festivalatmosphäre trug National-Züge.

Heute erlebe ich meinen zweiten *Bayernslam* als Starter. In Bayreuth. Das war nie mein Pflaster, drum bin ich seelisch vorbereitet: Vorrundenaus, begünstigt durch den ersten Startplatz. Aber andere haben ungleich schwerer an den Unwägbarkeiten dieser Welt zu tragen – wegen Unwetterwarnung muss der *Bayernslam* kurzerhand ins Innere verlegt werden. Von der Freiluftarena der Landesgartenschau in jenes Jugendzentrum, aus dem der regelmäßige Slam vor Jahren ausgezogen ist, weil die Location zu klein geworden war. Der komplette *Bayernslam 2016* findet also vor weit weniger Publikum statt als der normale Bayreuther Slam! Vorverkaufskarten müssen zurückerstattet, Vorwürfe gekontert werden – ein Fiasko für die Veranstalter. Zumal an den Tagen doch eine unerwartet freundliche Sonne über Bayreuth grinst.

Dennoch stimme ich zu, dem Münchner Orgateam beizutreten, dem im → **Slammastermeeting** die Ausrichtung des *Bayernslams 2017* zugesprochen wird. So bringe ich aus Bayreuth zumindest den Titel des zweifachen Landesmeisterschaftenausrichters mit. Zusammen mit den zwei Nationals in Berlin und im Ruhrgebiet bin ich damit in der Ausrichterliga recht weit vorn, sodass ich in der Geschichte des Poetry Slams mit dem Satz auftauchen könnte: Frank Klötgen organisierte regelmäßig größere Meisterschaften, von denen er selbst niemals eine gewann. Passt scho.

AUF GROSSEM FUSS

80) 05.06.16, HANNOVER, STAATSOPER, MACHT WORTE!-SLAM
1.100 Zuschauer, 8 Teilnehmer, Gewinner: Nick Pötter

Von allen Woah!-Locations des Slams ist die *Staatsoper Hannover* die woah!ste. Man mag bei manchem Open Air vor größeren Zuschauermengen spielen, aber die sind ein optischer Furz gegenüber dem Köpfemeer von den unterschiedlichen Rängen und Balkonen dieses Opernhauses. Man meint, wirklich jedem der tausend Zuschauer ins Gesicht blicken zu können. Ein Auftritt für weiche Knie.

In diesem Sinne lockt heute als Gewinnprämie ein Tandemsprung mit einem Drachenflieger. »Echt jetzt?« Die Slammer in der Backstage schauen sich prüfend an. Alle würden sich den Preis vermutlich lieber auszahlen lassen. Der Erlebniswert eines Auftritts in der *Staatsoper* langt ja eh.
Für mich ist diese Spielstätte ewiger Favorit – das bestätigt sich auch bei meinem vierten und letzten Mal auf dieser Bühne: Ich fliege unter tausendfachem Szenenapplaus durch die rund gereimten Nähszenen meines Texts »Das Kleid für Frau Eleanor« und schieße innerlich etliche Fotos, die irgendwann mal die Erzählungen von meiner großen Vergangenheit als Slammer bebildern mögen. Derweil machen die Hannoveraner Veranstalter Egge und Chadde schon mal Werbung für den National, der im Oktober 2017 in der Stadt ausgerichtet wird. In meinem Jahr eins nach Poetry Slam. Ich wünsche aus dem Off ein gutes Gelingen und beneide alle Finalisten um diese Kulisse.

81) 07.06.16, HAMBURG, THALIA THEATER, BEST OF POETRY SLAM
1.000 Zuschauer, 4 Teilnehmer, Gewinner: Volker Strübing

Tausend Zuschauer können auch anders. Es gibt diese Momente, da du einen Text zelebrierst und zelebrierst – und dann bemerkst, dass an das Publikum keine Einladungskarten verschickt worden sind. Multipliziert mit tausend ist das kein Vergnügen. Schon während des Vortrags im ausverkauften *Thalia Theater* durchdringt mich der Schmerz der Ablehnung: Die Leute in den Rängen wehren sich gegen das Verstehen von Wortspielen, gleiten für keinen Moment in das Tauchbecken der sprachlichen Eleganz ein. »Der Nächste bitte!«, steht in den Gesichtern geschrieben, und das lässt sich dann auch auf den Bewertungsblöcken ablesen: Eine 4,2 lächelt mir zu – die Schreckensnote des Abends, selbst die niedrigste Note der anderen Starter wird mehr als doppelt so hoch bleiben. Für jemanden, der 92 Prozent seiner Texte fehlerfrei auswendig vorträgt, ist das nur als kategorischer Rauswurf zu deuten. Warum so ein derbes Abstrafen, frage ich mich.

Aber die Abende häufen sich, an denen ich Noten erhalte, die mir bedeuten: So was wollen wir hier nicht!

Was, zur Hölle, ist da passiert? Wo sind die Menschen hin, die mir vor einem Jahrzehnt Siegesserien beschert haben, als ich alles selbst in der Hand zu haben schien? Seither habe ich mich keinesfalls verschlechtert. Seither hat sich auch keine Kluft zu neuen Megatalenten ergeben. Seither ist Poetry Slam nur größer und populärer geworden.

82) 08.06.16, HAMBURG, ERNST DEUTSCH THEATER, BEST OF POETRY SLAM

740 Zuschauer, 4 Teilnehmer, Gewinner: Helge Albrecht

Einen Tag später hüpfe ich als Punktbester ins Finale und überfordere damit sogar den routinierten Michel Abdollahi, der mich zum Schlussspurt als Volker Strübing ankündigt, der statt meiner ausgeschieden ist. Ich kann das nachvollziehen, ich werde aus der Sache auch nicht mehr schlau – fühle mich von solchen Wechselbädern der Gefühle schlichtweg überfordert, wie ein von einer verspielten Katze gestelltes Mäuschen.

Obwohl wir heute mal unter tausend Zuschauern bleiben – das *Ernst Deutsch Theater* bietet dafür einfach nicht genug Plätze –, ist das Hamburger Doppelpack ein Beleg für die megalomane Entwicklung des Poetry Slams. An zwei aufeinanderfolgenden Tagen die großen Theater einer Stadt mit der gleichen Show zu bespielen, ohne befürchten zu müssen, dass eine davon nicht ausverkauft sein könne – welche Kunstform kann sich solchen Optimismus leisten?

Dieses riesige Interesse für die Bühnenpoesie könnte auch den Optimismus für meine weitere Karriere anspornen. Aber sobald das Wort »Slam« aus dem Veranstaltungstitel verschwindet, sieht die Sache anders aus: Für die knapp 3.000 Zuschauer der letzten drei Auftritte müsste ich mit der größeren meiner Münchner Lesebühnen über drei Jahre spielen. Der Wechsel in einen neuen Geschäftsbereich könnte vielversprechender klingen. Andererseits gehen drei Jahre ja viel schneller vorbei, als man denkt.

Ich quartiere mich für einen weiteren Tag in Hamburg ein und stolpere im Schanzenviertel über ein Konzertplakat, das mich zwingt, eine Verabredung unter Slammern abzusagen: »Meine Übersetzerin hat heute Abend einen Auftritt mit ihrer Band im *Hafenklang*!«, erkläre ich. »Totaler Zufall, total!«, füge ich hinzu, weil derlei ansonsten im Umfeld unserer unzähligen Highlights unterzugehen droht.

Aber meine Übersetzerin Jen wohnt in London. Wie cool ist es, bitte schön, dass sie just an meinem freien Abend mit ihrer Band in Hamburg gastiert?! Meine Absage wird mit einem neutralen »Okay!?« aufgenommen. So leicht kann man im Kosmos der Superlative niemanden beeindrucken.

175

»*Sauna Youth* – Postpunk (UK)« steht mit Edding auf einem Zettel am Eingang des *Hafenklang* geschrieben, acht Euro Eintritt werden mir dafür abverlangt. Ich finde mich unter dreißig Zuschauern wieder. Die Band betritt die Bühne, vier Leute – so viele Slammer waren wir auch bei den letzten beiden Auftritten. Der Eintritt war jedoch doppelt so hoch, unser Anreiseweg kürzer, und wir haben weniger geschwitzt. Dennoch wollten uns Textkasper sechzigmal so viele Hamburger sehen. Slamstandard. Wie viele weitere Zuschauer an dem Besuch der ausverkauften Veranstaltungen interessiert gewesen wären, lässt sich gar nicht abschätzen. Die Verteilung des Publikums innerhalb der Abendunterhaltung ist eine fatale Fehlentscheidung und Hort größter Ungerechtigkeit. Denn *Sauna Youth* ist eine verdammt gute Liveband, die mit unverminderter Spielfreude den letzten – und vollsten! – Auftritt ihrer Deutschlandtour meistert. Später überreicht mir Jen ihren ersten Lyrikband, ein hochwertig gestaltetes Druckwerk auf edlem Papier – so edel, dass man die Kleinstauflage dahinter wittert. Sie ist freudig überrascht, dass ich den Namen ihrer Band behalten habe und ins *Hafenklang* gekommen bin, aber auch noch ziemlich fertig vom Auftritt. Ich berichte, dass ihre Übersetzungen über meine Welttour noch massiv zum Einsatz gekommen sind, dann lasse ich die schwer Erhitzte mit ihren Jungs allein. In frischen T-Shirts klatschen sich die Bandmitglieder erschöpft ab und kümmern sich zögerlich um den Abtransport ihres Equipments. Ich leiste mir den Luxus, sie um solche Auftritte ein wenig zu beneiden.

83) 10.06.16, NIEDERANVEN, KULTURHAUS, POETRY SLAM LUXEMBOURG
75 Zuschauer, 6 Teilnehmer, Gewinner: Maras

Mit welcher Selbstverständlichkeit man mittlerweile auf Kosten des Veranstalters in einen Flieger steigt, dann den Shuttle-Service des Hotels in Anspruch nimmt und in einem noblen Einzelzimmer eincheckt; schließlich die Kollektion von Duschgel-, Shampoo-, Bodycreme- und Conditioner-Proben in Augenschein nimmt und denkt: »Hoi, edle Marke!« Ich lasse die vier Fläschchen im Kulturbeutel verschwinden. Ein Mitbringsel für daheim ist schon mal gefunden. Heute bewege ich mich in der Fame-

Blase des Künstlers. Die wird für uns Poetry Slammer immer häufiger aufgepumpt.

Es geht freilich noch eine Spur drüber: Zum *Emirates Literature Festival* bin ich vor drei Jahren in der ersten Klasse geflogen – mit Menü und Tischtuch am Platze sowie einem exklusiven Wartebereich an den Flughäfen mit exquisitester Freiverköstigung inklusive Cocktailbar. So fliegt man also, wenn die Firma zahlt. Ich erfuhr, dass man als Business-Reisender zwar als Erster aufgerufen wird, das Flugzeug zu betreten, man tut dies aber nicht, um die Annehmlichkeiten der First Class Lounge möglichst ausgiebig in Anspruch zu nehmen. Man soll nur das Gefühl genießen, dass man könnte, derweil die zusammengepferchte Economy Class noch warten muss.

Das Frühstücksbüfett des Fünfsternehotels, in dem ich in Dubai untergebracht war, erschien größer als der Foodcourt einer handelsüblichen Einkaufsmall. Gemäß der internationalen Ausrichtung des Hauses gab es für alle Kontinente verschiedene Auslagen und Kochinseln, von denen man frisch Zubereitetes ordern konnte, wenn man überhaupt halbwegs einzuordnen wusste, was dort brutzelte. Während der fünf Tage bin ich nie über Asien hinausgekommen, obschon ich nicht ein Gericht doppelt genommen habe. Auf meiner Suite erwartete mich zur Kaffeezeit ein sündhaft-sinnliches Quartett Petit Fours, schmuckvoll drapiert zwischen Him-, Blau- und Brombeeren. Daneben eine Mappe vom Veranstalter mit den Geschenken des Tages sowie Vorschlägen, wie man den Nachmittag verbringen könne, wenn man denn keine Verpflichtung auf dem Festival hätte. Hätte ich Blödmann nicht so viele Auftritte und Workshops ausgemacht! So konnte ich mich nur für den Besuch des Souks, eine Tour auf das Burj al Arab und den Badeausflug zum Strand eines Golfclubs vormerken lassen.

Dort quatschte ich mit der Dame auf der Nachbarliege über das Dasein als Autor. Ob man von Gedichten in Deutschland leben könne, wollte sie wissen. »Na ja«, sagte ich und schlürfte am nichtalkoholischen Mint-Cocktail, man müsse schon das Glück haben, seine Texte auch auf der Bühne präsentieren zu können und erlebbar zu machen. Dann kann es klappen. Gott, was laberte ich da für einen Quark zusammen? »Und Sie? Können Sie vom Schreiben leben?«

»Mein Mann und ich sind ja beide Autoren – da war es nicht immer leicht, gerade als die Kinder kamen. Wegen der Pferde leben wir aber etwas außerhalb, wo es doch deutlich günstiger als in der Stadt ist. Aber mein letztes Buch war ein großer Erfolg. Auch in Deutschland, was eine tolle Überraschung war! Ich bin dort nächsten Monat wieder auf Lesereise – leider nicht in Berlin.«

»Oh, ich bin viel unterwegs mit Lesungen, vielleicht klappt es ja, dass ich zufälligerweise in derselben Stadt bin!«

»Vielleicht haben wir sogar eine gemeinsame Lesung!?«

»Ja, wer weiß. Wie heißt Ihr Buch?« Ich umging die Peinlichkeit, meine Badebekanntschaft noch einmal nach ihrem Namen zu fragen, den ich uncharmant gleich nach der gegenseitigen Vorstellung wieder vergessen hatte.

»›Ein ganzes halbes Jahr‹. Vielleicht haben Sie es schon mal in einer Buchhandlung gesehen? Es war ziemlich erfolgreich.«

»Hm, sagt mir jetzt nichts. Aber das muss ja nichts heißen. Vielleicht erkenne ich es wieder, wenn ich es sehe.« Schlürfschlürf.

Das Tolle an solchen internationalen Festivals ist ja der Austausch unter den Autoren und die Erkenntnis, dass wir überall auf der Welt irgendwie die gleichen Probleme haben. Auch wenn Jojo Moyes als mehrfache Millionen-Sellerin da manchen Schritt weiter scheint als ich. Badekleidung nivelliert vieles.

Am nächsten Morgen schlenderte ich etwas weniger weltmännisch zum Frühstück. Katrin schickte ich die SMS: »Ich merke gerade, dass ich nur ein kleiner Junge aus Essen-Überruhr bin.«

Auch das luxuriöse Luxemburger Zwischenhoch erdet sich. Als erstes Open Air des Jahres haben die Veranstalter das Speiseangebot für die Poeten auf jene Sachen begrenzt, die die Thekenmannschaft draußen am Grill zubereitet. »Nur Würstchen und Brot?«, fragen wir etwas entsetzt. Dann erinnern wir uns an unsere Herkunft. Slam ist Essen-Überruhr, Leute – spielen wir uns nicht so auf! Die Würstchen sind sehr gut. Und wir sollten uns satt essen, bevor die Blase platzt.

DER ERSTE MACHT DIE TÜR ZU

Fachwerkhölle Marburg. Nirgendwo kommen sich Idylle und Beklemmung so nahe wie in dem Städtchen an der zu vernachlässigenden Lahn. Die Stadt ist zum Quietschen putzig, aber eben auch so klein und eingepfercht, dass sich unweigerlich der Gedanke einschleicht: »Na, Gott sei Dank musste hier nich' wohnen!«

Dennoch war Marburg einmal so etwas wie die Kommune 1 der Slamszene. Im Wochentakt gab irgendein neuer Slammer bekannt, Berlin oder Basel hinter sich zu lassen und nun auch nach Marburg zu ziehen. Vermutlich war zu jener Zeit das Feilen an einem neuen Slamtext ein prägender Wirtschaftsfaktor für die Stadt. Denn eins ist klar: In wenigen Orten wird es so einfach sein, ein Thema zum Hauptthema zu machen: Marburg ist von gleich tickenden Prototypen bevölkert. Eine Stadt der verliebten Studenten. Jede Bäckereiverkäuferin beseufzt aus Solidarität den Stress in der Klausurenphase. Die letzte Prügelei fand 1973 statt. Irgendwie ein geeigneter Platz für den Poetry Slam.

Ich war 2005 beim ersten Slam im *KFZ* dabei und bin immer gerne wiedergekommen. Bis der Marburger Auftritt Teil einer dreitägigen Tournee wurde, die sich nie so recht in meinen Kalender schmiegte. Aber Ehrensache, dass die letzte Chance nicht ungenutzt bleiben wird: Zum ersten Mal seit Jahren begebe ich mich wieder auf Hessentour – die komplette Rutsche: vier Auftritte in drei Städten. Los geht es in Frankfurt.

84) 13.06.16, 19:30 UHR, FRANKFURT A.M, ENGLISH THEATRE, POETRY SLAM DELUXE

250 Zuschauer, 8 Teilnehmer, Gewinner: Andreas Rebholz

85) 13.06.16, 22 UHR, FRANKFURT A.M., ENGLISH THEATRE (BAR), HR2 RADIO SLAM

100 Zuschauer, 4 Teilnehmer, Gewinner: Eva Niedermeier

Dieses Jahr wird nicht müde, mich mit bislang unbekannten Formaten des Slams zu konfrontieren: Der *hr2-kultur Radio Slam* schließt direkt an die Vorstellung im *English Theatre* an. Exakt getaktete dreißig Minuten, in denen den Radiohörern eine Woche später ein Poetry Slam geboten wird. Niemand vermag zu sagen, wer jemals das Verlesen von Jurynoten im Radio vermisst hätte. Doch es gibt Geld, tut nicht weh, und irgendein Redakteur mag mal ein Lob für das kurzfristig als Spitzenidee empfundene Konzept erhalten haben. Leben und leben lassen.

86) 14.06.16, MARBURG, KFZ, POETRY SLAM IM KFZ

280 Zuschauer, 8 Teilnehmer, Gewinner: Andreas Rebholz

Ich bin auf den Punkt rechtzeitig nach Marburg zurückgekehrt, denn mit dem neunzigsten Slam werden die Tore des alten *KFZ* geschlossen. Der Poetry Slam wird mit dem Namen des Clubs in neue Räumlichkeiten umziehen.

Als ich bei einem Stadtspaziergang die Außenfassade des neuen *KFZ* sehe, ist klar, dass hier eine ganz andere Epoche beginnen wird. Auf den ersten Blick ein zeitgemäßes Lifting: Der Slam hat sich verändert, nun zieht auch das Außenrum nach. Aber auch ein Update zur Unzeit, denn im Verlauf der Tour höre ich aus nicht wenigen Kehlen die Klage, dass zu viele Slams in zu geleckten Läden stattfinden würden. Der Punk wird vermisst – gerade von Poeten, die den Punk mehr so vom Hörensagen kennen. Diese Back-to-the-Roots-Sehnsucht mag irgendwann zu einem Reset führen – andererseits sind wir Geschäftsleut' genug, um sprudelnden Geldquellen keine Vorschriften zu machen. Momentan raunt uns das neue *KFZ* treffend zu: Exakt so seht ihr jetzt aus – macht euch mal nichts vor!

Tatsächlich ist es so, dass sich alle Veranstalter der großen Slamderbys auch mindestens eine Slamreihe auf Ponyreiten-Level halten. Irgendwo hat ja jeder seine nostalgischen Anwandlungen. In einigen Städten sind dies die letzten Offene-Listen-Schlupflöcher für die Nicht- bis Nochnicht-talentierten. Bühnen, auf denen noch alles möglich wäre.

Aber mehr Experimente erlebt man auf den kleinen Slams eigentlich nicht. Hier präsentieren sich oftmals nur die Warteschlange der Hoffnungslosen und die fußstapfenhörigen Rekruten des Nachwuchses. Dass sich dort Größen der Szene an neuen Formen der Textpräsentation ausprobieren, ist kaum zu erwarten. Wer das Gefühl erlangt, für die kleinen Slams zu groß zu sein, lässt sich dort nicht mehr blicken. Underground kann man schließlich auch ganz oben spielen.

87)   15.06.16, GIESSEN, JUGENDZENTRUM JOKUS, POETRY SLAM GIESSEN
200 Zuschauer, 8 Teilnehmer, Gewinner: Andreas Rebholz

Hoffnung auf neue Impulse bekomme ich ausgerechnet durch meine natürlichen Ermüdungserscheinungen. Bereits zur Hälfte des Jahres langweilt es mich unsäglich, das Teilnehmerfeld abzuchecken und den für diese Konstellation – vermeintlich – schlagkräftigsten Text hervorzuziehen. Ich bereite daher für die Hessentour eine Liste mit 25 Gedichten vor und überlasse es dem Publikum, zufällig einen Text zwischen 1 und 25 auszuwählen. Gedächtnisprotzen mit dem Hang zur Selbstverstümmelung. Aber ich finde Gefallen an der ungewohnten Herausforderung.

So muss ich in Gießen »Ich will Kacheln!« vortragen, jenen zwölf Jahre alten Text, mit dem ich einst Niederhone erschrocken habe und der am wenigsten zum etwas kindlich anmutenden Abend im Gießener Jugendzentrum passen will. Aber dieses Hantieren in GAU-Nähe sorgt für einen stimmigen Zufall: Es ist genau der Text, mit dem ich 2005 den ersten Marburger Slam eröffnete!

Damit ziehen wir endgültig die Tür zur gut angeranzten Backstage des alten *KFZ* zu. Dahinter schlummern die Legenden von wilden Abenden und Spinnereien aus der Anfangsphase des Marburger Slams. Die wird man sich mit den nötigen Übertreibungen in der Backstage des neuen *KFZ* erzählen und dann zu ganz ähnlichen After-Slam-Streifzügen durch Marburg antreten, wie wir sie damals unternommen haben. Als die Stadt sich beinahe zur Slamhochburg entwickelt hätte. Als für die Entwicklung des Poetry Slams noch ganz andere Wege vorstellbar waren.

DEAD UND DADA

88) 16.06.16, ZÜRICH, SCHAUSPIELHAUS, »DEAD OR ALIVE«-SLAM ZUM DADA-JAHR

650 Zuschauer, 4/4 Teilnehmer, Gewinner: *Team Alive* (Renato Kaiser, Hazel Brugger, Lisa Eckhart, Frank Klötgen)

Für die Ausrichter eines »Dead or Alive«-Slams landete ich stets reflexartig im engsten Kreis möglicher Kandidaten. Vermutlich habe ich an jedem teilgenommen, der etwas auf sich hält. Gleichwohl wird der heutige mein letzter sein – zumindest auf Seiten der lebenden Dichter.

Es ist Dada-Jahr in Zürich – das *Cabaret Voltaire* lässt grüßen und fordert die Schauspieler auf, einen Protagonisten des Dada zu mimen. Uns Slammern wird zugestanden, per se Dada zu sein, weil wir eine irgendwie verschworene Gruppe darstellen, die was mit Poesie zapft.

Die Dada-Jahre des Slams sind wohl passé. Wir sind nicht mehr dafür engagiert, das Publikum zu verstören. Wir sind jene Personen, für die eine Mischung aus Studenten und Bildungsbürgertum ins Theater rauscht, um sich trefflich unterhalten zu lassen.

Es sollte uns nachdenklich stimmen, wie weit uns die Texte der *richtigen* Dichter bei solchen Vergleichen unterlegen sind, weil es bedeutet, dass wir einer selbst gestellten Aufgabe nicht nachkommen: Für die Akquirierung von Schulworkshops wird stets vorgeschoben, Poetry Slam könne Schülerohren für Lyrik öffnen. In Wirklichkeit verpfropfen wir vermutlich die Gehörgänge nur mit Propaganda für unsere eigene Hood und züchten eine Fanschar, die uns beim Vergleich mit der klassischen Lyrik ergeben unterstützt. Dabei lautmalert sich heute der Hugo-Ball-Darsteller mit einem schwurbelig-energetischen Nonsensesingsang über die Bühne, dass es eine helle Freude ist. Die sinnlos gemelkten Laute tanzen. Das hat Sound.

182

Wie sehr Lyrik doch eine Musikgattung ist, fällt am besten auf, wenn man in einem Sprachgebiet unterwegs ist, das einem keine Chance gibt, auch nur ansatzweise nach Sinnhäppchen Ausschau zu halten. Dafür gab es für mich in Helsinki bereits Gelegenheit, am nachhaltigsten haben mich aber die Texte eines chinesischen und der arabischen Dichter beeindruckt, mit denen ich 2014 mitten in der Wüste von Dubai aufgetreten bin. In einer eigens für den Abend errichteten Zeltstadt fand eine multilinguale Lyrikshow statt, der wirklich niemand im Publikum vollends folgen konnte. Aber ins Sitzkissen oder in den Sand gefläzt, von einem bunten orientalischen Büfett gesättigt, ließ man es sich gefallen, Text zur reinen Wortmusik reduziert dargeboten zu bekommen. Es gab nichts unterm Sternenhimmel, was die Zuhörer hätte ablenken können. So lauschte man den Arrangements des Chinesen, erkannte wiederkehrende Muster im Klang der Verse und den Rhythmus der fremden

Sprache. Ich durfte das dargebotene Sprachrepertoire um das Deutsche erweitern und erntete unglaublich viel Lob, wie unerwartet schön diese Sprache in den Ohren der nichts verstehenden Zuhörer klang. Man hatte ruppiges Kläffen erwartet. Sollte es irgendwo eine Kommission zur Imageverbesserung des Deutschen geben, ist die mir noch eine Ehrennadel schuldig. So habe ich zumindest sechs Bücher verkaufen können an Menschen, die kein Deutsch verstanden – aber eine würdige Unterlage für ein Autogramm haben wollten.

Wäre der Ball-Interpret damals in der Wüste aufgetreten, hätte er wohl den überzeugendsten Beitrag des Abends abgeliefert. In Zürich bleibt ihm der letzte Platz.

LETZTE GEHEIMNISSE

89) 17.06.16, LUDWIGSBURG, CENTRAL KINO, POETRY SLAM LUDWIGSBURG

430 Zuschauer, 9 Teilnehmer, Gewinner: Jan Philipp Zymny

Die dem Publikum überlassene Zufallsauswahl spielt mir heute zwei Asse zu: »Der Hummelfluch« und »Die Pocke« eskortieren mich auf Rang zwei. Das dritte Ass heißt Käse: Der Ludwigsburger Slam ist legendär dafür, von einem opulenten Käsebüfett bei Veranstalter HANZ und seiner Freundin Anni gekrönt zu werden. Musste ich unbedingt noch als aktiver Slammer mitnehmen. Und bei der dritten Kostprobe aus HANZ' nicht minder legendären, illuminierten Whiskeybar denke ich, dass sich allein hierfür achtzehn Jahre Slammen gelohnt haben.

90) 21.06.16, KIEL, JUNGE BÜHNE, KIELER WOCHE POETRY SLAM

3.000 Zuschauer, 8 Teilnehmer, Gewinner: Maras

Um den Titel der größten jährlichen Slamveranstaltung konkurrieren gleich eine Reihe von Kandidaten. Hier ist einer davon. Mir geht es heute vor allem darum zu ergründen, was eigentlich die *Kieler Woche* ist.

Der Beginn der *Kieler Woche* ist schon seit meinen Kindestagen ein Mysterium aus der *Tagesschau*. Wie bei der *Berliner Funkausstellung* und der *Hannover Messe* scheint dort Belangreiches zu geschehen, das man irgendwann mal erlebt haben sollte – und so bin ich froh, heute in Kiel zu sein, das gerade seine Woche feiert.

Auf dem Weg vom Bahnhof, der für das Wetter und die Menge des Gepäcks eigentlich viel zu lang ist, stolpern Maras, Laurin und ich an etlichen großen Bühnen vorbei, für die Bands angekündigt werden, die mal sehr bekannt waren. Die haben sich aus dem wohlverdienten Ruhestand hervorlocken lassen, um sich nun der Bühnenkonkurrenz von Hip-Hop-Dödeln und *DSDS*-Dohlen stellen zu müssen – plus dem Poetry Slam. Denn der ist hier, wie überall, keineswegs eine Nischenveranstaltung.

Die Wiese vor der Bühne füllt sich zwar nur langsam, aber das liegt allein daran, dass das Fußballspiel Deutschland – Nordirland noch nicht abgepfiffen ist.

Eigentlich achte ich in WM- und EM-Jahren immer darauf, keine Termine mit möglichen Spieltagen der deutschen Mannschaft zu haben. Insbesondere bei Open-Air-Veranstaltungen mit Laufkundschaft kann das zu einer undankbaren Aufgabe werden. Ich sehe die ersten Deutschlandschals auf dem Boden hocken und denke: Großartig, Dude, alles falsch gemacht!

»Was machst du da eigentlich genau?«, frage ich Björn, nachdem er während meines Wertungsapplauses ein wundersames Krickelkrackel auf seinem Moderationszettel hinterlassen hat. Björn offenbart mir sein über die Jahre verfeinertes Notationssystem, den wertenden Applaus des Publikums zu objektivieren. So weit ich verstanden habe, funktioniert es so, dass eine später nicht mehr zu erkennende Grundlinie die Aufs und Abs des Beifalls kennzeichnet; es gibt Kringel für ausfällige Schreie und sonstige Auffälligkeiten, bis im besten Fall die Fläche unter dem Namen des Auftretenden komplett ausgemalt ist. Die Länge des Applauses zählt Björn parallel mit dem Fuß tippelnd mit. Ein Multitaskingwunder.

So wie sich die Slammer einen eigenen Stil erarbeiten, gibt es auch unter den Moderatoren Eigenheiten und Schrullen, die sie unverwechselbar machen. Und genauso wie mancher Slamtext von jedem der Szene im Schlaf mitgesprochen werden kann, lassen sich bei einigen Moderatoren bestimmte Floskeln Wort für Wort vorhersagen. Mal sind es nur einzelne Ausdrücke wie Wolf Hogekamps »Yolo-Ponys« (Berlin), mal sind es Rituale wie die Applauseichung à la Ko Bylanzky (München), mal spezifische Bewertungssysteme oder Gruppeneinteilungen, mal die Neigung, einen Abend hippieesk mit einem Doppelsieg zu beenden. Zu guter Letzt gibt es ein paar endemische Ausprägungen, die in der übrigen Slamwelt unbekannt sind wie das persische Rausschmeißgedicht von Michel

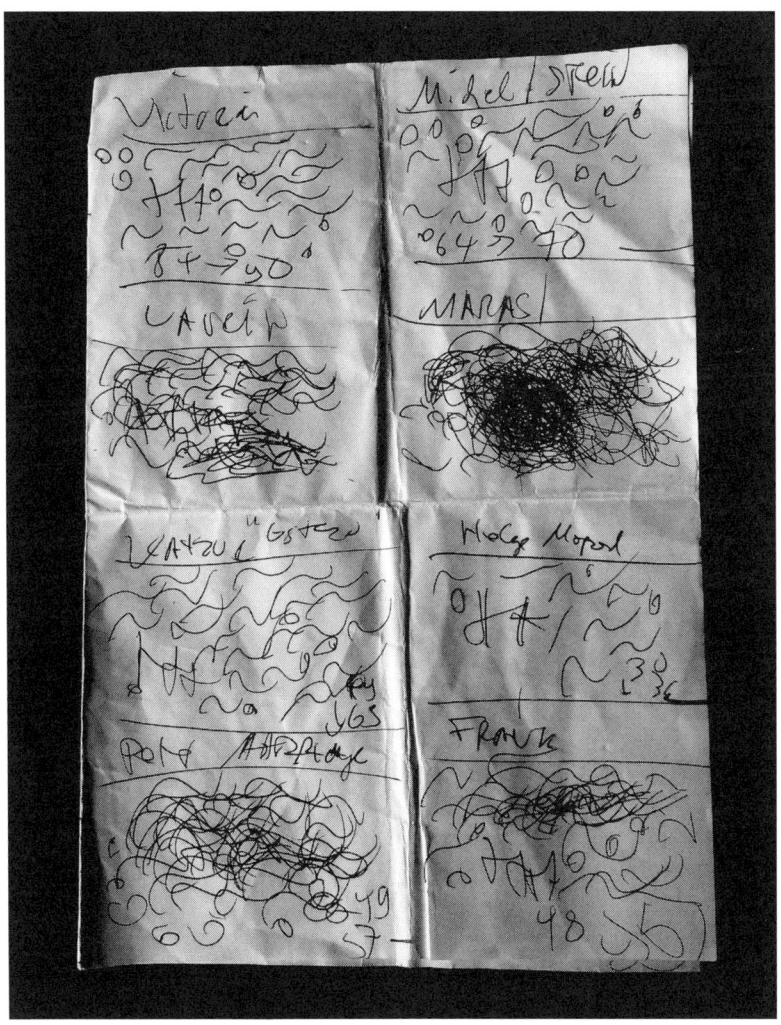

Abdollahi (Hamburg), die Call-and-Response-Begrüßung von Michl Jakob (Nürnberg), Marc Kelly Smith' »So what?!« und eben Björns Applauszeichnungen. Jeder MC hat seine Eigenheiten – und jede Eigenheit wird über die »Hat sich so bewährt«-Regel für die Ewigkeit fit gemacht. Es gilt: »Ihr macht euren Scheiß und ich meine Veranstaltung!«

Björn schenkt mir den Zettel mit den Zeichnungen des heutigen Abends. Sollte ein Biograf irgendwann das Ding in meinen Schubladen finden, wird er die wüsten Krakel vielleicht als Ausdruck der mich auf meiner Abschiedstour begleitenden Wut und Frustration deuten:

»Man sieht den kraftvollen Strichen die krampfhafte Verzweiflung und den inneren Kampf an, die Klötgen in jener Zeit regelrecht übermannten. Doch warum platzierte er diese rohen Zeichnungen auch unter seinem Namen? Ein Symbol der Hassliebe zu den eigenen Texten, mit denen er sich immer wieder dem Urteil der Hooligans aussetzte?«

Das Publikum in Kiel ist für einen After-EM-Spiel-Mob sehr diszipliniert. Liegt wohl daran, dass die *Junge Bühne* von der städtischen Jugendarbeit organisiert wird und es weder backstage noch frontstage Bier gibt. Das ließ die üblichen Verdächtigen gleich zu anderen Bühnen weiterziehen. Insofern: Doch nichts falsch gemacht, Dude! Anschließend gleiche ich mit zwei Reisebekanntschaften aus Tansania recht flott das eigene Alkoholdefizit aus. Dazu gibt es hinreichend Gelegenheiten, denn, um auch dieses Rätsel gelöst zu haben: Die *Kieler Woche* ist eines dieser Massentrinkspiele mit Beiprogramm, in diesem Fall etwas Schiff.

91) 22.06.16, HUSUM, SPEICHER, POETRY SLAM HUSUM
150 Zuschauer, 7 Teilnehmer, Gewinner: Laurin Buser

An Getränken besteht tags drauf in Storms »grauer Stadt am Meer« wahrlich kein Mangel. Alles Weitere muss ein ungelüftetes wie schlecht belüftetes Geheimnis bleiben.

ERFOLGSGESCHICHTEN

Bei jedem Besuch in Innsbruck zieht es mich erst einmal in die Berge. Beziehungsweise zieht mich die Nordkettenbahn hinauf auf den Hafelekar. Die Fahrt führt durch die spacigen, von der – erst einige Wochen zuvor verstorbenen – Zaha Hadid entworfenen Stationen, deren Farbe und Oberfläche mich ein wenig an freundlichen Rachenauswurf erinnern. Leider ist es heute völlig blödsinnig, die mit über dreißig Euro recht üppig bepreiste Auffahrt anzugehen – mir bleibt viel zu wenig Zeit, diesen Ausflug in irgendeiner Weise zu genießen. Aber ich bin ein Gewohnheitstier, und es stimmt herrlich auf einen Tag in Innsbruck ein, das Wummern der Geschäftigkeit auf 2.256 Metern verdimmen zu hören, wo die Geräusche der Stadt von jedem vorbeifliegenden Insekt übertönt werden. Was für eine Aussicht! Und was für Aussichten: Juhu, ein Sieg! Oho, ein Eklat!

92) 24.06.16, INNSBRUCK, BÄCKEREI, BÄCKEREI POETRY SLAM
200 Zuschauer, 13 Teilnehmer, Gewinner: Frank Klötgen

Noch gerade habe ich gedacht, dass es vielleicht eine unkluge Idee war, nach dem Vortrag meines Textes »Der Hochmut« auf dem »Nazistuhl« Platz zu nehmen. Spontan betrachtet ein angemessener Sitz, um den lyrischen Beschimpfungen noch ein Schäufelchen draufzugeben – aber der nach der Pause leer gebliebene Stuhl ist ein schwer belastetes Symbol.

»Sprich deutsch!«, hat der vorherige Inhaber des Platzes wiederholt in den Raum gerufen, als ein junger Slammer seinen Text in einem verschrobenen Bergdialekt vortrug. So ein Befehl klingt unangenehm, auch wenn er sich gegen einen zweifelsohne deutschsprachigen Text richtet. Insbesondere weil der so Protestierende bereits einen afghanischen

Flüchtling abgekanzelt hat mit dem Hinweis, dass dessen Lobrede auf die neue Heimat Österreich »Platt!« sei. Völlig korrekt. Aber eine in diesem Zusammenhang dämlich überflüssige Erkenntnis – für die man auch einmal ein »Nazis raus!« einstecken muss. Das aber wollte sich der Herr – der zuvor selbst als Slammer mit einem Text über Jesus' Schambehaarung in Erscheinung getreten war – nicht gefallen lassen und richtete sich im Nebenschauplatz »Eskalation« ein. Der beinahe zum Hauptschauplatz wird: Mit hinreichender Renitenz vollbringt es der Mann, das friedfertige Slampublikum an den Rand zur Saalschlägerei zu geleiten. In der Pause hat er sich dann davongestohlen und einen umjubelten leeren Stuhl hinterlassen. Auf dem ich nun Platz genommen habe.

»Überreiz es nicht, Bursch – der Hochmut-Text hat schon unter günstigeren Umständen für Unmut gesorgt!«, hätte ich mich warnen sollen. Aber Innsbruck bleibt mir wohlgesonnen und klatscht mich trotz des prekären Spiels mit der Restsympathie aufs Siegerpodest.

Ja, ein Sieg! Der erste des Jahres, streng genommen. Denn die bisherigen Triumphe in den Teams der lebenden Dichter oder Ü40-Recken zählen nicht wirklich. Es lässt sich ja nicht feststellen, ob sich der Rest des Teams ohne mein Dazutun nicht viel überzeugender geschlagen hätte. Nun aber Spiel, Satz, Sieg, Innsbruck! Nicht verwunderlich, denn ich bin der Poet dieser Stadt.

Mögen es auch viele Bewohner Innsbrucks aus ihrem aktiven Wissensbestand verdrängt haben – ich war 2012 der »Poet in Residence« ihrer Stadt. Einige Monate lang lebte ich im *Hotel Engl* und war ein Parade-Innsbrucker. Ich habe wirklich jedes noch so kleine Museum der Stadt besucht, wusste anschließend mehr über Andi Hofer und Kaiser Maximilian als über meine eigenen Eltern, und, ja, ich habe nicht einmal die Möglichkeit ausgelassen, mit meiner Innsbruck-Card die *Swarovski Kristallwelten* aufzusuchen. Eine von André Heller gezauberte Märchenwelt aus glitzerndem Strass. Schöner Scheiß. Aber egal – mein Innsbruck-Aneignungswille kannte kein Maß. Ich bin gar gewandert. Sehr gewandert. Habe Innsbruck von jedem Hügel der es umschließenden Bergketten betrachtet. Ich gab ein Seminar an der Uni, für das jeder Teilnehmer einen Schein mit der Note »sehr gut« erhielt. Paradiesische Zustände. Aber schon damals habe ich, gerade als es am schönsten war, dieses wehmütige Abschiedslied von 1539 mit dem unnachahmlichen Stoßseufzer gesummt: »Innsbruck, ich muss Dich lassen.«

Exkurs: Paradiesischer Bonustrack
http://www.hirnpoma.de/slammed/exkurs19.html

93) 25.06.16, KLAGENFURT, KÄRNTNER HEIMATWERK, SLAM IF YOU CAN
150 Zuschauer, 12 Teilnehmer, Gewinner: Käthl

Nach dem Sieg vor den leibeigenen Bewohnern meiner Residenzstadt heißt es, wieder Bodenhaftung zurückzuerlangen. Das kann im Slam ja recht schnell gehen. In Klagenfurt begegne ich aber an jeder Litfaßsäule meinem Konterfei, welches zur Bewerbung des heutigen Slams benutzt wird. Ich bin ein kleiner König – der kurz nach dem Bezug seines feinen Hotelzimmerchens vom Steg des Strandbads in den Wörthersee springt. Das mit der Bodenhaftung verzögert sich noch ein wenig.

Neben mir ziehen die Ironmen ihre Bahnen, um den besten des Kontinents ausfindig zu machen. Sie scheinen trotz der Slamplakate und des Innsbrucker Siegs von meinem Geplansche unbeeindruckt. Plärrende Lautsprecherdurchsagen erklären, dass es Europas beste Iron-Boys und -Girls sind, die sich da grad im Wasser messen. Morgen erst sind die Großen dran. Das erklärt, warum niemand auf dem Steg so recht darauf achtet, was da momentan im Rahmen der europäischen Ironman-Meisterschaften vor sich geht.

Im Poetry Slam wird ebenfalls ab den Landesmeisterschaften der U20-Bereich vom übrigen Wettbewerberfeld getrennt. Für diesen interessieren sich viele Zuschauer erst, wenn alle Runden für den Hauptwettbewerb ausverkauft sind. Noch schlimmer sähe es aber aus, wenn der Seniorenbereich mit den Poeten ab 27 am anderen Ende der Altersskala abgetrennt würde. Der akzeptierte Alterskorridor beim Poetry Slam ist schmal, und jeder ins Jenseits Reifende wird jene Schrecksekunde kennenlernen, in der das Publikum realisiert, dass da jemand außerhalb der altersgemäßen Kernzone die Bühne betreten hat. Die erste Minute vom Text geht dann dafür drauf, nötiges Vertrauen aufzubauen: »Nein, ich werde deinen Eltern nicht verraten, dass du hier mit deinen nichtsnutzigen Freunden Bier säufst, anstatt für die VWL-Klausur zu büffeln!« Danach bröckelt vielleicht die Mauer des Misstrauens, und man erhält die Chance, seinen Text an den Vorbehalten vorbei zu Gehör zu bringen.

Grundsätzlich ist es ein sehr vernünftiger Charakterzug der Adoleszenz, sich von alten Säcken nichts erzählen lassen zu wollen. Die alten Säcke macht es dennoch traurig. Und sie fragen sich, wieso eigentlich nur junge Leute eine literarisch gedachte Veranstaltung besuchen. Als ich Marc Kelly Smith im Januar berichtete, dass bei den regulären Slams in Deutschland quasi ausschließlich zwanzigjähriges Studentenpublikum anwesend ist, hat er das bestürzt aufgenommen: »Aber dann läuft etwas grundsätzlich falsch. Ziel des Slams ist ja, die Poesie für alle Kreise zu öffnen.«

In Chicago saßen zu einem guten Drittel Ü40-Zuschauer an den Tischen, von der Cocktaillady bis zum Antiquariatszausel. Aber der Publikumszuspruch beim ältesten Slam der Welt liegt insgesamt eher auf dem Level einer bundesdeutschen Provinzveranstaltung. Niemand der Starter kann vom Slammen leben.

Vom französischen Philosophen Paul Virilio lernen wir, dass Innovationen nicht ohne Katastrophen zum Erfolg geführt werden, dass kein Fortschritt ohne Verlust vonstattengeht. Die Übriggebliebenen betrachten dann irgendwann ungläubig den Erfolg der anderen und fragen sich, wie der Erfolgsschwung, der diese getragen hat, so völlig an ihnen vorbeigehen konnte. »Drum!«, antwortet Virilio. »4,2«, antwortet die Slamjury.

Aber heute schwimme ich im gleichen Wasser wie der Ironman-Nachwuchs, und die Sonne scheint. Ich bin Hedonist genug, es als für mich relevantesten Slamerfolg zu verbuchen, in diesem Jahr sehr häufig baden zu gehen.

 Exkurs: Badestegbekanntschaften
http://www.hirnpoma.de/slammed/exkurs20.html

Den Slam eröffne ich dann als Special Guest. Um Werbung für den nächsten Morgen zu machen, wo ich eine Matinee am selben Orte spielen werde. Carmen, die beide Sachen organisiert hat, macht so kräftig Werbung für mich, dass ich verlegen werde.

Ich habe bereits an ihrem ersten Poetry Slam teilgenommen, der 2010 in einem nerdigen Keyboardmuseum stattfand, und bin anschließend sechsmal bei ihren Veranstaltungen aufgetreten. Die fanden immer an anderen Orten statt, wodurch ich mich in Klagenfurt fast so heimisch fühle wie in Innsbruck.

Heute slammen wir in einem zweistöckigen Dirndl- und Trachtengeschäft, das eine märchenhafte Kulisse für meinen Text »Das Kleid für Frau Eleanor« bietet. Dieser Stimmigkeit von Rahmen und Versen wird im ausverkauften Saal größteuphorischer Respekt gezollt. Läuft. Der König von Innsbruck stöbert insgeheim schon in den Kollektionen von Doppelkronen herum ...

... aber zur Matinee am nächsten Morgen erscheinen trotzdem nur zwei zahlende Zuschauer. Slamerfolg ist der schnellstvergängliche Ruhm der Welt.

Derweil laufen die erwachsenen Ironmen Europas durch die abgesperrte Innenstadt und lassen sich von in Rattanmöbel gefläzten Eisessern anfeuern. Ich rattere dazwischen mit meinem Rollkoffer gen Bahnhof. Es beginnt zu nieseln. Erbärmlichkeit, da biste ja – hatte dir schon fast vamisst!

DRUCKABFALL

DIE SIEBEN TODSÜNDEN:
SUPERBIA – DER HOCHMUT

Voilà, voilà, na, alles klar?
Boah, lächelt, Leute – ich bin da!
Mönsch, ihr schaut alle so aufgeweicht,
Die Haut ganz grau und ausgebleicht ...
So bräunt euch ein Weilchen im Schein meines Glanzes,
Der ob obszöner Schönheit schon extravagant is'!

Macht euch auf unfassbare Größe bereit:
Es naht die Erlösung durch Erstklassigkeit –
Denn ich, ich brilliere mit Omnipotenz,
Dekantiere zaristische Vollopulenz!
Ich werd' dekadent an der Hochkultur Haar zieh'n,
Bin ein machiavellistischer Gruß der Bohème –
Ein entzückenbestückter Smaragd aus Arkadien –
Und vor Perfektion schon ein bisschen plemplem.
Ich bekrön den Olymp gottesstämmiger Gattung,
Bin postparadiesische Freudenerstattung –
Des Sündenfallobsts zweite Chance!
Ein Elefant der Elégance,
Welcher elitär aufrecht in eure Welt schreitet,
Gleich 'nem Penisstoß, der in ein Rehkitzlein gleitet –
In seiner Gnad' erbarmungslos,
So mächtig, prächtig, prall und groß ...

Ja, schon hört man hier im Text – an den leiseren Stellen –
Euren Geifer eifrig schwellen!
Ihr möchtet mich gerne zum Spielgesell'n haben,
Am Speer meiner Spermien wollt Ihr euch laben?

Na, ich weiß ja, dass, wer mich betrachtet,
Augenblicklich sich beschmachtet –
Doch Kinder, für mich heißt's da, Abstand zu wahren!
Ich möchte, weiß Gott, nicht herablassend sein ...
Doch solch Bälger, die die Hebamm'n hervorzieh'n in Scharen,
Sind mir zu gewöhnlich – ihr müsst schon verzeih'n!

Erspar'n wir uns Erörterungen
Und höfliches Verdreh'n von Zungen!
Ihr wisst doch, was für'n Pack ihr seid
Von imbezil ehrloser Wertlosigkeit?!

Hey, ich mag euch nicht zu nahe treten
(nee, Nähe ist echt nicht erbeten!) –
Weil ihr zur Geißel der Gemeinheit
Auch noch geistig scheiße klein seid.

Man sieht an mir
Recht gut, weil ihr
So schlecht im Überlegen seid,
Die schlichte Überlegenheit.
Das zeigt doch klar – und klingt's auch hart:
Ihr seid halt nur 'ne Unterart!

Derweil schöpfe ich Gottes Schöpfungsplan aus –
's gelingt mir vortrefflich, wo bleibt der Applaus?!
Oh, fast scheint mir, als hätt' ich euch gerade vergrätzt –
Ja, habt denn ihr euch zu mir in Beziehung gesetzt?
Schont euch doch, Häschen, vor diesem Vergleich –
Ihr seid nun mal bräsig und käsig und bleich!
Ihr schimmelt schlaff als Einerlei
Wie ein wimmelnder Bakterienbrei
Ach, würd' es doch von euren Leben
Nicht so schrecklich viele geben,
Dass schon euer Anblick langweilt,
Jeder Drang zum Anfick abheilt!

Mein treu ergeb'nes Publikum,
Schweißfüßig dünstet ihr dröge herum –
Und ihr seht auch so aus, ey, als fehlt's euch an Wissen,
Dass andre Leut' Euch sehen müssen!

Ich betrachte euch nun schon seit ... – ja, Herrgott, wie viel Uhr 's 'n?
Oh, ihr schiere Vergeudung von Lebensressourcen!
Ich wink nun zum Abschied euch Desorientierten
Aus der Höhe meiner Unfehlbarkeit –
Und bitte sagt all den von mir hier Brüskierten:
Ich pfeif' drauf, ob wer meine Kühnheit verzeiht!
Ja, ihr nennt meinen Mut zu solch Höhe bloß Sünde –
»Warum muss diese Bosheit sein?« –
Nun, als Großgrundbesitzer brauch ich nicht groß Gründe!
Die find'n sich genügend in eueren Reih'n.

Mich trieb es ja nur in die Höh' mit der Zeit,
Weil ihr, welke Brut, so sehr abstoßend seid.

Nun wollt Ihr, klar, ich kann's versteh'n,
Mich von hier oben fallen seh'n.
Denn schließlich heißt's doch überall:
Der Hochmut käme vor dem Fall!
Und sprichwörtlich gierig reibt ihr euch die Hände,
Dass sich nun erfülle, wie es euch verheißen ...

Doch Knall – ohne Fall – ist der Text hier zu Ende.
Nun, schlecht mögt ihr sein, aber ihr seid gut ... zu bescheißen.

Nun, nach diesem Text ist's schon manchmal passiert,
Dass mir irgendwer meine Fresse poliert.
Dem Pöbel hilft ja jedes Mal
Sein Dasein in der Überzahl.

(Sowie alternativ – und alsbald zu erwarten:
Die ihm überlassenen Slamjurykarten)

KÄMPFER UND RECKEN

Eine übereifrige Ferienvertretung meiner KSK-Sachbearbeiterin hatte mir noch vor ein paar Tagen süffisant erklärt, mein Anliegen sei ja wohl völlig aussichtslos. Anfang Juli flattert dennoch ihre Kapitulation in meinen Briefkasten: Widerspruch akzeptiert, künstlersozialversichert again. Ha! So leicht werdet ihr den alten Big Spender mit seinem Faible fürs exquisite Künstlerlebenminus nicht los! Auch auf ruinöser Welttour bin ich absolut versicherungswürdig. Ich besteige das Siegerpodest in neckisch gerafften Thrombosestrümpfen!

94) 07.07.16, GÖRLITZ UND ZGORZELEC, MARIENPLATZ, VIA THEA STRASSEN-THEATERFESTIVAL

150 Zuschauer, 4 Teilnehmer, Gewinner: Wojtek Cichon und Frank Klötgen

Weiter geht's: vier Auftritte in drei Tagen, ohne einen Zug besteigen zu müssen. Das ist fast wie Urlaub. Und die Sonne bestätigt mit schönstem Grinsen: »Ja, is' Urlaub!« An der Neiße.

95) 08.07.16, GÖRLITZ UND ZGORZELEC, KLOSTERPLATZ, VIA THEA STRASSEN-THEATERFESTIVAL

250 Zuschauer, 4 Teilnehmer, Gewinner: Weronika Lewandowska und Frank Klötgen

96) 08.07.16, GÖRLITZ UND ZGORZELEC, UNTERMARKT, VIA THEA STRASSEN-THEATERFESTIVAL

300 Zuschauer, 4 Teilnehmer, Gewinner: Lasse Samström und Frank Klötgen

Der dritte Tag in einer Stadt ist in der Regel der, an dem sich einem die Stadt erschließt. Man begreift die Lage und Abstände zwischen Spielstätte, Bahnhof, Unterkunft, Szeneviertel und Sehenswürdigkeiten. Weiß, zu welchen Punkten man besser mit dem Bus, der Tram oder U-Bahn fährt und wo sich ein Spaziergang anbietet. Auch Görlitz sperrt sich da nicht.

Zwar war hier kein uneinnehmbarer Großstadtdschungel zu erwarten gewesen, aber die scheinbar leicht überschaubare Stadt erkauft sich ihre Beschaulichkeit über viele verwinkelte Klein- und Kleinstgassen und ist alles andere als selbsterklärend. Man benötigt einige Umwege mit »Ach, hier bin ich!«-Erhellungen, bevor man sicher weiß, wo es langgeht. Doch heute ist Tag drei! Ich überquere die – diesmal schnell gefundene – Fußgängerbrücke über die Neiße nach Polen.

Grenzstädte üben auf mich einen unwiderstehlichen Zwang aus: Einmal am Tag muss ich rübermachen. Ich verspreche mir irgendwelche neuen Eindrücke von diesen paar Hundert Metern in ein anderes Land. Mein Handyanbieter ist vermutlich schon genervt, mir immer wieder eine neue SMS mit Informationen zu den Auslandstarifen zusenden zu müssen.

Aber ich genieße es, wenn plötzlich eine fremde Sprache das Regiment übernimmt und alle Preise umgerechnet werden müssen. Wenn man bei jeder Kaffeebestellung ins Straucheln gerät. Das Minus-1-Tag-Feeling.

Zwei Tage sind wir hier nun schon auf dem Ural aufgetreten. Wir, das sind ein Quartett von polnischen und deutschen Slammern plus ein ebenso gemischtes Moderatorenduo. Aber was ist ein Ural?

Ein riesiges Auto aus Vorwendezeiten mit geräumiger Ladefläche. Die liegt recht hoch, weil die Reifen des Urals schon mit Mannshöhe auftrumpfen. Ganz oben stehen wir und tragen Gedichte vor. Nicht nur Off-Location, sondern Offroad-Location.

Der Inhaber des Wagens erklärt mir, aus welchen Sümpfen und Schneewehen er schon Görlitzer und Zgorzelecer Karren gezogen hat. Der Ural ist ein ganz Harter – fährt unerschrocken in jede Pampe und holt alles wieder raus. Für uns parkt er mitten auf den Spielstätten des zu beiden Seiten der Grenze stattfindenden Straßentheaterfestivals *Via Thea*. Dann springen wir eine steile Leiter zur Ladefläche hoch, rezitieren unsere Texte in zwei Sprachen und locken ein überraschtes Publikum an. Das macht Spaß. Man muss sich nur zwingen zu überhören, dass manche der angelockten Zuhörer begeistert rufen: »Gügmo, 'n öschter Üraal!«

Görlitz kann verwirren. Und tut dies mutwillig.

Die Uhr am Glockenturm der Dreifaltigkeitskirche, genannt »Mönch«, geht seit 600 Jahren konsequent falsch. Aber nicht so, dass man zwangsläufig in Zweifel geraten würde. Sie geht lediglich sieben Minuten vor.

Bei jemandem, der knapp plant, weil er denkt, sich das mit seiner frisch erworbenen Orientierung leisten zu können, kann da schon mal Hektik aufkommen. Da schlägt es plötzlich neun, Stagetime! Ich schaue auf mein Handy: 20:53 Uhr. Aus reiner Obrigkeitsgläubigkeit verdächtige ich mich selbst, bei irgendeiner ungeschickten Aktion die Uhrzeit verstellt zu haben. Als ich abgehetzt den Ural erreiche, entschuldige ich mich.

»Wieso? Du bist doch pünktlich?!«

97) 09.07.16, GÖRLITZ UND ZGORZELEC, THEATERVORPLATZ, VIA THEA FESTIVAL

250 Zuschauer. 4 Teilnehmer, Gewinner: Lasse Samström und Weronika Lewandowska

Es geht die Mär um, dass die verstellte Uhr von Görlitz einst einen Tuchmacheraufstand verhinderte: Da die Aufrührer den Ort ihrer konspirativen Treffen immer um Schlag zwölf verließen, konnten ihnen die Stadtwachen, die um diese Uhrzeit Feierabend machten, nichts anhaben. Darum stellte man den »Mönch« kurzerhand sieben Minuten vor, und als die ungehörigen Tuchmacher den geheimen Treffpunkt verließen, war es in Wahrheit erst 23:53 Uhr und den Stadtwachen ein Leichtes, die Revoluzzer einzusammeln. Erfolg auf der ganzen Linie, ohne Überstundenzuschläge – pünktlich um zwölf waren alle daheim oder in der Todeszelle. Praktisch.

»Die Uhr geht ernsthaft seit 600 Jahren falsch?«

»Na ja, ist halt 'ne nette Geschichte.«

»Und die Leute drüben wissen Bescheid? Oder halten die euch für ein bisschen verpeilt?«

»Wir sind hier ja eigentlich die Region mit der exaktesten Uhrzeit. Da könnt ihr im Westen nur von träumen!«

Und es stimmt: Da Görlitz auf dem fünfzehnten Meridian liegt, entspricht die Zeit am Orte exakt der mitteleuropäischen Zeit. Zu beiderlei Seiten dieser Linie weicht man um irgendwelche Zeitbruchteile ab und befindet sich gar nicht in der von der MEZ vorgegaukelten Uhrzeit. Das summiert sich schnell zu sieben Minuten. Oder drei Tagen. Orientierung ist eben auch nur eine verfestigte Illusion.

98) 16.07.16, WORMS, DAS WORMSER, JAZZSLAM DER NIBELUNGENFESTSPIELE
80 Zuschauer, 5 Teilnehmer, Gewinner: Philipp Herold

Ich bin kein Fan der Jazzslams. Viele Slammer feiern die Erfahrung, mit Musikern ein gemeinsames Ding auf der Bühne zu veranstalten, aber ich habe da seit dreißig Jahren ein Quartett alter Kumpels in einem Wattenscheider Proberaum sitzen. Mit denen kann ich dieses Gefühl beliebig oft und wesentlich schlagkräftiger durchleben. Jazz, der weder Swing noch Dixieland ist, dümpelt ohnehin so tief in den Charts meiner bevorzugten Musikstile herum, dass ich bei ihm höchst selten vorbeischaue.

In Worms haben wir nicht nur einen Jazzslam zu bewältigen, wir sind als Teil der Nibelungenfestspiele auch thematisch gebunden. Themen- und Jazzslam in einem – fehlt nur noch, dass wir den Text in Handschellen vortragen müssen.

Die thematische Vorgabe gilt allerdings nur für Theresa Hahl und mich, weil wir wegen des letztjährigen *Nibelungen-Slams* noch entsprechende Texte im Repertoire haben. Einen solchen zu verfassen, war uns 2015 eine wohldotierte Pflicht. 2016 fehlt ein entsprechendes Budget, sodass man die übrigen Slammer schwerlich dazu bewegen kann, sich mit Hagen und Brunhilde herumzuschlagen. Ich bin etwas skeptisch, ob wir nicht besser von dem Angebot, unsere Nibelungen-Texte nicht zwingend vortragen zu müssen, Gebrauch machen sollten.

»Die Leute freuen sich darauf, im Rahmen der Festspiele auch mit den Nibelungen konfrontiert zu werden«, sagt der Veranstalter, und ich sehe ein, dass das stimmt. Aber Theresa und ich dürfen uns mit unseren thematisch passenden Beiträgen die letzten beiden Plätze teilen und haben zur Pause schon Feierabend. So viel zum letzten Jazzslam meiner Karriere. Von nun an gelobe ich meiner Band Nibelungentreue: Nie wieder Fremddudeln!

Die eigentlichen Gewinner des Abends sind ohnehin die Kids, die sich nach der Pause außer Konkurrenz und mit einer Unbedarftheit präsentieren, die die Zuschauer sofort verzückt. Da dürfen sich auch die übrigen Vertreter der Profiliga klar abgeschmettert fühlen und erleichtert sein über den Außer-Konkurrenz-Status der Stupsnasen.

UNTER FREIEM HIMMEL VS. INDOORSUMMER

99) 19.07.16, KOBLENZ, STADTSTRAND, REIMSTEIN SILENTSLAM

150 Zuhörer, 7 Teilnehmer, Gewinner: Der Jesko

Noch ein Haken hinter eine Slamvariante, die ich niemals zuvor ausprobiert habe: der Silentslam. Im Grunde so etwas wie der Darkslam, nur bei Licht. Klingt nach etwas vertrauterem Terrain, ist aber für den Vortragenden noch orientierungsfreier als der Dunkelslam.

Die Zuhörer erhalten für ihr Eintrittsgeld einen Leihkopfhörer, über den sie auf dem Festivalgelände die Live-Übertragung des Slams empfangen können. Außerdem bekommen sie einen Wahlzettel, auf dem sie neben den Namen der Startenden später ihre Punkte verteilen. Die Slammer selbst bekommen sie nicht zu sehen. Die stehen außerhalb des Geländes vor einem Mikrofon im Laderaum eines Lkw und hören und sehen nichts vom Publikum. Im Grunde könnte man auch einen aufgezeichneten Abend ausstrahlen.

Ich stapfe durch Sand zwischen Liegestühlen und Palmen herum und zähle deutlich mehr Badehosen als beim Slam auf Hawaii. Koblenz, die Badestadt. Das Wasser der Mosel erinnert mich eher an das Hafenbecken in Helsinki. Wer da reingeht, hat es sehr nötig. Selbst ein Badebegeisterter wie ich kommt nicht in Versuchung.

Von dem gegenüberliegenden Ufer ragt das Debeka-Hochhaus als höchstes Gebäude empor. Die Moderatoren des *Koblenzer Reimsteins* erklären gerade über Kopfhörer, dass die Ausstrahlung von dort oben erfolge, und fordern ihre Zuhörer auf, ihnen mal kurz zuzuwinken. Einige wenige tun das – ob aus Täuschung oder gutem Willen ist nicht ausmachbar. Der Aufforderung zum Gebärdenapplaus, dem stummen Wedeln mit hochgestreckten Händen, kommt die Kopfhörergemeinde dagegen geschlossen nach, was bei den kopfhörerlosen Besuchern des Badestrands für das maue Gefühl sorgt, gerade etwas Wichtiges zu verpassen.

Der Silentslam findet in diesem Jahr zum vierten Mal statt und hat mittlerweile auch einige Ableger gefunden, die für ihre Veranstaltungen dann bei den Koblenzer Reimsteinern anfragen. Denn 300 Kopfhörer nebst Sendestation ist ein Equipment-Handicap, das nicht jeder selbst stemmen kann.

Als ich den Laster besteige, in dem das Mikrofon und die Sendestation aufgebaut sind, ist das mit Sicherheit die einsamste Bühnensituation meines Lebens. Konnte ich mich beim Darkslam noch an das Wissen klammern, dass das vor dem Lichtlöschen im Raum versammelte Publikum immer noch anwesend ist, starre ich jetzt auf eine Lkw-Plane. Ich merke, dass es beruhigender ist, nichts zu sehen, als das Nichts zu sehen.

Der erste Textstolperer ist aber trotzdem dem Fakt geschuldet, dass ich für diese Situation ein Gedicht auswähle, bei dem ich keinerlei Vortragsroutine habe. Aber »Die Trägheit« scheint mir für ein am Badestrand chillendes Publikum doch unverschämt passend.

Nach dem Vortrag verlasse ich schnell den brüllend heißen Lkw, schnappe mir einen Kopfhörer und werde selbst Zuhörer. Ich merke: Das eigentlich Reizvolle ist, im Sand zu spazieren, sich Getränke zu besorgen und mit halber Aufmerksamkeit den im Fluss gespiegelten Sonnenuntergang zu betrachten. Dabei fällt mir auf, wie passend die Vorträge der Kollegen klingen. Texte, an denen man auch mal vorbeihören kann. Ein Hörbuch in Häppchen, die eine Unaufmerksamkeit jederzeit verzeihen. Von wegen »Die Trägheit« – so geht das, selbstherrliches Bürschchen! Man lernt nicht aus. Aber es wäre ja auch schade für das eigene Ego, wenn man gerade jenen Slam gewinnen würde, bei dem das Publikum die Vortragenden nicht sehen muss.

Am nächsten Morgen fahre ich im IC bei erneut bestem Wetter die romantische Rheinstrecke ab, passiere die Loreley nicht ohne Sehnsuchtsflackern und stehe kurz darauf im Bahnhof von Worms. Da war ich doch grad erst? Es kommt mir vor, als wäre ich an den bislang wärmsten Tagen des Jahres nur Zug gefahren. Wie gut, dass zumindest die Auftritte jetzt draußen stattfinden!

100) 22.07.16, LAUENBRÜCK, LANDPARK, POETRY IM PARK

400 Zuschauer, 9 Teilnehmer, Gewinner: Wehwalt Koslovsky und Tobi Kunze

Mehr freier Himmel geht nicht. Irgendwo im Nirgendwo von Lauenbrück liegt der Landpark, wo gefährdete Nutztierrassen ihre letzten Rückzugsorte beäsen. Auslaufmodelle unter sich, eine bukolische Idylle. Man will nur nicht wissen, wie die Veranstaltung verlaufen wäre, wenn sie unter dem Zeltdach hätte stattfinden müssen, das der ungünstigen Wetterprognosen wegen aufgespannt worden ist. Ein gutes Zehntel der Zuschauer hätte halbwegs Platz darunter gefunden. Fraglich, ob sich bei Regen überhaupt irgendjemand auf den Weg in die Pampa gemacht hätte. Aber so feiern wir ein familiäres Slamsommerfest bei Fackelschein im von schweren Wolken umrandeten Abendrot. Düster und doch beruhigend stabil. Nein, es wird nicht regnen.

Bedrohlicher sind die Wolken von Bremsen und Mücken, die sich ausgiebig an dem ungewohnt üppigen Angebot an Menschenblut laben. Derweil prasseln SMS-Anfragen auf mich ein, ob ich mich in Sicherheit befände. In München geht es gerade hoch her – ein IS-Anschlag wird vermutet, Alarm an verschiedensten Orten der Stadt, irgendwann scheint es alle zentralen Plätze zu betreffen. Und ich im Waldpark Lauenbrück.

Die Kackwehe, die die Fäkalie islamistischen Terrors in der allgemeinen Wahrnehmung hinterlassen hat, streift mich in diesem Jahr so manches Mal. Statt mich mit einem von Neid unterlegten »Viel Spaß in Paris!« auf die Reise zu machen, murmelt es aus manchem Mund: »Also, momentan würd' ich dahin ja nicht so gerne ...«

Neben der 2015er Anschlagshauptstadt Paris stehen mit Brüssel, Ansbach, Würzburg und natürlich Berlin fast alle europäischen Terrorziele des Jahres auch auf meinem 2016er-Tourplan. Das sollte man positiv deuten: Kein noch so gewaltiger Irrenaufmarsch kann verhindern, dass die meiste Zeit an allen Orten der Welt nichts passiert. Auf dass die Unbeschwertheit des Reisens ihren Platz an der Spitze der Vergnügenspyramide wieder zurückerlange! Ich wünsche allenthalben: »Viel Spaß in Paris!« Aber nehmt euch vor den Bremsen in acht, die unter der Eiche in Lauenbrück rumschwirren!

Am nächsten Morgen müssen Tobi Kunze und ich in Hamburg-Harburg umsteigen und eine gute Stunde auf einen verspäteten ICE warten. Wir suchen das Bahnhofscafé auf, das überraschend groß und fancy ausfällt. Tobi hat sich als Meister der umständlichen Bestellung so sehr mit der ihm behilflichen Thekenkraft verbrüdert, dass er ohne Aufschub einspringt, als ein anderer Gast seine Bestellung allzu rüde und pampig aufgibt.

»Das kann man auch freundlicher sagen!«, ist das Freundlichste, was Tobi zu diesem Thema sagen wird. Weil sein Gegenüber – immerhin der der Raubeinigkeit zugeschriebene Countryschlagersänger Gunter Gabriel – durchweg massiv kontert, ist in Windeseile ein verbaler Schlagabtausch entstanden, der schon mal Richtung körperlicher Angriff schielt. Ich dränge Tobi mit unseren Getränken zum Tisch. Gunter Gabriel brummelt sauer vor sich hin. Dann geht Tobi in sich, meint, etwas überreizt reagiert zu haben, und entschuldigt sich.

»Das find ich gut!«, schwärmt Gabriel, entschuldigt sich ebenfalls und führt noch aus, wie korrekt er es findet, wenn man sich zumindest richtig entschuldigen kann. Eskalation und Deeskalation at its best! Ich habe den Eindruck, wäre der Zug nicht gekommen, wären die beiden noch beste Freunde geworden. Oder sie hätten sich irgendwann doch geprügelt.

In memoriam Gunter Gabriel († 22.6.2017).

101) 24.07.16, STUTTGART, GAZI-STADION, STADIONSLAM

2.300 Zuschauer, 9 Teilnehmer, Gewinner: Julian Heun, Hazel Brugger und Jason Bartsch

Beim 2012er National-Finale in der *O2-Arena* zu Hamburg kam nach der Phase des begeisterten Wachsens doch recht akut die Frage auf, wie groß ein Poetry Slam noch werden dürfe. Der Sicherheitsgraben, der den Bühnenrand von der ersten Stuhlreihe trennte, war ein beeindruckendes Gegenargument zum »Je größer, desto besser«. Noch schlagkräftiger war allerdings die Distanz vom Bühnenrand zur letzten Sitzreihe, die sich sogar akustisch bemerkbar machte: Als wir mit *k.u.k.* den Teamwettbewerb eröffneten, irritierte uns, dass die üblichen Reaktionen auf kleinere Sprachspäße seltsam zeitversetzt bei uns landeten. Ab einer gewissen Hallengröße schwächelt die Schallgeschwindigkeit. So reihten wir uns in

die Reihe der Kritiker ein, die da sagten: »Bis hierhin. Und jetzt: Kehrt Marsch!«

2012 ist aber schon ein paar Jahre her. Videoleinwände zur größenverstärkenden Übertragung weit entfernter Slamperformances sind längst nicht mehr so exotisch, wie es uns damals erschien. Nun also ein Fußballstadion.

Dass damit eine wichtige Hürde genommen ist, merke ich bei meinen Erzählungen, wenn Slamzweifelnde den Erfolg des Formats kleinreden möchten. Sag einmal »Fußballstadion«, und dein Gegenüber verheddert sich in ungläubigem Staunen! Unbenommen, dass vor der Bühne eines normalen Open-Air-Festivals viel mehr Zuschauer rumlungern können und dass die *Staatsoper Hannover* eine ungleich imposantere Kulisse bietet – du bist im Fußballstadion aufgetreten. Das ist Erfolg! Ein Schritt vorm Messias.

Das Stadiongefühl stellt sich schon bei der Anreise ein: Ich ströme in einem Pulk Gleichgesinnter aus der vollbesetzten U-Bahn und folge dem Weg, den alle gehen, ohne nach vergewissernden Hinweisschildern Ausschau zu halten. Hätte zufälligerweise zeitgleich eine Show der berühmtesten YouTuber in einer benachbarten Halle stattgefunden, wäre ich wohl dort gelandet. Aber natürlich identifiziere ich ein Slampublikum auch von Weitem: Das sind die, die für eine Show der berühmtesten You-Tuber zweieinhalb Jahre zu alt sind.

Plötzlich erscheint es vor mir: das *GAZI-Stadion* der Stuttgarter Kickers! Wirkt eigentlich eher mickrig. Kein Adrenalinschub macht sich bemerkbar. Natürlich weiß man instinktiv, dass ein Poetry Slam in einem Fußballstadion ein herrlicher Quatsch ist. Aber dessen Dimensionen werden erst klar, wenn man im Stadionrund steht.

Wir Slammer nehmen auf der Ersatzbank Platz, im toten Winkel des Publikums. Nach unserer Anmoderation müssen wir möglichst würdevoll wie zügig den Weg bis zur Bühne laufen, die sich in der Mitte des Rasens befindet. Immerhin rund 32 Meter, die während des Auftrittsapplauses zu bewältigen sind, ohne dass nachher Schweißperlen auf den Großbildleinwänden sichtbar werden.

Fleißige Helfer haben vor Einlass mit Tesafilm die Programmflyer an den Sitzplätzen der ausverkauften Tribüne befestigt. Dort sind die Namen der Teilnehmer in der vorab festgelegten Startreihenfolge zu lesen nebst dazugehörigem Fangesang. Mit dem soll man seinen Favoriten bei der Abstimmung unterstützen. Außerdem werden Panini-Sammelbildchen der auftretenden Slammer zum Kauf angeboten. Das ist schon sehr lustig. Aber ich habe meine Unterstützer schon in normalen Applausabstimmungen hilflos untergehen sehen, das Fangesanggrölen wird auch nicht ihre Disziplin sein.

Treten wir also die Flucht nach vorn an! Wenn ein Fußballstadion von Massenemotionen lebt, dann sollte man das nutzen, und was kann es Schöneres geben, als sich wegen einer rüden Publikumsbeschimpfung ausbuhen zu lassen? »Der Hochmut«, der Cristiano Ronaldo meines Textrepertoires, soll heute dem Tempel der Schmähgesänge zum Fraß vorgeworfen werden! Ich freue mich diebisch bei dem Gedanken. Und es wird in der Tat das mächtigste wie inbrünstigste »Buh!«-Geschrei, das ich in meiner Laufbahn erlebt habe. Aber die Hoffnung, mit dieser Konträr-Performance wenigstens ein paar Geschwister im Geiste erreicht zu haben, erfüllt sich nicht. Bei der Abstimmung gibt es niemanden im ausverkauften Stadion, der sich per Gegröle als mein Fan geoutet hätte. Am Büchertisch kann ich miterleben, wie einige tausend Menschen meine Bücher *nicht kaufen*. Merke: Im Mainstream versteht man keine abseitigen Späße.

Aber nachdem ich mich eine Nacht lang geärgert habe, nicht einen anderen Text ausgewählt zu haben, um zumindest ein paar Bücher loszuwerden, outet sich doch noch wer:

»Originell, doch den Bräsigen wohl zu ironisch«, beschreiben die *Stuttgarter Nachrichten* meine Darbietung. Das lässt sich wohl jeder Dichter gerne auf den Grabstein schreiben. Genau so, danke!

102) 26.07.16, LEIPZIG, WÄRMEHALLE, BUCHSTABHOCHSPRUNG EROTIKSLAM

45 Zuschauer, 5 Teilnehmer, Gewinner: Barbara Roherwasser und Frank Klötgen

Die Rehabilitierung meiner Todsünden-Texte folgt auf dem Fuße: »Die Wollust« kapert derb und dreckig den Leipziger *Buchstabhochsprung*-Slam zum Thema Erotik, stimmigerweise in einem von den letzten Sommertagen aufgeheizten, feuchtschwülen Raum namens *Wärmehalle*.

103) 27.07.16, DRESDEN, GROOVESTATION, GESCHICHTEN ÜBER DEN GARTENZAUN

220 Zuschauer, 8 Teilnehmer, Gewinner: Rita Apel

Dieser Name hätte auch tags drauf gepasst, denn mehr Wärme lässt sich schwerlich in einem Saal versammeln. Es beginnt eine schlechte Woche für vormals hoffnungsfrohe Draußenveranstalter: Plötzlich trübt sich der Sommer ein und beschließt per Regenguss: Heute sicher kein Open Air! Nur in Massen und nass eintreffendes Publikum, das über Verdunstung und Kondensation von der Decke einen Indoor-Regenguss inszeniert.

Die *Geschichten über den Gartenzaun* feiern heute mit einer großen Tombola ihren fünften, sehr warmen Geburtstag. Bei einigen Vertretern des Neustädter Ausgehvolks ist ihre Mission allerdings noch nicht angekommen – der Türsteher hat kurz vorm Finale einer vierköpfigen Gruppe erlaubt, einen Späher in den Saal zu schicken, der antesten soll, ob das gebotene Programm für sie taugt. Nach rund zwanzig Minuten kehrt er zurück: »Lass gehen, da werden nur Geschichten vorgelesen!«

»Wie vorgelesen? Für Kinder?« (Es ist 22:30 Uhr.)

Türsteher: »Nächstes Mal machste aber ma flotter – oder zahls'!«

»Ey, ich schwör, ich hab kein Stück zugehört!«

104) 30.07.16, GRAZ, DIE BRÜCKE, BRÜCKENSLAM

45 Zuschauer, 10 Teilnehmer, Gewinner: Christine Teichmann

Gäbe es Wien nicht, das so furchtbar weit weg von der bayerischen Grenze liegt, und gäbe es Klagenfurt nicht, das in anderer Richtung ebenfalls Ewigkeiten entfernt ist, würde ich sagen, dass die Fahrt nach Graz wirklich lange dauert. Österreich ist ein Land der riesigen Entfernungen. Umso lobenswerter ist es, dass man die Berge und Almen hierhergeschafft hat, sodass die knapp sechs Stunden lange Fahrt über weite Strecken wirklich schön ist. Wenn man sie denn genießen kann.

 *Exkurs: Fahrtstreckendruck*
http://www.hirnpoma.de/slammed/exkurs21.html

Ich bin auf einer Metaebene der Zugkommunikation angelangt. Ab Innsbruck führt ein Mann aus Graz aufdringlich laute Telefongespräche, in denen er unaufhörlich wiederholt, dass neben ihm die »Kinesen« pausenlos quatschen. Was er seinen Zuhörern lautmalerisch mit »Blablabla!« nachvollziehbar macht. Die Abschätzigkeit, mit der er das anstellt, würde anderswo als Provokation an die übrigen Zugpassagiere gelten: »Seht her, ich beleidige Kinesen (die im Übrigen Japaner sind) vor euren Ohren! Wo bleibt sie denn, eure Zivilcourage? Ich warte!«

Aber hier tröpfelt nur der naturgegebene Rassismus hervor – mit einer Selbstverständlichkeit, die jener Arroganz entspringt, die die falschen Parteien in Österreich eine Spur zu prominent und lange pflegen durften. Es ist erschreckend, dass es der Kollege nicht einmal böse meint. Trotzdem weise ich ihn darauf hin, dass er der Einzige sei, dessen Gequatsche hier nerve. Er entschuldigt sich wie ein folgsamer Primaner und bringt mir später einen Kaffee zur Versöhnung. Ein Befehlsempfänger auf der Suche nach einem Herrchen. Beunruhigend.

Graz ist eine mir wohlbekannte Stadt, wie ich auf dem Weg vom Bahnhof Richtung Mur-Ufer feststelle. Das kann nicht am Slam liegen, den ich alljährlich für eine Graz-Stippvisite aufsuche. Ich überlege, bei welcher Gelegenheit ich hier mal längere Zeit am Stück verbracht haben könnte. Die Stadt scheint zu klein für zwei Auftritte hintereinander. Aber ich war hier schon mal shoppen und habe ein T-Shirt gekauft, das ich hartnäckig seit Jahren im Potpourri meiner Bühnenoutfits bewahre. Ich weiß auch noch, in welchem Restaurant ich essen war, steir'sche Küche, im wohlschmeckenden Kürbiskernöl ertränkt. Zudem habe ich das Kunstmuseum besucht, das wie ein außerirdisches Flugobjekt neben der Mur geparkt hat, und einen Kaffee getrunken in dem futuristischen Pavillon, der als Pendant dazu in den Strömen des Flusses hängt. Auf den Schlossberg mit den seltsamen Schächten und Aufzügen in seinem Inneren bin ich mindestens zweimal hochgekraxelt. Allein, ich erinnere mich nicht, warum ich in Graz war. »Dieses ewige Reisen ...«, denke ich kopfschüttelnd.

»Boah, das ganze Rumgereise mit deinen Slams – das ist schon anstrengend, was?«, wird manchmal mein Hobby unterschwellig gelobt.

»Das ist eine Krankheit!«, müsste ich antworten. Selbst im Urlaub komme ich nicht davon los. Der Slam hat meine Reisegewohnheiten infiziert:

Im letzten Jahr bin ich von Graz gen Venedig aufgebrochen. Eigentlich stand ein Urlaub in Norditalien auf dem Programm, aber als ich im Reiseplan einen Umstieg in Venedig entdeckte, schien es mir doch verwegen, diese Stadt einfach nur zu passieren. Ich schlug Katrin vor, dass wir uns hollywoodesk am Bahnhof von Venedig treffen und noch hollywoodesker zwei Nächte vor Ort einplanen. Danach sei ja immer noch ausreichend Zeit für einen Badeurlaub an den Alpenseen. Doch dort landeten wir nie. Dafür auf der Expo in Mailand, in Florenz, Pisa, Siena, Neapel, auf Ischia, in Amalfi und Rom. Zudem besuchten wir auf dem Weg noch ein paar Freunde in der Toskana. Für andere klingt das wie ein Jahresurlaub Italien. Es war eine zweiwöchige Slamtour, nur ohne Bühne.

»Letztes Jahr bist du von hier nach Venedig gestartet, was?«, erinnert sich Klaus, während wir zum Abschluss des abermals ins Wasser gefallenen Open-Air-Slams die traditionelle Karaffe Nussschnaps leeren.

»Ja, Venedig war superschön!«, grenze ich meinen Reisebericht ein.

»Irgendwann musst du aber unbedingt mal länger bleiben und dir Graz anschauen!«

INSEL-TRIPLE

105) 12.08.16, HERINGSDORF, KAISERBÄDERSAAL, USEDOMER DICHTERNACHT

300 Zuschauer, 4 Teilnehmer, Gewinner: Lisa Eckhart und Frank Klötgen

Der Morgen nach dem Slam: pralle Sonne auf der Heringsdorfer Seebrücke. Die Insel entpellt sich, schlüpft in Badebekleidung und hüpft ins Meer, das natürlich nur die Ostsee ist und trotzdem die Funktion eines Ozeans erfüllt. Hier macht Deutschland Urlaub am Meer.

Gestern herrschten noch vier Grad weniger und die Sonne schaffte es nur für Sekundenbruchteile durch die Wolkendecke. *Die* Gelegenheit für alle, im Gepäck verstaute Anoraks, Fleece- und Softshelljacken auszuführen. Es regnete zwar nicht, es war noch nicht einmal richtig kalt – aber mitgenommen ist mitgenommen, lassen wir Jack Wolfskin aufheulen!

Ich hingegen stürmte badebehost zwischen vermummten Strandläufern in die Ostsee. Die beobachteten das kopfschüttelnd. Aber ich bin ja kein Urlauber. Ich bin hier auf Arbeit.

»Oh, ich habe keine Kurkarte«, gestand ich dem Kontrolleur.

Noch nie habe ich erlebt, dass diese Kurtaxekarten, die man an den Strandzugängen deutscher Ferienorte an Automaten ziehen kann, von irgendjemandem kontrolliert werden. Ich habe auch nie jemanden eine solche Karte ziehen sehen. Die Kontrolleure könnten reiche Beute machen.

»Sind Sie Tagestourist oder Übernachtungsgast?«, wollte der Mann wissen.

»Ich trete hier heute Abend auf.«

»Aha, wo denn?«

»Ähm ...«, wie hieß dieser Saal noch genau? Ich schaute hilflos auf. Der Kontrolleur lächelte.

»Na, dann hau mal rein! Und schönen Aufenthalt!«

Keine Ahnung, ob ein hilfloses »Ähm ...« generell eine hinlängliche Antwort bei so einer Kurkartenkontrolle ist. Ich weiß auch nicht, wie tief die Verbundenheit von Kontrolleuren und Künstlern auf Usedom allgemein ist, dass man nach Bekanntgabe der Profession gleich zum Du übergeht. Ich weiß nur, dass mir der Künstler oft abgenommen wird. Ja, dass man mir gerne auch mehr Künstler ansieht, als ich bin.

Dutzende Male schon haben mir Zuschauer offenbart, mich aus dem Fernsehen zu kennen, die Nachbarskinder fragten mich, ob ich ein berühmter Schauspieler wäre, und auf einer Gala in München gab ich Johannes-Oerding-Autogramme an Menschen, die behaupteten, »schon Jahre« meine Fans zu sein. Bei Partys mit rotem Teppich werde ich meist auf Verdacht fotografiert. »Wer ist er hier?«, fragt dann der Bildredakteur. »Ein berühmter Schauspieler!«, antworten meine Nachbarskinder.

»Rocko Schamoni?«, fragte der Sicherheitsmann der Leipziger Messe. Ich stand auf einem Gang der Buchmesse herum und war unschlüssig, wie ich mich zu der hoffnungslos überfüllten Lesung von Rocko Schamoni durchschlagen soll. Als ich den Sicherheitsmann anrauschen sah, vermutete ich, er würde mich gleich zurechtweisen, den Gang freizuhalten und die Besucherströme nicht weiter durch blödes Rumstehen aufzustauen. Umso fröhlicher stimmte mich seine Hilfsbereitschaft, mir einen anderen Weg zur Lesung zu zeigen, quer durch den Messestand. Ich folgte ihm arglos. Als wir uns aber immer weiter in den Pulk Richtung erste Reihe schlugen, dämmerte es, und ich gestattete mir den Hinweis: »Ach, äh – also ich bin nicht Rocko Schamoni. Ich wollte auch nur zur Lesung!«

Genervt schaute mich der Mann an, seufzte und machte sich auf die Suche nach dem richtigen Rocko Schamoni.

Selbigen konnte ich später von meinem unredlich eroberten Stehplatz nahe der ersten Reihe gut beobachten. Wir sehen uns nicht die Spur ähnlich. Ich bin lediglich eine Rocko-Schamoni-Möglichkeit, wenn man keine Ahnung hat, wie der Typ wirklich ausschaut.

Rocko Schamoni stolperte im Verlauf seiner Lesung fortwährend über den Gedanken: »Der Typ in der ersten Reihe – ist das nicht so ein berühmter Schauspieler?«

Kommt dann noch wie gestern Abend ein Slamsieg im mondänen *Kaiserbädersaal* auf Usedom hinzu, schwimmt man natürlich gediegenst in der ganz hohen Klasse des Übermuts. Der trieb mich dazu an, dem Après-Slam-Dinner noch ein Après-Slam-Schwimmen folgen zu lassen. Die Temperaturen taugten mittlerweile nur noch als Gegenargument. Aber, hey, wir sind Kurtaxe-befreit, das muss ausgenutzt werden!

Dieser Tipp sei allen der unflätigen Nachtschwimmereianfälligen für Usedom mit auf den Weg gegeben: Der Strand neben der Seebrücke Heringsdorf verläuft viel zu flach, um sich schlotterbeherzt mit Gejohle in die Fluten zu stürzen. Nach 50 Metern geht einem die Puste aus, man steht im knietiefen Wasser und ist sich gewiss, einen sehr, sehr unwürdigen Eindruck zu machen.

»Sind das nicht die Poetry Slammer von gerade?«, mag jemand von der Seebrücke gefragt haben.

»Quatsch, das waren doch Künstler! Nich' so 'ne besoffene Idioten. Das sieht man doch!«

106) 20.08.16, MÜNCHEN, STRAGULA, KIEZMEISTERSCHAFT

100 Zuschauer, 10 Teilnehmer, Gewinner: Miguel Fugaz

Kurzer Festlandstopp und ein zweiter Platz beim Münchner Lokalslam, den ich ab 2017 mitorganisieren und -moderieren werde. Dann geht es wieder ins Seychellen-Trainingslager:

107) 25.08.16, HELGOLAND, NORDSEEHALLE, THEMENSLAM »175 JAHRE LIED DER DEUTSCHEN«

100 Zuschauer, 2 Teilnehmer, Gewinner: Wehwalt Koslovsky und Frank Klötgen

Der Legende nach haben sich unsere Vorfahren die Insel Helgoland von den Briten zurückgeholt, indem sie sie gegen Sansibar eingetauscht haben. Kluges Ding, will man meinen: irgendeine Insel vor Afrika gegen happy Helgoland mit seinem unglaublich billigen Alkohol!

Nun war ich vor einigen Jahren auf Sansibar und ahne, dass es Helgoland schwer haben wird, mich von der Gewitztheit jenes Tauschs zu überzeugen. Auf der einen Seite das Strand- und Gewürzparadies, auf dem Freddie Mercury geboren wurde – auf der anderen Seite ... eben Helgoland, Geburtsstätte von James Krüss, der in der Liste der »Söhne und Töchter der Insel« zumindest noch etwas Promifaktor geltend macht. »Bohemian Rhapsody« vs. »Henriette Bimmelbahn«. Da will der Bühnenhengst in mir vorschnell entscheiden. Aber irgendwie war keiner in meinem Bekanntenkreis je auf Helgoland – und ich betrete nach dreieinhalbstündiger Überfahrt von Hamburg mit größter Neugierde das teuer ertauschte Land ...

... das sehr übersichtlich ist. Deutschlands einzige Hochseeinsel lässt sich in einer guten Stunde umrunden – was man auch unbedingt tun sollte, um von den monumentalen Felsenklippen den Blick auf das weite Meer zu genießen und dem turbulenten Treiben am Lummenfelsen beizuwohnen. Reiner Neid hat diesen Flugkünstlern die Namen »Trottellummen« und »Basstölpel« verpasst. Ich breche meine ornithologischen Beobachtungen nur ab, weil ich mich nach einer guten halben Stunde schon als Nerd verdächtig mache.

Es herrscht Traumwetter, und die halbe Insel fährt auf Erwachsenentretrollern mit großen Ballonreifen herum. Der Marketingchef dieses trendlos gebliebenen Gefährts hat zumindest auf Helgoland eine Marktdurchdringung von fünfzig Prozent erreicht. Im Sommerwind und bei strahlendem Sonnenschein kann man Helgoländer durchaus um ihre Tretroller beneiden. Aber man sieht der Insel auch an, dass Regenwetter hier sehr hässlich sein kann. Viel wird man an solchen Tagen nicht anstellen können, außer sich bewusstlos zu trinken und dabei reumütig ein *Queen*-Album zu hören.

Ich passiere die Aussichtspunkte auf die Lange Anna und pauke derweil meine alternative Deutschlandhymne, den Auftragstext für heute Abend. Es gibt keine bessere Methode, sich ein Gedicht einzuprägen, als in Kombination mit einem auf endlos angelegten Spaziergang. Man wispert vor sich her, um auch die Zungenmotorik mit dem neuen Text anzufreunden, und übersieht die verstörten Passanten, die in dem manisch flüsternden Wanderer vielleicht einen wahnreligiösen Eiferer vermuten.

»Das ist der Verrückte vom Lummenfelsen!«

»Und er sagt immerzu ›Deutschland, Deutschland‹ ...?!«

Der heutige Poetry Slam ist mal wieder ein Themenslam – ganz besonderer Art.

»Poetry Slam – mit Frank Klötgen und Wehwalt Koslovsky« steht auf dem Plakat. Klingt für mich wie ein Slam, bei dem u. a. wir zwei Herren von *k.u.k.* antreten, die Namen der anderen Starter aber bei Druckschluss noch nicht feststanden. Aber wir sind heute der Poetry Slam. Zu zweit. Zum Thema »Das Lied der Deutschen«, das morgen 175. Geburtstag feiert und auf Helgoland geschrieben wurde. Im Vorfeld wird uns mitgeteilt, dass je ein Text über von Fallersleben oder die Deutschlandhymne bereits reichen würde, um den thematischen Bezug zum Festrahmen zu gewährleisten. Heute wird uns der Besuch der gesammelten Hoffmann-von-Fallersleben-Fanclubs, -Experten und -Erben sowie der Größen der Lokalpolitik angekündigt. »Das Lied der Deutschen« sei halt zurzeit ein sehr großes Thema auf Helgoland. »Und da die meisten Insulaner mit Poetry Slam nichts anfangen können, wäre es gut, wenn ihr das zum Einstieg kurz erklärt!«

»Liebe Insulaner, ein Poetry Slam ist etwas völlig anderes als das, was Sie gleich sehen werden, viel Spaß!«, könnten wir sagen. Oder: »Poetry Slam ist lediglich eine sehr wirksame Vokabel, um Publikum anzulocken – genauso wie ›Das Lied der Deutschen‹. Wir heißen alle Hintergangenen willkommen – We will rock you! Oder bekommen Sie bei *Queen*-Reminiszenzen Bauchschmerzen?«

Als freundliche Menschen beschränken wir uns aber auf den Hinweis, dass die folgenden Gedichte durchaus Texte seien, wie sie auf Poetry-Slam-Wettbewerben zu hören sind. Als selbstbewusste Menschen fügen wir hinzu, dass es heute Abend keine weiteren Teilnehmer geben würde, da wir gegen sie ohnehin gewönnen. Außerdem habe jeder von uns eine alternative Deutschlandhymne verfasst, weil »Das Lied der Deutschen« auch in Hamburg und München in diesen Tagen ein sehr großes Thema sei. Das Schlucken gewöhnte Helgoland schluckt das.

»Das war sehr ... interessant!«, erhalten wir nachher als halb ehrliches Lob einer Besucherin. »Sonst kenne ich Poetry Slams ja nur von Julia Engelmann.«

Gleich morgen schmeiße ich mich von einer Klippe.

108) 26.08.16, MORSUM, MUASEM HÜS, POETRY SLAM SYLT

100 Zuschauer, 8 Teilnehmer, Gewinner: Frank Klötgen

Nach dem Trio O'ahu, Kaua'i und Maui zum Jahresauftakt wird heute der deutsche Inseldreier festgeschnürt – es geht mit dem Flieger von Helgoland nach Sylt!

Ungefrühstückt in einem Großraumtaxi zu sitzen, mit dem auch zwei Säcke frisch gebackener Brötchen transportiert werden, ist eine Form von Körperverletzung. Die betörend duftenden Brötchen sind für die Kantine des Flughafens bestimmt. »Toll«, denke ich mir, »dann schlage ich dort gleich zu!« Was den knurrenden Magen für einen Augenblick milde stimmt. Aber meine wenig später zum Kantinenpersonal mutierten Mitfahrer erklären mir, dass die Kantine erst in einer Dreiviertelstunde öffne. Sie müssten ja erst einmal frühstücken. Geht's noch unbarmherziger?

Helgoland hat einen Flughafen auf der benachbarten Insel Düne, die man mit dem Wassertaxi erreicht. Innerhalb weniger Minuten habe ich an diesem Morgen drei verschiedene Fortbewegungsmittel genutzt: Boot, Auto und Flugzeug. Das Flugzeug war das mit Abstand kleinste davon.

Ich genieße den Blick aus dem Fenster – zu beiden Seiten. Mit erstaunlich gelassenem Magen. Ist ja eh nichts drin.

Kaiserwetter in Westerland. Und noch gut sechs Stunden bis zum Auftritt. Ich bin begeistert und fühle mich wahrhaft privilegiert: an einem normalen Wochentag bei bestem Strandwetter von Westerland bis Kampens Buhne 16 durch zehn Kilometer Sand zu schlendern und das meinen Job zu nennen. Die FKK-Strandabschnitte folgen einem klug kalkulierten Rhythmus, der den Badebedürfnissen eines Wanderers entspricht, der seine Badehose schusseligerweise im Bahnhofsschließfach deponiert hat. Beim Rückweg nehme ich den Dünenweg, der in der Nachmittagssonne geruhsame Ausblicke über das Meer liefert, in das ich immer wieder hineinhüpfe. Als ich am Abend etwas gerötet in Westerland eintreffe, sind meine Eintauchgänge im zweistelligen Bereich angelangt.

Das Leben als Poetry Slammer ist einfach schön. Im *Muasem Hüs* treffe ich meinen Slampapi Hartmut, gehe als Gewinner von der Bühne und feiere mit einer munteren Runde in meinen Geburtstag. Würden nun meine Gagenrechnungen für die drei Inselauftritte publik, wäre schon morgen eine neue Blütezeit deutscher Dichtung eingeläutet. Ich sollte Hartmut und der Welt unverzagt meinen Rückzug vom Slamrückzug verkünden, jawoll!

Aber halt! Was hatte ich mir als leidvolle Mahnung zu Beginn der Tour eingeprägt? Denke an Rostock! Die Triumphe auf Usedom, Helgoland und Sylt können nicht verhehlen: Das sind Inseln! Und was das Baden im Sonnenschein angeht – da geht noch deutlich mehr ...

DO YOU SPEAK MALAGASSY?

109) 02.09.16, ABU DHABI, NUAD ARTS CENTER, BLACK BOX MOBILE

100 Zuschauer, 0 Teilnehmer und 1 Band (27 Stunden)

Von all den Poetry Slams im nicht deutschsprachigen Ausland ist dies der einzige, bei dem ich zum zweiten Mal antrete.

Vor drei Jahren war ich Gast der *Abu Dhabi International Book Fair* und sechs Tage im Land. Nachdem man mich fortwährend mit samtüberzogenen Umschlägen zu pompösen Essen und Empfängen eingeladen hatte, war ich recht enttäuscht, als es hieß, am letzten Abend stünde ein ganz gewöhnlicher Poetry Slam auf dem Programm. Man ist halt schnell drin im Scheichleben. Doch was heißt in Abu Dhabi schon »gewöhnlich«? Der Slam fand unter dem Motto »Rooftop Rhythms« in der Bar eines Fünfsternehotels statt.

Obschon es ein paar Slammer gab, die unverdrossen im »Free Palestine!«-Shirt anrückten, herrschte allgemein ein gen Himmel orientierter Dresscode, der mich an einen Abiball erinnerte. Man schlürfte Cocktails.

Der Modus des Abends blieb mir dann unverständlich: Den Startern war vorbehalten zu entscheiden, ob sie ihren Text bewerten lassen wollten oder nicht, und zwischen den Runden gab es Gewinner im Publikum, die nach vorne gebeten und frenetisch bejubelt wurden. Man erklärte mir, dass sie den Ausgang der Runden richtig getippt hätten – wie auch immer das möglich sein konnte. Sie wurden wie die wahren Gewinner des Slams gefeiert, in dessen Rahmen auch noch zwei Geburtstage nachgefeiert wurden. Ein wunderbar gelöster Abend mit Expats und Gastarbeitern aus aller Welt sowie zwei, drei Emiratis. Nun also die Neuauflage:

Nein, der Slam sei leider verschoben worden, erklärte mir der *Rooftop Rhythms*-MC Dorian kurz vor meinem Abflug über Facebook. Aber es gebe an meinem Ankunftstag eine Veranstaltung, an der wir teilnehmen könnten – in den neuen Räumlichkeiten des Slams, auf dem Gelände der NYUAD. Genaueres ließe sich nicht sagen, ich solle einfach vorbeikommen, wenn ich in Abu Dhabi gelandet sei. Ich entgegnete, dass ich frühestens um 23 Uhr vor Ort sein könne. Ja, ja, keine Hektik! Mein Name stehe auf der Gästeliste.

2013 war ich im April, einem der milden Monate, in Abu Dhabi. So richtig kühl war es auch damals nicht. Aber 40 Grad um Mitternacht sind schon eine andere Sache. In den Echtwetterzonen zwischen den Herrschaftsbereichen der Klimaanlagen ist Hecheln angesagt.

Ich hechele nun schon ein paar Minuten auf dem menschenleeren Gelände der NYUAD umher, nachdem mein Taxifahrer mit dem Namen des Veranstaltungsraumes nichts anfangen konnte. In anderen asiatischen Ländern würde man sich in einem solchen Moment etwas unsicher fühlen. Aber was haben die Emirate schon mit Asien zu tun? NYUAD steht für »New York University of Abu Dhabi« – und nur ein im Denken der alten Welt Verstockter wird sich darüber wundern.

Aber ja, in Abu Dhabi gibt es eine Filiale der New York University. Sowie der Sorbonne. Es gibt auch Zweigstellen von Louvre und MET, wenngleich nur als Silhouetten ewiger Baustellen. Aber das wird schon irgendwann, ist sich jeder hier sicher. Zuversicht rules!

Wer die Vereinigen Arabischen Emirate verstehen möchte, muss sich in die Religion des Möglichmachens einfühlen. Fragen nach Sinn oder Stil sind dabei hintanzustellen und im Dunstkreis des Ketzertums angesiedelt. Hier werden Träume verwirklicht. Auch wenn niemand weiß, wer eigentlich von einer New Yorker Universität in der Wüste geträumt haben soll. Der Traum gleicht in jedem Fall dem einer Outlet-Einkaufsstadt auf der grünen Wiese. Überall Sandsteinmauern, die wie Pappmascheefassaden ausschauen, dazwischen Springbrunnen und künstliche Wasserläufe.

Ein fremder Unicampus kann sehr unübersichtlich sein. Aber an der NYUAD sitzen so viele Service- und Sicherheitsleute in den Gebäudeeingängen, dass es beleidigend wäre, offensichtlich umherzuirren. Hier muss niemand irren. Auch um Mitternacht nicht.

Nach ein paar Winkelzügen über palmenumsäumte Wege bin ich im *Arts Center* angelangt. Am Ticketcounter gebe ich mich als geladener Gast zu erkennen. Alle unter K hinterlegten Karten werden durchblättert.

»Sorry, i can't find your name – but i can give you a general ticket!«

Wieder dieses Vertrauen in meine Künstlergestalt! Ich werde ab jetzt nie mehr irgendwo den normalen Eintritt zahlen! Nur hoffe ich, dass ich überhaupt richtig bin. Es ist niemand da, um mich in Empfang zu nehmen. Man bittet mich, die Schuhe auszuziehen und auf Socken zum Veranstaltungsraum zu gehen, um die Musiker nicht zu stören. Dorian hatte geschrieben, er wisse nicht, wann die Poetry-Slots stattfänden und was genau zu tun wäre. Auf jeden Fall wird es ohne Schuhe getan.

Ich schleiche durch schwach beleuchtete Gänge im Soundgewaber der Band, die hier allen Ernstes für ein 27-stündiges Konzert angetreten ist und deren Musik in die Gänge der Einlaufschneise übertragen wird. Alle paar Minuten kommt mir ein Bestrumpfter entgegen und wünscht: »Have fun!« Nachdem ich den Ort des Geschehens gefühlt dreimal umrundet habe, betrete ich einen dunklen, quadratischen Saal, in dessen Mitte eine vierköpfige Band im Halbdunklen halbperkussive Stücke spielt. Rundherum lümmeln die Zuschauer auf Teppichen herum, einige schlafen.

Im Vorfeld hatte ich überlegt, ob ich Dorian überhaupt so ohne Weiteres wiedererkennen würde. Hier im Dunkeln halte ich das für ausgeschlossen. Jeder Typ im Raum sieht plötzlich so aus, wie ich Dorian in Erinnerung habe. Ich recke mich mit meinem Hut auf jede erdenkliche Weise in die Sichtachsen des Raumes, werde aber ebenfalls von niemandem erkannt. Um nicht der einschläfernden Gemütlichkeit der Teppiche zu erliegen, schleiche ich mich nach einer Dreiviertelstunde wieder aus dem Saal. Dabei ist es gar nicht nötig zu schleichen – Socken auf Teppich sind per se lautlos. Ich sollte ähnliche Vorschriften fürs Publikum in meinen nächsten Künstlerverträgen festlegen.

Als ich blinzelnd zurück ins Licht und Foyer gerate, erkenne ich als Erstes: Dorian. So unmissverständlich und eindeutig, als wenn wir uns gestern das letzte Mal gesehen hätten. Das soll eine Lehre sein für alle überraschten »War das nicht gerade ...?«-Momente. Man darf sich immer gewiss sein: Nein, war jemand anderes!

Dorian erklärt mir, dass der erste Poetry-Slot im Foyer um 23 Uhr stattgefunden habe, der zweite sei für 8:30 Uhr geplant. Ich muss sehr geschockt ausschauen, denn er fügt direkt hinzu, ich solle mir deswegen nicht den Tag in Abu Dhabi versauen – um die Uhrzeit wäre vermutlich eh keiner an Gedichten interessiert. Er würde sich das wohl auch sparen.

So kann ich einige Stunden später ausgeschlafen den neuen Morgen umarmen, der fast 46 Grad warm ist. Ich schwitze beim Spaziergang auf der Corniche meine gesamte Garderobe durch und traue mich trotzdem erst zum Nachmittag an den Stadtstrand, um meine Jahresbilanz der bebadeten Meere um den Persischen Golf zu erweitern. In neuer Montur gehe ich anschließend in einer der unzähligen Shopping-Malls Eis essen, obschon dies dafür die ungeeignetsten Orte sind. Die Klimaanlagen sorgen dafür, dass man sich plötzlich auch für einen Glühwein erwärmen könnte. Außerdem bin ich ohne Goldschmuck komplett underdressed. Die Emirate sind ein Land ungehemmten Glitterns. Das Café im *Emirates Palace* brüstet sich gar damit, für die Dekoration seiner Leckereien jährlich einige Kilo Blattgold zu verbrauchen – die Umkehrung des Prinzips »Aus Scheiße Gold machen«.

Von allen Seiten tönt es: Wir können alles, außer billig!

Als ich mich später mit Freunden treffe, tun wir das zum Sunset-Drink an der Beachbar eines Luxusresorts. Es gibt keine schmierigen Underground-Clubs in diesem Land – es gibt nicht einmal einen Hauch an Verständnis dafür, dass jemand so etwas toll finden könnte. Dass der Poetry Slam nun von den Fünfsternehotels auf das Gelände einer Universität umgezogen ist, entkräftigt das Luxusprimat nur unwesentlich. Die NYUAD sieht genau so aus, wie sich ein deutscher Normalstudent ein Fünfsternehotel vorstellt. Einziger Wermutstropfen: Es gibt dort keine Cocktails!

Als sich dann die unbarmherzige Sonne verabschiedet hat, schlagen meine Freunde vor, sich die Band anzuschauen, die heute in der NYUAD spielt. Das sind die Jungs von gestern, die ihre 27-Stunden-Schicht immer noch nicht hinter sich haben. Auch für mich ist der Abend nicht beendet. Um zwei Uhr nachts treffe ich Katrin am Flughafen von Abu Dhabi. Gemeinsam geht es nun in den Indischen Ozean.

»Wie war's?«, fragt sie.

»Wie in einer Kulisse. Nur sehr, sehr heiß.«

110) 10.09.16, ANTANANARIVO, GOETHE-ZENTRUM, MADAGASLAM

150 Zuschauer, 18 Teilnehmer, Gewinner: System D

Madagaskar ist eines der berückendsten Länder. Es zu bereisen, beschert in vielfacher Hinsicht die tiefsten Eindrücke fürs Leben. Natürlich Lemuren. Lemuren! Die muss man einmal in freier Wildbahn beobachtet haben, um zu spüren, dass es unter den Rippen eine von der Anatomie unentdeckte Hupe gibt, die sich zusammenzieht, sobald ein Maximum an Niedlichkeit erblickt wurde. Die Chamäleons! Der Fossa! Das Reisen im Herrschaftsbereich der seltsamen »Fadys«, die von Dorf zu Dorf variieren und mal das Mitbringen von Zwiebeln, mal eine bestimmte Kleidungsfarbe verbieten. Dann unser westliches Gemüt erschütternde Sitten wie die Totenumbettungen, bei denen man die Ahnen aus den Gräbern holt, um mit dem ins Jenseits erweiterten Familienkreis ein gemeinschaftliches Picknick auf dem Friedhof zu feiern. Und das hingelächelte »Mora, mora!« (»Gemach, gemach!«), wenn etwas, wie gewöhnlich, nicht im abgemachten Zeitplan passiert.

Ein Fossa

Am prägendsten sind vermutlich aber doch die monumentalen Landschaften, die rote Erde, die Reste der dicht bewachsenen Ursprungswälder und die wohldosierte Freundlichkeit der Menschen.

Am bedrückendsten ist die nie zu übersehende Armut des Landes.

Politische Räuberei, Hunger und längst zurückgedrängte Krankheiten feiern hier ihre Triumphe. »Wir lagen vor Madagaskar und hatten die Pest an Bord« ist seit einigen Jahren wieder hochaktuell und Madagaskar das weltweit am stärksten von der Seuche betroffene Land. Der Zustand der Straßen erfordert viel Zeit – breite Regionen sind zur Regenzeit mo-

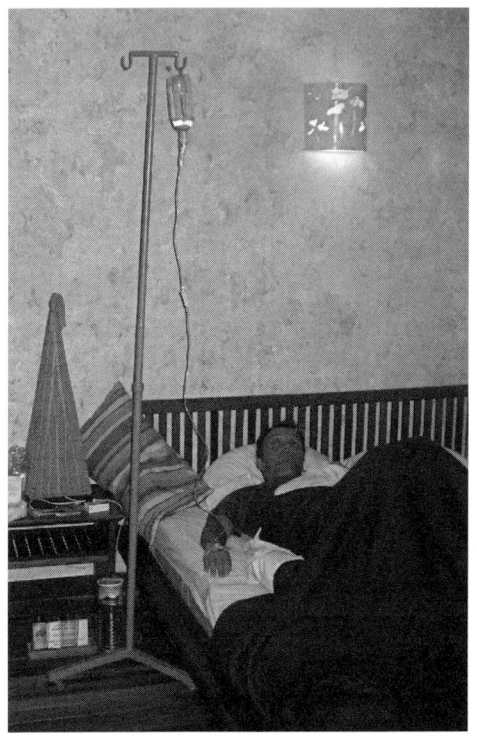

natelang nicht erreichbar, und selbst für Bewohner der Hauptstadt ist ein Ausflug in den Stadtkern ein mehrstündiger Sammelbuswahn. In ebenjener Hauptstadt mit dem klangvollen Namen Antananarivo, kurz Tana, gibt es seit vielen Jahren zwei monatliche Poetry Slams. Ja, Poetry Slams! Von denen erfuhr ich auf meiner ersten Madagaskarreise 2008 unter widrigsten Umständen:

»Hier bleiben wir nicht!«, befand Katrin, als sie mich an meinem Krankenhausbett aufsuchte. Ich lächelte erschöpft und fühlte mich unter der schmuddeligen Decke eigentlich pudelwohl. Eine wohlgenährte Krankenschwestermama hatte mir soeben eine Schale Suppe aufgezwungen und ich zum ersten Mal seit drei Tagen wieder etwas gegessen. Ein schmackhaftes Wässerchen mit mir unbekannten Blättern. An der Wand hing ein Kalenderblatt mit einem großen Foto von der Gorch Fock. Hier kümmerte man sich liebevoll um seinen deutschen Patienten. Katrin schüttelte den Kopf. »Ich frage, ob wir den Tropf mit ins Hotel nehmen können!«

Jener Tropf war nötig, weil ich seit drei Tagen nichts anderes tat, als Körpersubstanz zu verlieren. Begonnen hat es mit einem munteren Kotzvormittag im Regenwald von Masoala, seitdem war ich konstant auf vierzig Grad aufgeheizt und fantasierte vor mich her. Als wir nach zweieinhalb Tagen Rückfahrt in die Zivilisation endlich einen Flieger gen Antananarivo erreichten, war ich halb bewusstlos und Katrin am Ende ihrer Kräfte. Der Dorfmedizinmann und der Motorradarzt im Provinzstädtchen hatten nichts vollbracht. Aber der Hauptstadtdoktor war zuversichtlich: Ein Liter Antibiotika, Vitamine und Salze würden mich wieder aufrichten. Auf seinem Schreibtisch stand ein in transparentes Plastik versenktes Stückchen Berliner Mauer und er schwärmte, wie sehr er Deutschland liebe. Er hatte unser ganzes Vertrauen.

Uns mangelte es allerdings an Tropfwissen. Dass es für einen Liter Infusion nötig sein würde, die Nacht im düstergrauen Krankenhaus zu verbringen, war uns nicht unmittelbar klar. Wir erwarteten eine große Ein-Liter-Spritze: zack, rein mit der Brühe und fertig! Aber der Arzt willigte schließlich ein, dass wir mit dem Tropf gen Hotel verschwanden. Dort hatten wir eh schon das Zimmer bezahlt, und das Krankenbett wäre nun auch nicht umsonst gewesen – mal abgesehen von dem, was man dort so an Viren für spätere Krankheiten mitnähme.

Kurz darauf saß ich also etwas gebeutelt in der Rezeption des Sakamanga, während Katrin uns eincheckte, und studierte die Aushänge an der Pinnwand neben mir: Anbieter von Tagestouren, landestypische Dinner mit Tanzvorführungen und der madagassische National Slam. – *What?*

Ja, das sei damals der zweite madagassische *National Slam* gewesen, erklären mir Bini und Gad acht Jahre später bei unserem Abschiedsfrühstück im nämlichen Hotel Sakamanga. Damals sei das ja noch eine vergleichsweise kleine Veranstaltung gewesen. Bini ist Arzt, Gad ist Lehrer – beide touren unverdrossen mit Spoken-Word-Performances durchs Land und haben es auch schon einige Male nach Europa geschafft. Bei so einer Gelegenheit habe ich die beiden schon mal abgreifen und zu den *Stützen der Gesellschaft* einladen können. Der Moment, als sie auf Malagassy singend und mit den Hüften swingend an den verblüfften Münchner Zuschauern vorbei die Bühne enterten, gehört zu meinen absoluten Auftrittshighlights.

Aber man überlege sich: Da schließen zwei Poeten Klassenraum und Praxistür, um ihre Performances an weit entfernten Orten darzubieten. Was für eine beneidenswerte und keine Karriereknicke scheuende Leidenschaft für die Kunst! Dagegen köchele ich selbst doch eher auf Sparflamme, von der Sattheit des Slamruhms zermürbt.

Entsprechend brannte ich darauf, einen richtigen madagassischen

Poetry Slam in Antananarivo mitzuerleben. Der Beginn ist auf exotische 14 Uhr angesetzt. So kommt jeder nach Schluss der Veranstaltung noch bis in die heimatlichen Speckgürtel zurück, bevor es in der nicht ganz ungefährlichen Hauptstadt dunkel wird und sich der Sammelbusverkehr ausdünnt. Die meist brutal überfüllten »taxis-brousse« machen tagsüber ein gutes Drittel des Stadtverkehrs aus. Die Touristenquote unter den Fahrgästen liegt bei null. So günstig muss man es dann doch nicht haben. Meine alte Facebook-Bekanntschaft Fi verrät mir, dass er mit seinem Kollegen noch etwas kostengünstiger in die Innenstadt gekommen sei. Drei Stunden Fußmarsch. »Aber wann haben wir in Tana schon mal Gelegenheit, einen deutschen Slammer zu hören?!«

Bislang noch nie. Obschon der Poetry Slam im *Goethe-Zentrum* stattfindet, gab es niemals zuvor einen deutschen Teilnehmer im Line-up.

Fi hat Verwandte in der Nähe von Siegen und war schon einmal Special Guest meiner *Grend Slam* Show in Essen. Der zweite Zuschauer im Raum, der Deutsch spricht, ist Nesy, über den wir stets unsere Madagaskarreisen organisieren. Wir haben dank seiner exquisiten Tipps in der letzten Woche bereits einige Frühstücke mit Lemurenbespaßung genossen, einen entzückend pennenden Mausmaki im Zimmer entdeckt und das verrückteste Geschöpf des Planeten, das Fingertier Aye-Aye, bei einer Nachtwanderung aufgespürt. Nesy hat für den Fall, dass sich eine deutsche Reisegruppe nach Madagaskar verirrt, meinen »Mehr Kacheln!«-Band mit den Lemurengedichten in der Bibliothek seiner Mini-Reiseagentur bereitstehen. Das schmeichelt mir und veranlasst mich, den beiden zuliebe meine Vorträge auf Deutsch abzuhalten. Die englische Version hätte unwesentlich mehr Personen im Publikum erreicht – die dominante Slamsprache ist Malagassy, der Rest der Texte wird auf Französisch vorgetragen. Aber selten traf der alte Slamsatz besser zu: »If you don't understand the poem, feel it!« Ich schaue von der Bühne in fasziniert lauschende Gesichter, einzelne Slammer jubeln sich begeistert zu, je stärker meine Textpassagen in Lautstärke und Schnelligkeit variieren. Das sei neu für sie, diese theatralische Sprache im Slam, erklärt man mir später. Sehr inspirierend, fügt ein Gastslammer von der Nachbarinsel Mayotte hinzu und kündigt an, gleich heute Abend einen neuen Text zu schreiben. Nun, für Inspiration habe ich zu danken.

Die madagassischen Poeten orientieren sich stilistisch an den Slamgepflogenheiten der ehemaligen Kolonialmacht Frankreich. Die Begrenzung auf drei Publikumsjuroren und drei Vortragsminuten entspricht dem amerikanischen Original. Die Themen sind dagegen madagassisch pur.

»Ui«, seufzt Nesy, »sie sind sehr frech!«

Nesy dient uns als Übersetzer der dargebotenen Texte und ist zum ersten Mal auf einem Poetry Slam. Meistens fasst er zusammen, dass es um die Lebensbedingungen und Hoffnungslosigkeit der madagassischen Jugend geht, Hunger, Korruption, aber »sehr, sehr frech!« Er ist beeindruckt. »Dass die sich das trauen ...«

Obwohl Madagaskar kein diktatorischer Unrechtsstaat der harten Sorte ist, sind die Machtverhältnisse doch recht dubiös, und Vetternwirtschaft ist an der Tagesordnung. Die letzten Präsidenten waren ein Joghurthersteller und ein Radio-DJ, zum Teil gewählt, zum Teil hochgeputscht. Es kann von Vorteil sein, mit seiner Meinung hinter dem Berg zu halten, wenn man unbehelligt studieren und einen entsprechenden Job im Land erlangen möchte. Afrikanische Machthaber sind nicht gerade bekannt dafür, Widerspruch demokratisch auszuhalten. Was die Slammer in Antananarivo auf der Bühne von sich geben, ist politischer Zündstoff. Ein wirkliches Anliegen, nicht bloß der Wille, sich als beste Rampensau zu profilieren. Dementsprechend fallen die Reaktionen im Publikum aus: Es erinnert an die Zustimmungsrufe in einem Demonstrationspulk, wenn vom Podium zentrale Missstände angeprangert werden.

Der Slam gerät lang bis sehr lang, weil immer neue Starter eintreffen, die noch in Halbfinale und Finale zusteigen. Gott, der Verkehr in der Stadt ist Chaos pur, nehmen wir es nicht so eng mit dem Wettbewerb – schön, dass ihr's geschafft habt! Mora, mora.

Fi und sein Freund verabschieden sich kurz vor Schluss, um ihren langen Rückweg anzugehen; Nesy laden wir zum Essen in unser Hotel ein. Es ist bereits dämmerig, und wir könnten als Weiße den Weg ohne seine Begleitung nur mit dem Taxi antreten. Win-win-Situation. Er ist immer noch tief beeindruckt von dem Poetry Slam. Ich auch.

»Schade, dass ihr nicht dabei wart!«, sage ich einige Tage später zu Gad und Bini, die freilich als Verantwortliche des *Madagaslam*-Vereins schon etliche Slams in *Goethe-Zentrum* und *Institut Française* miterlebt haben. Sie kommen von einer Tour in Tulear zurück, wo auch ich vor Kurzem noch am Strand entlangspaziert bin. Nun steht die Organisation des National Slam von Madagaskar auf dem Programm, in diesem Jahr auf elf Tage angesetzt. Ich bin mehr als traurig, die Einladung mit gesponsertem Flug wegen einer bereits gebuchten Costa-Rica-Reise ausschlagen zu müssen. Auch nach zwei längeren Aufenthalten im Lande habe ich nicht im Entferntesten den Eindruck, Madagaskar zu überblicken.

Nesy hatte uns nach der Krankenhausgeschichte 2008 bereits für ein Madagaskarcomeback abgeschrieben. Aber der *China Chemicals Ltd.*-Cocktail hatte damals Wunder bewirkt. Ein Liter davon – und ich fühlte mich fit genug, um am nächsten Morgen auf die madagassische Bade- und Pirateninsel Sainte Marie zu fliegen. Solche Cocktails könnte ich auch an anderen Abenden zur Selbstmedikation gebrauchen.

Da seinerzeit die Infusionslösung nur als Halbliterflasche verfügbar war, musste gegen vier Uhr morgens ein Pfleger herbestellt werden, den Behälter zu wechseln. Zur Nachtschicht war aber niemand mehr in der Klinik, der Englisch oder Französisch gesprochen hätte. Deshalb wurde ausgemacht, dass wir nur den Namen unseres Hotels als Kennwort durchgeben: »Sakamanga!«, was übersetzt »blaue Katze« heißt.

Ein Telefonat um vier Uhr morgens, das nicht mehr zum Inhalt hat als eine blaue Katze – das gibt es sonst nur im Agententhriller.

111) 15.09.16, BELO TSIRIBIHINA, LAKANA BE 3, FAREWELL-LUNCH
8 Zuschauer, 2 Teilnehmer, Gewinner: Doppelsieg

Am letzten Tag der Schiffsreise teilt uns Jonny beim Frühstück mit, dass es üblich sei, zur Verabschiedung ein kleines Fest zu feiern. Bei diesem soll zum einen ein Mitglied der achtköpfigen Mannschaft, zum anderen einer der Passagiere eine Rede halten, die die gemeinsame Zeit an Bord hochleben lässt. Ob das für uns in Ordnung sei? Meine Co-Passagierin Katrin jubelt Zustimmung, und ich bin mir bewusst, dass nicht sie diese Rede halten wird. Und andere Passagiere gibt es nicht auf der *Lakana Be 3*.

Auf Madagaskar wird der feierlichen Rede eine große Bedeutung beigemessen. »Kabary« heißt die Kunstform, wortgewandt und in hochstilisierter Sprache Emotionen zu schüren. Keine Hochzeit oder Geburt kommt ohne solch einen lyrischen Rhetorikprofi aus. Jene Redner stehen oftmals im Rahmen des Straßenerzähltheaters »Hiragasy« im Wettstreit mit anderen Rednern und Gruppen und machen ganz ähnlich wie bei einem Poetry Slam untereinander aus, wer der Beste ist.

Mein Gegner ist der alte Maschinist der *Lakana Be 3*, der nicht ahnen kann, dass er heute keinem der üblichen Vortragsrookies gegenübersteht, die er sonst so den Tsiribihina hinunterschippert. Er hat sich auf der zurückliegenden Fahrt einige Male als anrührender Sänger präsentiert – nachdem ihn der Rest der Mannschaft und die quasi ständig singenden Köchinnen charmant dazu nötigten. Der Umstand, dass er – und nicht unser Ansprechpartner Jonny mit seiner abenteuerlichen Dialektvariante des Englischen – die Rede der Crew halten wird, setzt ein Zeichen: Der Maschinist ist ein erfahrener Meister des »Kabary«.

Und er ist Melancholiker. An jedem Abend der Reise setzte er sich an den Bug und schaute für zwei Stunden in den prächtigen Sonnenuntergang, der einen weiteren Tag auf dem Tsiribihina beschloss. Ein einsamer Mann, dem Alter und Erfahrung im Kreis der halb so jungen übrigen Mannschaft eine Verständnisbarriere bedeuten müssen. Ein Dichter, sicherlich.

Auch für mich gibt es genug zu bedichten. Die Fahrt über den gemächlich strömenden, manchmal bedrohlich seichten Fluss hat uns etliche Erfahrungen aufgezwungen. Drei Tage ohne Strom und Wasser an den Ufern zu zelten, auf denen sich noch am Tag riesige Krokodile sonnten, ließen einen jeden nächtlichen Pinkeldrang verfluchen. Klar, die Viecher sind tagaktiv. Aber was, wenn gerade heute Nacht so ein evolutionärer Sprung vonstattengeht, der die Entwicklung der Arten seit Anbeginn antreibt?

Die Tagesstunden genossen Katrin und ich vom Sonnendeck der *Lakana Be*: zwei auf dem Schiffsdach aufgestellte Liegen unter einem im-

provisierten Baldachin. Wir fühlten uns wie ein sehr günstig zufrieden-
zustellendes Königspaar von Afrika. Ich schreibe also:

> *»There are people hard working – their number is: eight*
> *And there's two on the top – just gaining some weight«*

Zum ersten Mal habe ich an Bord richtig zu tun – ein Gedicht bis zum
Mittagessen verfassen! Bislang stand nichts anderes als Die-Gegend-Be-
trachten auf dem Tagesprogramm: menschenleere Wildnis, illegal gero-
dete Flächen, Baobabs, Fledermausfelsen (Foto S. 194), Lemuren und
Papageien – und immer wieder fröhlich winkende Kinder, die aus dem
Nirgendwo ans Ufer stürmen. Manchmal kaufen die Köchinnen ihnen
ein Huhn oder einen schleimigen Wels ab. Wir müssen uns an den in
der Heimat verheimlichten Anblick gewöhnen, dass vor dem Essen das
Töten steht. Dabei wird ständig getanzt und gesungen. Die XXL-Fröh-
lichkeit der Köchinnen gehört ins Gedicht – wie jeder der Crew einen
Vers erhalten soll, natürlich auch Jonny:

> *»In the distribution of pencils – he's really a master«*

Gestern beschlossen wir nach einem Landgang, den Kindern eines Fischerdorfs, die uns die ganze Zeit begleitet hatten, ein paar Stifte zu schenken. Um aber keinen Unfrieden zu stiften, schauten wir noch mal in den Beutel mit unseren gesammelten Schätzen: Sollte eigentlich für sämtliche Kinder im Dorf reichen.

Wir baten Jonny, alle Kinder herzurufen, die einen Stift gebrauchen können. Um den Pulk von rund vierzig Schreibanwärtern zu bändigen, reihte er sie auf und ordnete an, nach Übergabe den Arm mit dem Stift in die Höhe zu recken. Damit keiner klammheimlich der neue Stift-Don des Dorfes würde. Professionell.

»Ich habe ein Gedicht über unsere Zeit an Bord geschrieben«, kündige ich an, nachdem das Dessert abgeräumt ist und alle am Tisch Platz genommen haben. »Es heißt ›Two and a half dae on da *Lakana Be*‹.«

Jonnys Augen funkeln. Die anderen Augen funkeln, nachdem Jonny meine Ankündigung auf Malagassy übersetzt hat. Der Maschinist blickt auf. Dann erhebe ich mich und intoniere nach bester Slamart. Ungläubiges Staunen, dann Szenenapplaus nach jedem Vers, gefolgt von herzlichem Lachen nach dessen Übersetzung. Heute hole ich alles an Anerkennung raus, was ich abends zuvor bei den Tanzversuchen am abendlichen Lagerfeuer eingebüßt habe. Nun fällt der Abschied wirklich schwer.

Wie schwer, das zeigt sich erst in der Rede des Maschinisten. Der erwartete Meister der Melancholie rührt uns alle zu Tränen, und selbst der größte Pathos schmiegt sich ans verstehende Nicken. Eine Tiefe, gegen die der Tsiribihina nicht ankommt. Hut ab!

Dann gehen Katrin und ich an Land. Für die Crew geht es nun den langen Weg zurück stromaufwärts, um neue Touristen abzuholen, die sich ebenfalls vor Krokodilen fürchten und dem Charme der Dorfkinder erliegen werden. Und vielleicht wird auch die nächste Fahrt mit einem Slamgedicht aus Touristenmund besungen. Für uns ist in diesem Moment und noch vor dem morgigen Aufstieg in die Tsingy-Felsen ein Höhepunkt der Reise erreicht.

112) 23.09.16, VICTORIA, CAZ ZANANA, BLING BLING POETRY SLAM

100 Zuschauer, 15 Teilnehmer, Gewinner: kein Wettbewerb

Nicht einmal zwei Flugstunden entfernt von dem in so vielen Punkten prekären Madagaskar breitet sich ein Paradies der Sattheit aus: die Seychellen.

Bereits in der ersten Nacht ergießt sich ein gewaltiger Regenschauer über die Insel – umso satter erstrahlt am Morgen die üppige Vegetationspracht im Sonnenschein. Die Geckos bellen gegen den anbrechenden Tag an, unterschiedlichste Vogelarten jubilieren, und alles wächst und gedeiht. In einem Grün, durch dessen Anblick man schwanger zu werden meint, selbst als Mann. Die Seychellen sind kein reiches Land *im eigentlichen Sinne.* Sie machen nur deutlich, dass es Paradiese gibt, die das »im eigentlichen Sinne« nur milde belächeln können. Um das zu erfühlen, muss man nicht einmal an den Strand gehen. Aber sobald man an den Strand geht, weiß man, oh ja, was ein Strand ist. Welcome to Flitterwochencountry!

Wir sind nun zum vierten Mal auf den Seychellen. Das erscheint etwas inflationär für einen Ort, den manche mit Bedacht nur einmal im Leben aufsuchen. Aber als ich beim Erkunden möglicher Flugverbindungen nach Madagaskar auf den Umstieg auf Mahé, der Hauptinsel, stoße, denke ich sofort: »Nee, das geht nicht!« Das ist wie mit Venedig.

Ich starte einen jeden Datenschutzbeauftragten in die Verzweiflung stürzenden Mailverkehr mit der afrikanischen Fluggesellschaft und buche einen viertägigen Zwischenstopp auf den Seychellen. Ich bin mir sicher, dies sei die letzte Landmasse, auf der es keinen Poetry Slam gibt und wo wir Gelegenheit haben werden, einfach nur ein paar Tage Urlaub zu machen. Dann erfahre ich von Raspyek. Eine menschgewordene jamaikanische Oase im Indischen Ozean.

»Raspyek ...«, seufzt Madame Brioche beinahe schwärmerisch, als sie mir die Telefonnummer des Mannes überreicht, der den kompletten Tag versucht hat, mich in der Pension zu erreichen.

»Kennen Sie ihn?«, frage ich verwundert unsere Herbergsmutter.

»Nicht persönlich, natürlich. Ich kenne ihn aus dem Fernsehen. Er macht gute Gedichte.«

Das vierte Mal bin ich schon in dieser Pension zu Gast, heute steige ich immens in der Wertschätzung des Hauses. Gleichfalls steigen die Seychellen in meiner Wertschätzung: ein Paradies, in dem Dichter ihre Poeme über TV verbreiten!

»Vielleicht einmal im Monat«, versucht Raspyek, das am nächsten Morgen abzuschwächen, »das Fernsehen hat hier sonst eben nicht viel zu berichten.« Für mich klingt das immer noch wie ein mediales Schlaraffenland.

Im *Caz Zanana*, dem Haus der umgedrehten Ananas, sehe ich mein Konterfei auf dem Plakat, das den Poetry Slam ankündigt und alle Poeten, Rapper und Sänger von Mahe einlädt. Es wird darauf hingewiesen, dass alle Snacks und der Eintritt umsonst seien, nur Getränke kosten etwas. Schlaraffenland pur.

Raspyek ist etwas nervös, was den Ablauf des heutigen Abends anbelangt – viele lokale Politiker und finanzielle Unterstützer seiner *Bling Bling Poetry Association* haben sich angekündigt. Ebenso die deutsche Honorarkonsulin, die innerhalb der deutschen Community kräftig Werbung gemacht hat. Es ist schließlich der erste überlieferte Auftritt eines deutschen Dichters auf den Seychellen. Raspyek hat sich entsprechend vorbereitet.

»Ich kenne zwei deutsche Sätze: ›Ich liebe dich.‹ Und, das ist etwas böse: ›Heil Hitler!‹«

Wir zucken zusammen. Raspyeks Freundin schaut genervt.

»Bei meinen Ankündigungen mache ich gerne freche und verrückte Sachen. Wir haben ja noch nie Besuch von der deutschen Community bei unseren Veranstaltungen gehabt. Glaubt ihr, dass man es machen kann, dass ich die Deutschen mit ›Heil Hitler!‹ begrüße? Wäre das ein bisschen lustig?«

»Äh ...«, gefühlt habe ich noch nie weiter zu einer Erklärung ausgeholt, »›lustig‹ ist nicht das richtige Wort.« Am Ende kommen wir überein, dass so ein Begrüßungsüberfall einen zu problematischen Einstieg in den Abend bedeuten könne. Raspyeks Freundin atmet durch.

Nachdem das geklärt ist und ich geschluckt habe, dass von mir ein auf 45 Minuten ausgedehntes Programm erwartet wird, fahren wir an den Strand von Beau Vallon. Sehr bedacht darauf, die Garderobe für heute

Abend vorm Sand zu bewahren und uns nicht zu sehr mit Salzwasser und Sonnencreme zu besudeln. In zwei Stunden ist schließlich Empfang der Konsulin.

Zurück auf der luftigen Veranda des *Caz Zanana* entdecken wir, dass indes die Fahnen gehisst worden sind: Die Flagge der Seychellen und die deutsche flattern von den Rednerpulten. Halleluja, so offiziell habe ich mir das nicht vorgestellt! Wir starten mit Bob Marleys »Redemption Song«, dann folgt ein buntes Potpourri von herzzerreißender Naturlyrik, Rastafari-Poemen und Rap-Songs – für die gar eine siebenköpfige Crew die Bühne entert. Unbefangener kann ein Poetry Slam wohl nicht ablaufen: im lauwarmen Abendwind, umzirpt von Grillen und ohne jeden Wettbewerb.

Ich wundere mich als alter Satiriker, dass auch jedes noch so schwülstig geratene Gedicht über die Schönheit von Meer und Insel keine Brechung erfährt. Die Vortragenden machen äußerlich den Eindruck von Menschen, denen durchaus der Schalk im Nacken sitzt – und irgendeine Art von Problem muss doch auch auf den Seychellen überlebt haben? Selbst die Rapper singen Liebeslieder oder sinnieren über das chillige Leben am Strand.

»Ja, das stimmt«, bestätigt mir ein älterer Rasta. »Und eigentlich haben gerade unsere jungen Leute jede Menge Ärger und Zukunftssorgen. Aber, Mann, schau dich um: Hier ist das Paradies! Und es gibt so viele gute Leute hier. Heute Abend wollen sich alle eine schöne Zeit machen.«

Gar keine so leichte Übung: einfach zu genießen, dass alles wundervoll ist – und darüber auch noch einen Text zu schreiben. Aber einen Tag später, als ich die Strände von La Digue entlangradele, denke auch ich, diese Lektion gelernt zu haben. Ironie, lebe wohl, das ist Schönheit! Punkt.

ALTE LIEBSCHAFTEN UND NEBENDISZIPLINEN

Ein Dreivierteljahr Mammuttouren ist so gut wie vollbracht. Gefühlt ist das Jahr mit der Madagaskarreise für mich beendet. Mehr Eindrücke gehen nicht in den Kopf. Und nach diesem vorgezogenen Finale stellt sich auch das Gefühl ein: Hey, geschafft – du bist kein Slammer mehr! Zieh noch ein paar Schritte zur Auflockerung durch, die Ziellinie hast du hinter dir! Ich werde weiterhin all die netten Menschen treffen und gegen sie antreten, aber im Kopf checke ich schon durch, wen ich wohl im nächsten Jahr noch wiedersehen will und werde.

113) 28.09.16, SINGEN, GEMS, POETRY SLAM SINGEN
300 Zuschauer, 7 Teilnehmer, Gewinner: Laura Gommel

Singen gibt sich unverdrossen: Zum Einstieg in das postmadagassische Slamquartal lässt mich die Stadt als Punktbesten derart triumphal ins Finale einziehen, als ginge es darum, mich im umschmeichelnden Ambiente noch mal mit meiner alten Liebe zu verkuppeln. Danke. Aber da läuft nichts mehr zwischen uns!

Apropos Singen, da gab's doch noch eine alte Liebe ...

114) 02.10.16, ESSEN, GREND, 30 JAHRE MARILYN'S ARMY FESTIVAL
200 Zuschauer, 8 Bands, Gewinner: Publikum

Der geneigte Leser mag bereits denken, einen guten Überblick über meine Machenschaften im Jahre 2016 gewonnen zu haben. Nun muss ich offenbaren, dass ich einen wesentlichen Teil bislang verschwiegen habe. Denn im ersten Halbjahr habe ich jede Zugfahrt, die Nordrhein-

Westfalen passierte, dazu genutzt, in Wattenscheid auszusteigen, um im Proberaum und Studio meiner Band *Marilyn's Army* ein, zwei Lieder für unser zwölftes Album einzusingen.

Es ist ein dummer Zufall, dass unser 30-jähriges Bandjubiläum ausgerechnet in mein prall gefülltes Slamabschiedsjahr fällt – und ich bin stolz wie Bolle, dass trotzdem zum heutigen Jubiläumskonzert die frisch gepresste CD »Dies ist nur 1 Test« mit 16 neuen Liedern vorliegt. Denn wie schwer es mir fallen mag, die Beziehung zum Poetry Slam zu lösen – die meisten Liter meines Herzbluts sind mit der *Army* vergossen worden. Was da gemeinsam an Leidenswegen gegangen wurde, würde etliche Bücher füllen.

Das Darben einer Band auf Tournee durch die Erfolglosigkeit ist nicht nur um vieles schlimmer als die Glücklosigkeit beim Slam – es wird den Beteiligten auch um Längen schlechter vergolten. Heute Abend teilen sich 17 Musiker das Eintrittsgeld, das sich bei meinen Slamveranstaltungen am gleichen Orte vier Menschen sichern. Von dem Eintritt müssen bei einem Konzert jedoch noch der Mehraufwand an Technik und Licht sowie die Arbeitszeit des Live-Mischers abgezogen werden.

An solch einem Abend – der schon am frühen Nachmittag mit dem Soundcheck der ersten Band beginnt – offenbart sich die Ökonomie des Poetry Slams: keine Kosten, kein Zeitaufwand, jede Menge Publikum.

Moralischer Zwischencheck: Werden Ihre Besuche von Poetry Slams und Comedyshows durch mindestens ebenso viele Clubkonzerte ausgeglichen? Wenn nicht, ändern Sie Ihr Freizeitverhalten! Oder machen Sie sich auf eine Standpredigt beim Jüngsten Gericht gefasst.

Heute Abend streift unser Vorgruppenprogramm auch die Slamily: Neben einigen reanimierten Bands der Essener Musikgeschichte stehen zwei Kombos mit Slammerbeteiligung auf der Bühne. Die interpretieren alte Hits der *Army*, damit wir uns einen Live-Durchlauf des kompletten neuen Albums leisten können. Es macht einen Riesenspaß, Wolf Hogekamp und Florian Wintels mal als Musiker auf der Bühne zu erleben, und mit Renato Kaiser hat der Abend einen küssenswerten Slamconferencier aus der Schweiz. Über meinen Auftritt scheinen die drei dann überrascht bis besorgt – dabei erleben sie mich ja, weiß Gott, nicht zum ersten Mal auf der Bühne. Aber da, wo es bei der Poetry-Performance mit der Inbrunst getan ist, setzt in der Musik die Ekstase an. Das Immer-wieder-Hochpeitschen aus dem Loch der Erschöpfung, beim Alles-Geben in nicht vorhandenen Reservoirs zu räubern … Jene Momente, an denen man meint, gleich ohnmächtig zu werden oder zu sterben – und nichts drauf zu geben: Das ist Bühne.

Was das nun mit Slam zu tun hat?! – Ob meiner Bandvergangenheit wurde ich des Öfteren gefragt, ob ich denn auch für einen → **Songslam** zur Verfügung stände.

»Gerade wegen meiner Bandvergangenheit nicht!«, hätte die Antwort sein müssen. Alle Songslams, die ich bislang als Special Guest miterlebt habe, waren Monopole der welterklärenden Singer/Songwriter-Gilde. Deren notorische Altklugheit ist in der Regel so ermüdend und dröge, dass sie mich wundern lässt, was bei den jungen Leuten alles falsch gelaufen ist. Irgendwie landen sie immer bei Xavier Naidoo und Wegen, die für sie und die Welt schwierig zu gehen sein werden. Ihr ahnt nicht, wie schwierig das alles für *mich* ist! Nach 35 Jahren Warten kommen die Jungscharleiter und Jugendpfarrer doch noch zum Zuge. As if punk never happened. Und Techno sich ebenfalls verleugnen ließe.

Als Verfechter anderer musikalischer Werte wird man bei einem Songslam vermutlich noch klarer abgewatscht werden als beim normalen Slam. Das muss ich ahnen – will es aber nicht erleben! Daher sicherlich kein Songslam auf meiner Abschiedstour und für den Rest meines Lebens. Stattdessen dieser Vertretungsabend, der mit dem Aufruf enden soll: Bildet Bands, verdammt noch mal!

 *Exkurs: Ein Lagerfeuer aus euren Gitarren*
http://www.hirnpoma.de/slammed/exkurs22.html

115) 05.10.16, TÜBINGEN, SCHLACHTHAUS, POETRY SLAM TÜBINGEN
200 Zuschauer, 6 Teilnehmer, Gewinner: Philipp Multhaupt

Meine gesamte Slamkarriere über war es so, dass ich den Tübinger Hauptbahnhof durch den Hinterausgang verließ und ein paar Straßenecken weiter im immer gleichen Lokal stets warmherzig von Asli in Empfang genommen wurde. Das Lokal wechselte andauernd seinen Namen und Betreiber. Alles andere blieb.

Aber heute geht es zur anderen Seite aus dem Bahnhof. Der Tübinger Slam ist umgezogen.

Das bewahrt mich davor, in Tübingen zu sterben. Selbst wenn ich morgen früh sehr knapp am Bahnhof ankommen würde, käme ich nicht in Versuchung, den zur Abfahrt bereiten Regionalzug noch zu erwischen, indem ich quer über die Gleise laufe. Das habe ich vor zehn Jahren, in Highlandersieg-und-Jägermeister-beflügelter Einfalt gewagt. Seither habe ich den aus dem Nichts knapp an mir vorbeibretternden Güterzug als Albtraum abgespeichert. Wenn dieses Buch einen erzieherischen Zweck erfüllen kann, dann diesen: Ich habe fest geglaubt, dass ich rechtzeitig sehen oder hören würde, wenn sich so etwas Großes wie ein Zug auf mich zubewegt. Falsch. Wagt es nicht! Spart euch den Tod für eine Rockstarshow auf!

Mit Freuden stelle ich fest, dass es auf beiden Seiten Tübingens gewissermaßen gleich ausschaut: Sowohl Moderator Harry als auch Asli sind noch in Verantwortung, den Tübinger Slam über die Bühne zu bringen, ich bin der Special Guest. Wir drei fallen heute Abend derartig aus dem Rahmen wie die Lehrer auf einer Klassenfahrt. Irgendwie gehören wir zwingend dazu, irgendwie sind wir ganz weit weg.

Wir stehen vor Semesterbeginn – frische Erstis sind eingetroffen. Darunter Slammer, die ihre ersten Gehversuche schon in ihren Heimatstädten hinter sich gebracht haben und nun für die Dauer eines Bachelorstudiengangs die Szene Tübingens bestimmen werden. Andere verabschieden sich heute von Stadt und Studium, was eine gewisse Melancholie im Saal freisetzt. Das ist der Lohn einer offenen Teilnehmerliste: Slammer, die über ihre regelmäßige Teilnahme und fortwährende Textproduktion zu Kleinstars einer Stadt werden. Die Gewitzteren unter ihnen werden schon bald den Verlockungen einer Profikarriere erliegen und mit zwei guten Texten im Gepäck drei Jahre lang die Slamrepublik abtouren. Für die anderen ist im Hölderlinturm am Neckar-Ufer sicherlich noch ein tristes Kämmerchen frei. Der alte Melancholiker hat es dort immerhin 35 Jahre ausgehalten, ohne sich vor einen Zug zu schmeißen.

116) 06.10.16, LINDENBERG IM ALLGÄU, HUTMUSEUM, POETRY SLAM LINDENBERG

200 Zuschauer, 7 Teilnehmer, Gewinner: Kaleb Erdmann

Heute keine Gefahr von kreuzenden Zügen! Lindenberg ist ein Ort ohne Bahnhof, aber mit einer Bahnhofstraße. Das gibt es oft. Ich frage mich: Was muss das für ein Gefühl sein, wenn die Heimatstadt trotz intaktem Gleisbett plötzlich nicht mehr für haltewürdig befunden wird? Den meisten Leuten mag es egal sein, solange die Parkplätze nicht reduziert werden.

Immerhin verfügt Lindenberg über ein Hutmuseum. Für mich als ikonenhaftem Hutträger ist der heutige Slam also eine Pflichtstation. Googelt man »Hutmuseum«, stößt man tatsächlich als Erstes auf Lindenberg, weil die Stadt *die* deutsche Hutstadt ist und mit Mayser immer noch einen der größten Huthersteller beherbergt.

Aber auch in diesem Punkt muss sich Lindenberg mit einem Phantom begnügen – die Firma hat zwar noch ihren offiziellen Sitz in der Stadt, fertigt aber längst in der Slowakei. Alle anderen 33 Firmen, die in der Blütezeit den Ruf der Hutstadt begründeten, sind längst Vergangenheit. Geblieben sind nur das Museum, die Bahnhofstraße und der jährlich gefeierte »Hut-Tag«.

Ich bin *der* Hutträger der deutschen Slamszene. Seit 2009 habe ich den Elkader so unnachgiebig zu meinem Markenzeichen gemacht, dass manchem Nachwuchsslammer schon dringend abgeraten wurde, mit einem Hut ähnlicher Bauart aufzutreten.

Was Theresa Hahl ihre Mütze, Sebastian 23 seine Kappe, ist mir mein Stetson. An auftrittsfreien Tagen trage ich ihn meistens nicht. Dann laufen enge Slammerkollegen an mir vorbei, ohne mich zu erkennen, oder bedienen mich ahnungslos bei ihrem Kellnerjob: »Haben Sie schon gewählt?«

Ohne seine etablierten Identitätsanker schleicht man anonym durch die Masse. Zu meinen Zeiten als Webmaster von Motor Music bin ich einmal mit den Jungs von *No Doubt* durch Hamburg gezogen. Dabei sind wir Fans mit frisch erstandenen Shirts der Band begegnet, die ebenfalls nach dem Konzert noch Feierbedürfnis verspürten. Aber wer erkennt die Musiker schon ohne Gwen Stefani?

»Ich habe dich noch nie ohne Hut geseh'n!«, stellt immer mal jemand fest.

»Du hast mich einfach nicht erkannt«, könnte ich entgegnen. »Ich habe damals Kässpätzle bestellt.«

»Aber wenn, aber wenn ...«

Ja, wenn ich den Hut nur auf der Bühne regelmäßig trage, ist er streng genommen immer ein Verstoß gegen die → **Slamregeln** gewesen. »Keine Kostümierung!« heißt es an jedem Slamabend bei der Erklärung des Regelwerks. Acht Jahre habe ich also in der Illegalität gelebt.

Zur Entschuldigung kann ich anführen, dass mir der Hut keinesfalls zum Vorteil gereichte. Mit ihm endete auch meine Ära der Siegesserien. Ich befürchte, dass er eine arrogante Aura versprüht, die beim Slam die entscheidende Nuance Sympathieeinbuße und Punktabstrich bedeuten kann. Vermutlich Neid. Weil ich einfach zu super damit ausschaue.

So gesehen wäre mein Hut nach Abschluss der Tour ein Kandidat für das Lindenberger Hutmuseum. Ich bringe ihn gerne vorbei. Zur Wiedereröffnung des Bahnhofs.

117) 09.10.16, MÜNCHEN, SUBSTANZ, ORIGINAL SUBSTANZ SLAM
350 Zuschauer, 10 Teilnehmer, Gewinner: Deborah Emmanuel

Meine letzte intakte Nabelschnur zum Slam ist mein Team *Die Stützen der Gesellschaft*, das längst die Startberechtigung zum National 2016 erhalten hat und heute beim altehrwürdigen *Substanz Slam* mitmischt. Wir beherrschen unsere beiden Texte eklatant gut und bespielen ein Terrain zwischen klassischer Ballade und Dramolett – was uns meilenweit apart von den immer gleichen Slamduetten des Teamwettbewerbs verortet. Besser aufgestellt war ich noch nie für einen National. In einem Monat wissen wir mehr.

118) 14.10.16, HALLE, FRANCKESCHE STIFTUNGEN, SCIENCE SLAM
0 Zuschauer, 0 Teilnehmer

»Gleich im ersten Saal, unserem Space 1, sehen Sie eine großflächige Arbeit von Frank Klötgen«, klärt der Leiter des *Kunsthauses Dortmund* die Besucher der Vernissage *Schwitzkästen* auf. Über satte 107 Quadrat-

meter ausgebreitet sind zweitausend meiner Bücher zu betrachten. Ich habe aus ihnen den Gefängniskomplex Guantanamo gebaut. Die kunstverständigen Besucher schauen etwas skeptisch. Willkommen zu einer Köpenickiade, willkommen zu meiner Bucharchitektur!

Keine Ahnung, was mich 2011 geritten hat, auf Facebook einen Auftritt in Köln mit einem Foto anzukündigen, das eine Palette »Mehr Kacheln!«-Bücher zeigte, von deren Frontseite sich zwei Türme aus gestapelten Büchern erhoben. »Der Kölner Dom«, schrieb ich als Kommentar. Soundso vielen Leuten gefiel das. Grund genug jedenfalls, von nun an jede Woche eine Silhouette mit meinen daheim gelagerten Büchern nachzubauen. Über die Übung kam der Feinschliff – irgendwann ging es nicht mehr um Silhouetten, sondern um neckische Details und statischen Wagemut. So folgten bald Buchbauten vom Schiefen Turm von Pisa, der Akropolis, dem Todesstern. Auch den Berliner Flughafen baute ich. Pünktlich zum ersten Eröffnungstermin.

Über einen Beitrag auf *ZDFkultur* wurde das Goethe-Institut auf meine Buchbauten aufmerksam und lud mich ein, mit ihnen die Buchmesse in Abu Dhabi zu verschönern. Das tat ich. Vor etlichen Fernsehkameras. Ich war jetzt »der Buchkünstler« und wurde als solcher zu Live-Bauten eingeladen. Ein Vier-Meter-Turm in Dubai, den neuen Flügel vom Westfälischen Landesmuseum in Münster, das Künstlerhaus Hannover oder eben Guantanamo – ich habe gebaut und gebaut und gebaut. Tonnen meiner Bücher wurden durch die Welt verschifft. Selbst die *Bild-Zeitung* hat darüber geschrieben.

Das sollte mir nun mein erstes Engagement für einen Science Slam bescheren: »Zeitgenössische Bucharchitektur im Nahen Osten – kulturelle Dispositionen und Differenzen« heißt mein Beitrag. Der weltgrößte Bucharchitekt plaudert aus der Praxis und erklärt die Prinzipien literarischen Bauens. Es war weit im Voraus geplant. Zu weit, wie sich herausstellt.

»Hat sich leider alles noch einmal um einen Monat verschoben!«, erfahre ich fünf Tage vorher. Damit ist die Sache geplatzt, wir finden keinen passenden Termin mehr in diesem Jahr.

Vielleicht auch besser so. Schon das Bücherbauen ist mir in seiner heißen Phase etwas unheimlich geworden – jetzt bloß nicht eine Metakarriere starten mit dem Reden über Buchbauten! Die Science Slams erfahren zurzeit einen wahren Erfolgszug. Da wären Gelegenheiten und Versuchungen genug, in einer neuen Sparte eine zweite Slamlaufbahn einzuschlagen.

Mag sein, dass die Zuschauer sich tatsächlich gerne zehn komprimierte Minuten über ein wissenschaftliches Thema anhören. Mag sein, dass sie einfach blindlings zu allem hinrennen, wo »Slam« draufsteht. Es gibt Chorslams, Predigtslams, Kurzfilmslams, Puppetry-Slams und sogar einen *I-Slam* für Muslime – ein Wortspiel, das in einem sehr frühen Berliner Slamtext mal als blöder Scherz gedacht war. Nun ist es Realität. Ich erwarte in Kürze die Einladung zum ersten Buchbauslam.

Natürlich spürt man das Augenzwinkern der Veranstalter, wenn beim Fußballslam die besten Thekenmannschaften in Torwandschießen und Ballhochhalten gesucht werden – mit Zusatzpunkten für ein »witziges, flippiges Trikot«. Aber irgendwie wird es für mich Zeit, meine Texte durch den Gewinn des *Slamabschiedsslam* in Sicherheit zu bringen.

119) 15.10.16, ST. GALLEN, GRABENHALLE, SLAM!GALLEN

400 Zuschauer, 10 Teilnehmer, Gewinner: Fabian Navarro

1991 stand ich zum ersten Mal in der *Grabenhalle* am Mikrofon. Eigentlich war *Marilyn's Army* nur als Vorgruppe einer italienischen Hardcore-Band vorgesehen, die aber auf dem Weg ihren Bandbus in den Straßengraben setzte. So hatten wir die Chance und Verpflichtung, einen kompletten Auftritt abzuliefern und dabei vergessen zu machen, dass die zahlenden Musikfreunde eine ganz andere Musikfarbe erwartet hatten. Es war ein voller Erfolg, und die *Grabenhalle* stand auch im nächsten Jahr in unserem Tourplan – mit einer amerikanischen Hardcore-Band als Vorgruppe.

Heute bin ich zum zehnten Mal auf dieser Bühne, zum siebten Mal als Slammer. Lukas Hofstetter hat mich nach meinen freien Wochenenden im zweiten Halbjahr gefragt und erst daraufhin den Herbsttermin für den Slam festgesetzt. Wir degradieren darüber den Poetry Slam ein wenig zu meiner Hardcore-Vorband, aber es tut gut, dass es noch einer zweiten Person wichtig ist, die *Grabenhalle* in meinem Abschiedstourplan unterzubringen.

120) 21.10.16, BERLIN, RITTER BUTZKE, BASTARDSLAM

400 Zuschauer, 6 Teilnehmer, Gewinner: Noah Klaus

Mein meister Slam für die Ewigkeit! Selbst wenn ich einige Jahre unverdrossen weitergeslammt hätte, wäre es schwer geworden, den *Bastardslam* noch einmal vom Sockel zu stoßen. 39 Mal bin ich bei diesem Slam aufgetreten, der unbeirrt nach seinem früheren Veranstaltungsort im Prenzlauer Berg benannt ist. Trotzdem ist es heute meine Slampremiere in der *Ritter Butzke*. Was für ein Bonbon für diese Abschiedstour.

Der *Bastard* in der Kastanienallee erbte im Jahr 2000 die Mutter aller deutschen Slams aus dem Schöneberger *Ex'n'Pop* und lud fortan jeden ersten Donnerstag zum *Bastardslam*, Beginn: 22 Uhr. Selten genug ging es pünktlich los, weil im *Bastard* auch eine Spielstätte der Berliner *Volksbühne* war und sich das Theaterpublikum zunächst möglichst unbedrängt aus den Räumlichkeiten verdrücken musste. Wenn es gut lief, war der Featured Poet um 22:30 Uhr durch, und der Wettbewerb, zu dem nie weniger als zehn Starter antraten, konnte starten. Meistens ging es aber doch deutlich später los, und es tummelten sich knapp zwanzig Slammer auf der Leseliste. Kurzum: Wer das Finale erreichte, musste gegen ein Uhr wieder auf die Bühne – vor entsprechend dezimiertem Publikum. Da ich zu dieser Zeit am nächsten Morgen als Multimedia Manager bei Universal Music antanzen musste, war es keine bloße Phrase zu behaupten, man wolle gar nicht unbedingt gewinnen.

Ich frage mich, ob sich das Publikum nicht über den Namen *Bastardslam* wundert. Den Club in der Kastanienallee können die meisten der anwesenden Zuschauer vom Alter her gar nicht kennen. Vermutlich sind 68 Prozent vom Schlage der zugezogenen Hipster, die bei der Erwähnung von »Kastanienallee« und »Prenzlauer Berg« nur noch überheblich abwinken. Aber im *Bastard* fand damals mitunter ein fulminantes Schaulaufen der Slamlegenden statt, der allen P-Berg-Hype rechtfertigt. Ein Ausschnitt aus der *Berliner Zeitung* kündigt für Dezember 2004 zum Beispiel dieses Line-up an: Jan Off, Nora Gomringer, Sebastian 23, Timo Brunke, Matze B, Sebastian Krämer, Bas Böttcher, Felix Römer, Gauner, Micha Ebeling, Xochil, Frank Klötgen, Volker Strübing und Marlene Stamerjohanns.

An anderen *Bastard*-Abenden waren von 17 Startern auch mal fünf langweilig, vier fehl am Platze und drei unerträglich. Es gab einen Freak, der eines Abends eine Gasknarre zückte und offensiv ins Publikum brüllte: »Wer sagt nun, dass das eine unerlaubte Requisite ist, na – wer?«

»Verpiss dich!«, war die passende Antwort aus dem Publikum.

Heute Abend gibt es beim *Bastardslam* einen Heiratsantrag von der Bühne. Mit einem rührenden, aufrichtigen, sympathischen Text und anschließendem Eheversprechen des Partners im Zuschauerraum. Der Poetry Slam hat 2016 anscheinend die nötige Sackschaukeltemperatur für so etwas. Viele fanden das »süß!« und »das Highlight des Abends«. Ich habe mir in dem Moment eine Gasknarre gewünscht.

121) 25.10.16, KÖLN, BAHNHOF EHRENFELD, REIM IN FLAMMEN

400 Zuschauer, 8 Teilnehmer, Gewinner: Fabian Navarro

Die Kreise schließen sich. Es ist gerade mal zehn Monate her, dass ich das letzte Mal bei *Reim in Flammen* im stets ausverkauften *Bahnhof Ehrenfeld* zu Gast war. Direkt am nächsten Tag ging es nach Chicago, zum Auftakt meiner Tour.

Exkurs: Auf der Schulbank
http://www.hirnpoma.de/slammed/exkurs23.html

Heute heißt es: »11 Jahre *Reim in Flammen*«! Das wird in Köln natürlich wie ein runder Geburtstag gefeiert, würde aber auch andernorts hart angekündigt in unserem stets nach Plakativem stöbernden Event-Biz. Gefühlt die Hälfte der von mir besuchten Veranstaltungen in diesem Jahr haben irgendeine Art Jubiläum zu vermelden. Und sei es den zehnten Slam ohne Jubiläum. Trotzdem glaube ich, dass das nächste große Kölner Jubiläum übersehen werden könnte: 10 Jahre Slam on TV!

2007 war Poetry Slam reif fürs Fernsehen. Der WDR rief nach Köln, um pro Abend drei Folgen einer Sendung aufzuzeichnen, in der Jörg Thadeusz durch den Abend und kurze Interviews mit den Slammern führte. Das beeindruckte ihn so, dass er bald darauf in einer Kolumne der *Berliner Zeitung* das sprachliche Unvermögen von Lothar Matthäus mit dem »Gebrabbel eines Poetry Slammers« verglich. Mir war diese TV-Sache, für die jeder Text auf exakt drei Minuten gekürzt werden musste, extrem unsympathisch. Vor allem weil mich niemand zur ersten Staffel eingeladen hatte.

Ich musste bis zur Staffel drei warten und hoffen, dass mir mein bisheriges Genöle nicht als anrüchige Unaufrichtigkeit nachgewiesen würde. Für diese erste und zunächst einzige Chance, als Slammer ins Fernsehen zu kommen, gab man schon mal etwas Authentizität preis. Man ahnte, dass es ohne Wert bleiben würde, aber jeder wollte es ausprobiert haben.

Die für den Grimme-Preis nominierte Sendung war zudem so populär, dass schon der weitere Bekanntenkreis meiner Eltern verhört wurde, wieso ich denn als der ach-so-bekannte Poetry Slammer noch nicht dabei gewesen sei. Heute – eine Phalanx mumpitzbeladener Nachfolgeprojekte später – kann man es sich selbstredend leisten, solche Dinge leichten Herzens abzusagen. Aber mittlerweile weiß wohl auch jeder MDR-Praktikant: Fernsehen und Slam passen einfach nicht zusammen!

Stattdessen werden lieber einzelne populäre Figuren der Szene aus ihrer Familie gerissen, die dann den üblichen Fernsehkram erledigen – ironische Überfallinterviews und das Gewinnen von Comedywettbewerben. Sie schlagen sich dabei keinesfalls schlechter als die TV-Eigengewächse, was als Kompliment langen muss.

 *Exkurs: Fernsehgerechter Ehrgeiz*
http://www.hirnpoma.de/slammed/exkurs24.html

122) 26.10.16, BRÜSSEL, NRW-LANDESVERTRETUNG BEI DER EU, POETRY SLAM
250 Zuschauer, 4 Teilnehmer, Gewinner: Quichotte

Richtig, da fehlte noch was in der Slamsammlung des Jahres: der Slam bei einer politischen Institution.

Zu Berliner Zeiten traf ich im ICE regelmäßig auf Kollegen, die gerade zu einer Veranstaltung der Landesvertretung Soundso fuhren. Am Ostbahnhof kam mir vor einigen Jahren mal ein Mann in bester Chauffeurskluft entgegen, der mit einem Zettel wedelte, auf dem »Poetry Slam« stand, und ich bedauerte stark, nicht gemeint zu sein.

Ich sah als Slammender so ziemlich alle Ministerien und sonstigen Gebäude des Regierungsviertels einmal von innen – selbst im Reichstag habe ich mich mit Kollege Koslovsky mal bei einer Bundestagswahl herumgetrieben.

Vermutlich würden die Herrschaften lieber richtige Comedians zu ihren Empfängen einladen. Nur könnte das in schwierigen Zeiten in der Außenwirkung seltsam rüberkommen, und so kauft man sich etwas befreites Lachen über die lyrische Krücke ein. Kommt genauso gut an, und gegen Poesie kann ja nun keiner was sagen. Außer die Jazztrios, die bis dahin für solche Anlässe gebucht wurden.

Aber was ist Berlin schon gegen Brüssel, wo jede dritte Wohneinheit die Botschaft von existierenden oder noch zu erfindenden Staaten beherbergt? Brüssel ist meine letzte Stadt, die ich über den Slam erkunden werde.

Doch bei meiner letzten Stadtentjungferung mime ich den Laien: keine Ziele vorab festgelegt und kein Stadtplan im Gepäck.

Stadtplan? Ja, ich bin ein alter Kauz. In Berlin schlich ich jeden März über die ITB und versorgte mich mit Stadtplänen für anstehende Tourstationen. Ich liebe Stadtpläne. Ich benötige kein Programm, das mir zeigt, wo ich bin, sondern eine großflächig ausgefaltete Übersicht, um zu sehen, wo ich überall hinkönnte. Mein Blick hält dann wissend nach Parks in Innenstadtnähe Ausschau, nach in den Stadtplan gezeichneten Sehenswürdigkeiten und Fußgängerzonen an Flussufern. Solche Punkte ergeben immer eine passable Route für einen flauschigen Tag in einer fremden Stadt.

Die letzte Unbekannte ist schön. Eine Mischung aus Amsterdam und Prag plus einer Statue von einem urinierenden Burschen. Überall werde ich daran erinnert, dass Pommes und Bier nebst Waffeldessert eigentlich alles sind, was der Mensch benötigt.

In der NRW-Landesvertretung wird hingegen Wein und das bei solchen Anlässen übliche Fingerfood serviert. Fingerfood stellt für jeden halbwegs hungrigen Normalesser eine fatale Versorgung dar: Man wird während des umständlichen Essens von Portion zu Portion hungriger, weil der Beschaffungsaufwand dem Sättigungseffekt enteilt. Aber dann trumpft die Bedienung plötzlich mit seltsam deutschen Imitaten von Döner und Hamburger auf. Als zum Ende der Veranstaltung verkündet wird, man wolle noch gemeinsam mit den Slammern Pommes essen und Bier trinken gehen, ist mir das mehr als ein bisschen zu viel. Hinterher sehe ich, dass das in der Info-Mail genau so angekündigt war. Man sollte sich auf solche Reisen eben doch besser vorbereiten.

123) 28.10.16, KARLSRUHE, TOLLHAUS, GROSSER KOHI-SLAM
880 Zuschauer, 10 Teilnehmer, Gewinner: Philipp Scharrenberg

Exkurs: Einer zuviel
http://www.hirnpoma.de/slammed/exkurs25.html

Karlsruhe ist die Stadt, in der mir zum ersten Mal der Begriff »Poetry Slam« begegnete. Hier lernte ich 1998 im *ZKM*, dem *Zentrum für Kunst und Medien*, bei der Verleihung des *Deutschen Preises für Internetliteratur* Bas Böttcher kennen. Bas hatte mit seinem Looppool den dritten Platz des von der *ZEIT, ARD online* und IBM ausgeschriebenen Wettbewerbs belegt und war zu diesem Zeitpunkt noch amtierender Champion im Poetry Slam – als Sieger der ersten deutschsprachigen Meisterschaften in Berlin. »Was zur Hölle ist Poetry Slam?«, dachte ich in diesem Moment nur. »Klingt wie eine furchtbar unmoderne Sache aus der alten Welt.«

Wir schrieben die Hochphase der euphorischen Medienaneignung 2.0, und ich war mit meinem Freund Dirk Günther gerade zu den Champions der Hyperfiction ernannt worden. Ich hatte Größeres in Sachen Literatur vor, als Gedichte vorzutragen.

»Denken Sie, dass die Menschen in zehn Jahren überhaupt noch normale Bücher lesen werden?«, wurde ich in Karlsruhe gefragt. In meiner Antwort gab ich zu bedenken, dass es den Menschen noch lange ein haptisches Bedürfnis sein könne, in einem Buch zu blättern – dass es deswegen in zehn Jahren wohl beides geben würde: das monomediale Lesen von Büchern und das Interagieren mit literarischen Hypertexten. Keine zwanzig Jahre später wird unter Letzteres der Schlussstrich der Archivierung gezogen. Und ich habe 2.000 Poetry-Slam-Auftritte hinter mir.

Im Dezember 2015 trafen sich noch einmal die Veteranen der literarischen Avantgarde von 1998. Im *Deutschen Literaturarchiv Marbach*. Das Projekt »Aufbau eines Quellenkorpus für die seit den 1990er-Jahren entstehende Literaturgattung Netzliteratur« sollte abgeschlossen werden, Gigabytes an Filmen von unseren Arbeiten wanderten ins Archiv. Drei der zwei Dutzend Werke stammen aus meiner Tastatur.

Unbestreitbar alt ist man, wenn Dinge, die man mal für sehr modern gehalten hat, nur noch im Museum zu besichtigen sind. Richtig alt – so fühlten wir uns bei den Tischgesprächen in Marbach und fragten uns, wieso die Netzliteratur just in dem Moment einschlief, als das Internet zum Höhenflug ansetzte. Und wieso gerade die *Digital Natives* die ersten waren, die sich in Sachen Online-Kompetenz von ihren Eltern einholen ließen. »Drum!«, ruft Virilio noch mal.

Vielleicht werde ich in einigen Jahren zu einem ähnlichen Symposium nach Marbach eingeladen, wenn der Poetry Slam eingefroren wird.

AUF SPRITZTOUR DURCH DIE MARKENWELT

124) 29.10.16, MÜNCHEN, DOPPELKEGEL DER BMW WELT, BMW-SLAM

300 Zuschauer, 8 Teilnehmer, Gewinner: Fabian Navarro

»Bitte nicht die Champagnerflasche auf der Bühne öffnen! Es kommt eine Hostess mit Champagnergläsern rum!« Diesen Hinweis höre ich nun bereits aus dem vierten Munde, und er gilt der Sorge, dass ich beim Öffnen der Magnumflasche in Formel-1-Siegermanier den *Doppelkegel der BMW Welt* bekleckern könnte. Es ist das Jahr 2009, die Premiere des *BMW-Slams* – und man merkt, dass sich die Veranstalter noch etwas unsicher sind, wen sie sich da ins Haus geholt haben.

Wenn das Fußballstadion der Auftrittsort ist, bei dem für jeden Ahnungslosen der Massenerfolg von Poetry Slam ersichtlich wird, so steht der Veranstalter BMW dafür ein, dass ein Poetry Slammer auch finanziell über die Runden kommen müsste. 2009, als mietesichernde Gagen für Slammer noch nicht gar so üblich waren, galt das umso mehr – denn der *BMW-Slam* ist eine Veranstaltung, bei der man heute kaum die Hälfte der damaligen Gage erhält.

Der *BMW-Slam* war der Premiumslam schlechthin und stellte die Auftretenden vor die anspruchsvolle Aufgabe, einen Klassiker der deutschsprachigen Dichtung zu rezitieren – und in der zweiten Runde mit eigenem Text darauf Bezug zu nehmen. Beides auswendig. Ob es an der abnehmenden Qualität der Beiträge oder an engeren Gürteln gelegen hat – über die Jahre ist aus dem *BMW-Slam* ein ganz normaler Slam geworden. Mit beinahe ganz normaler Gage. Auch die Champagnerflasche fällt kleiner aus – was allerdings an meiner Slapstickeinlage beim Stapellauf der Veranstaltung liegen mag.

Angestachelt von den ewigen Hinweisen, ich möge die Magnumflasche wegen möglicher Kleckereien nicht auf der Bühne öffnen, befand ich, es könne sehr lustig sein, kurz anzutäuschen, dass ich ebenjene Flasche auf dem Bühnenboden zerschmettern möchte. So als kleiner Schreck in der Abendstunde und Reminiszenz an die Punkvergangenheit. Dumm war, dass in dem Moment, da ich zum vorgetäuschten Schlag ausholte, die Hostess mit den Champagnerkelchen hinter mir her huschte. Die kraftvoll hinter mich geschwungene Flasche räumte ihr Tablett komplett ab. Es gab viele, viele Scherben. Auch ein wenig Kleckerei. Und der Poetry Slam konnte völlig unbeabsichtigt einen Hauch rebellischer Tugend in die Welt der BMWs hinüberretten.

125) 30.10.16, ROSENHEIM, ASTA, WORTFLUSS POETRY SLAM
200 Zuschauer, 10 Teilnehmer, Gewinner: Fabian Navarro

Zwischenstopp mit den *Stützen der Gesellschaft*. Unsere Generalprobe für den National! Nun … Es ist ja Sinn von Generalproben, ein schales Gefühl zu hinterlassen. Also schnell wieder ins Auto:

126) 04.11.16, BRAUNSCHWEIG, AUDI-FORUM, POETRY SLAM MEETS STREET FOOD
300 Zuschauer, 4 Teilnehmer, Gewinner: Sebastian Hahn

Damit niemand meint, einwenden zu müssen, ein Slamengagement bei einem Automobilkonzern sei ja nun doch eher absoluter Einzelfall, trete ich sechs Tage später bei der Konkurrenz aus Ingolstadt an. Dass ich dafür weit in den Norden abdrifte, tut nichts zur Sache. Es hätte auch ein Auftritt für Jägermeister sein können, für einen Energieriesen oder ein hoffnungsvolles Start-up. Poetry Slam ist der moderne Allzweckreiniger und hilft verlässlich gegen maue Stimmung auf nichts anderes verdienenden Veranstaltungen. Er taugt sogar als vom Event losgelöste Produktwerbung – mit Texten, die eigens zu brennenden Themen wie *Parship, Skoda* oder das S*ubway Pulled Pork Sandwich* verfasst werden. »So abgefahren war Werbung für Backwaren selten«, schwärmt die Werberpostille *HORIZONT* über den *Kamp's Bakery Slam* und stellt sich die Frage, was »die Kunst des Poetry Slams mit dem Kamps'schen Bäcker-

handwerk« gemeinsam habe. Die Antwort: »Talent und Leidenschaft«. Und ich wollte schon sagen: »Beides ist billig zu haben.«

Des lieben Geldes willen habe ich schon einigen Humbug bereimt. Etwa ein chirurgisches Pflaster für die Anwendung im Bauchinnenraum oder eben jenes Medikament zur Blutverdünnung, das mich in diesem Jahr im Handgepäck auf allen Fernflügen begleitet. Die Aufwandsentschädigungen für solche Jobs sind ohne Frage sehr verlockend – und sofern mir versichert wird, dass mein Name nicht mit diesen Texten in Verbindung gebracht werden kann, schreibe ich derlei. Vielleicht.

Heute trete ich bei der Präsentation irgendeines neuen Audi-Modells auf. Dem Produkthashtag *#untaggable* soll eine poetische Referenz erwiesen werden, gerne mit bereits vorhandenem Text. Ich sehe die Chance, meinen Essenserotiktext »Mein erstes Mahl mit Carmen« einspannen zu können, indem ich eine Fremdsprachenschwäche vorschiebe und behaupte, »untaggable« für ein verunglücktes »untergabeln« gehalten zu haben. Was zweifelsohne ein mir unbekanntes Jugendwort für

»essen« sein müsse. Die Werbeagentur wird's hassen. Glücklicherweise wird an diesem Abend aber tatsächlich kräftig gegessen, denn in den 25 Euro Eintritt sind ein paar Gutscheine für die in der Halle geparkten Foodtrucks enthalten. Unangreifbar themenkonforme Textauswahl, würde ich sagen.

Für alle angreifbar bin ich auf anderem Terrain: Als Comicfigur ziert mein Konterfei die Eintrittskarte. Es ist nur ein Mann mit Hut und trotzdem eindeutig mein Marvel-Superheld-Double. In einen Hamburger beißend. Zum Abschluss des Abends erhalte ich einen Jutebeutel mit ebenjenem Motiv und bin etwas stolz und beschämt zugleich.

Solche Firmenauftritte enden nie komplett ohne Blessuren im Selbstbild. Keine Ahnung, wie man sich fühlt, wenn die eigene Käuflichkeit noch über YouTube-Videos und Pressefotos neben lächelnden CEOs multipliziert wird. Keine Ahnung, ob die derlei nicht scheuenden Slammer einfach den Punkt verpasst haben zu sagen: »Sorry, das dann nun wirklich nicht, Leute!« Das Panoptikum des Fremdschämens ist jedenfalls bedenklich prall gefüllt.

Denn natürlich muss jede bei solchen Anlässen geflossene Gage fünffach vom Authentizitätskapital des Poetry Slams abgezogen werden. Jenes Kapital, das vor allem von den Unentwegten der Wald- und Wiesenslams angefüttert wird, die niemals für solche Jobs angefragt werden. Irgendwann wird das Image der Szene so ins Rutschen geraten, dass selbst der Mainstream nichts Cooles mehr am Slammen erkennen kann. Was jeder kriegen kann, will am Ende niemand mehr haben.

AM ENDE

127) 05.11.16, STUTTGART, THEATERHAUS, 20. DEUTSCHSPRACHIGE MEISTER-SCHAFTEN IM POETRY SLAM 2016, TEAMWETTBEWERB

3 x 1.100 Zuschauer, 20 Teilnehmer, Gewinner: *Team LSD* (Micha Ebeling und Volker Strübing)

Ich sitze einsam in der Garderobe des *Theaterhauses* und kämpfe mit den Tränen der Fassungslosigkeit. Gerade sind *Die Stützen der Gesellschaft* nach fulminant gelungenem Auftritt und trotz aussichtsreicher Startposition bei der Vorrunde der deutschsprachigen Meisterschaften ausgeschieden. Vorletzter Platz. Pardauz und perdu.

Hatte ich auch gedacht, dass es keinen Knochen in meinem Leib gäbe, der nicht schon über den Slam gebrochen wurde, hat's mir heute Abend noch einmal richtig das Rückgrat weggehauen. Eine Teamvorrunde nicht zu überstehen, ist schon demütigend genug – und mir mit *k.u.k.* bei all unseren National-Teilnahmen nie widerfahren. Aber wie niederschmetternd war das denn jetzt?

Was haben Fee, Alex Burkhard und ich dieses Jahr über gefeilt! Immer wieder das Tempo variiert, Passagen gekürzt, die Rollen klarer gemacht, schauspielerische Finesse erspürt! Aber unser Anspruch, sich des Korsetts des Üblichen zu entledigen, Räume zu öffnen, die Bühne neu zu nutzen, erweist sich als unnötiger Ballast, ein exakt choreografiertes Perlen-vor-die-Säue-Schleudern. Ich möchte von alldem nichts mehr wissen müssen. Wenn ich diesen Kindergarten nicht schleunigst hinter mir lasse, werde ich vollends die Hoffnung auf ein verständiges Publikum verlieren.

Ironischerweise findet das anschließende Finale exakt in jenem Raum statt, wo ich 2006 mit Wolf Hogekamp, Gauner und Felix Römer als *Team Agrar Berlin* zum ersten Mal im Finale stand. Die historische Chance auf eine runde Story ist vertan. Das Mindeste, was ich mir von den Stuttgarter Meisterschaften erwartet hatte. Jetzt heißt es, den Hut zu nehmen.

Bevor ich zurück nach München fahre, besuche ich das *The Cure*-Konzert in der *Schleyer-Halle*. »Boys don't cry«, singen sie nach altbewährter Art, dann verpasse ich den letzten Zug nach München. Die hilfreichen Angebote einiger Freunde schlage ich aus. Es scheint mir ein passender Abend, um die Nacht auf dem Bahnhof zu verbringen.

128) 09.11.16, DORTMUND, FZW, FZW POETRY SLAM
900 Zuschauer, 6 Teilnehmer, Gewinner: Victoria Helene Bergemann

Diesen Slam hätte ich absagen müssen. Im Handgepäck schleppe ich immer noch das Stimmungstief vom National-Debakel mit mir herum, außerdem eine deftige Stuttgarter-Bahnhof-Erkältung. Es gießt in Strömen. Mein Vater feiert in Überruhr seinen Geburtstag, und insbesondere weil er in diesem Jahr einige Zeit im Krankenhaus verbracht hat, scheint es mir als letzter Beweis einer unsäglich lächerlichen Existenz, mich von der Feier früher zu verabschieden, um vor der immer gleichen Slamkulisse deplatzierte Gedichte vorzutragen.

»Oh, Dortmund? Geiler Laden, aber blödes Publikum«, wurde ich in Stuttgart vorgewarnt. Dass der Deppenanteil mit der Größe des Publikums exponentiell steigt, weiß ich spätestens seit dem Auftritt im *GAZI-Stadion* – und würde daher Zurückhaltung anraten, sich mit dem derzeit hart umworbenen Attribut »größter regelmäßiger Poetry Slam« zu schmücken. Aber heute ist mir das egal. Ich wundere mich über das Mini-Starterfeld, das ja zunehmend Standard wird, hier aber nicht einmal besonders prominent besetzt ist. Was das Moderatorenduo Zymny/ Salmen freilich spielend ausgleicht. Egal.

Eigentlich hatte ich geplant, Dortmund mit dem *Subrosa Slam* in die Tour einzubinden. Dort hat mein wirklich allererster Auftritt bei einem »Poetry Slam« stattgefunden.

Die Gänsefüßchen haben ihren guten Grund. Der 2014 verstorbene

Moderator Jürgen »Kalle« Wiersch sträubte sich beharrlich gegen die normale Strickart des Poetry Slams, ja, übernahm nicht einmal den Namen, sondern lud von 1996 an jeden Monat zum »Poetry Jam« ein. Dort war alles an Texten erlaubt, solange nicht zu viele Zuschauer ihre in der Kneipe verteilten roten Karten in die Höhe reckten. Ich erinnere nicht genau, bei wie vielen Karten man die Bühne zu verlassen hatte – waren es fünf oder zehn? –, ich weiß auch nicht mehr, wie lange die Schonzeit war, in der noch keine roten Karten erhoben wurden – zwei, drei Minuten dürften es gewesen sein. Aber als ich zum ersten Mal außerhalb des *Subrosas* auf einer Slambühne stand, empfand ich es als gehörig verspießt, dass wirklich jedem Poeten bis zum Ende zugehört wurde – und dass alle Auftretenden pünktlich zu Beginn der Veranstaltung anwesend sein mussten. Im *Subrosa* kam man als Stammleser mit mäßiger Verspätung eingetrudelt, da die Debütanten sich bereits am Mikro abmühten, und nickte Jürgen aus dem Publikum zu: »Ich bin mit dabei!« Zum Einstieg widmete man einen Zweizeiler dem im Vormonat ausgegebenen Schlagwort, dann begann der Überlebenskampf gegen die roten Karten. Niemand würde den Abend gewinnen. Es ging nur darum, möglichst spät zu verlieren oder – als defensive Variante – nach Abschluss seines Textes den Auftritt selbstbestimmt zu beenden.

Im August 1999 lud ich Jürgen und ein paar *Subrosa*-Jammer zur Sonnenfinsternislesung auf der Essener *Schurenbachhalde* ein. Neben Richard Serras Stahlbramme wurde gelesen, gebrüllt und gejammt, während sich der Mond vor die Sonne schob. An jenem Nachmittag war ich es, der mit seinen Kurzgeschichten die konventionelle Vorhut des Slams bildete. Noch gab streng Dadaistisches den Ton an.

Es sollte mein Abschied vom Pott sein – im selben Monat brach ich gen Hamburg auf –, und es war auch der Abschied vom Jam und dem lockeren Verbund seiner Live-Poeten. Ich bin dort nie wieder aufgetaucht. Über Google erfahre ich jetzt, dass die Hälfte der damals Lesenden nicht mehr unter den Lebenden weilt. Man hat sich recht schnell aus den Augen verloren, wird es wieder tun.

Das *FZW* scheint also der falsche Platz für mein Kapitel über den Dortmunder Poetry Slam, nicht aber für meine übrige Biografie. Denn hier fand meine musikalische Sozialisierung statt.

Im *FZW* traten alle wichtigen Indiebands der späten Achtziger auf, und als ich 1988 mit *Marilyn's Army* dort zum ersten Mal selbst auf der Bühne stand, war das ein magischer Moment.

»Aber das war nicht hier«, erkläre ich in der Backstage vom neuen *FZW*, »sondern irgendwo in einem Wohnviertel in der Nähe der Autobahn.«

»Ah, ja, sicherlich im Dortmunder Osten!«, antwortet einer der Organisatoren des Slams.

»Osten? Aber warum sollte man den Laden dann *Freizeitzentrum West* nennen?!«

»Ach, *FZW* heißt *Freizeitzentrum West* ...?«

Ich hätte diesen Slam absagen sollen. Zur Buße verzichte ich auf die Gagenabrechnung.

129) 10.11.16, LANDAU, UNIVERSUM KINOCENTER, POETRY SLAM LANDAU

500 Zuschauer, 6 Teilnehmer, Gewinner: Marvin Suckut

Slams in Kinos leiden immer etwas an der fad erscheinenden Stimmung im Publikum, da die Säle akustisch ja gerade nicht darauf ausgerichtet sind, Geräusche von den Rängen zu unterstützen. Für mich passt's: Ich mag vom Slampublikum nichts mehr hören!

Damit aber auch genug des Lamentierens am Tiefpunkt.

DON'T LOOK
BACK IN ANGER

130) 11.11.16, BASEL, SUD, SLAM BASEL
400 Zuschauer, 10 Teilnehmer, Gewinner: Filo

In gut einem Monat starte ich zu meiner letzten Reise, da wird es wirklich Zeit, das Wundenlecken hintanzustellen. Zeit, das Kapitel der Dankbarkeit zu verfassen. Und nichts eignet sich besser dazu als ein Schweizer Auftritt.

Das bestätigt sich direkt, als ich in dem geschichtsträchtigen Hotel am Rhein einchecke: Schweizer Schokolade als Betthupferl! Ich bleibe nur kurz, dann starte ich zu einem Spaziergang. Das kanalisierte Flussufer entlang, in der letzten Sonne des Jahres. Zumindest für Basel und Slamdeutschland. Ich werde zum Jahresabschluss ein Wiedersehen in Costa Rica feiern ...

Hier, wo selbst Nietzsche den Drall zur radikalen Lebensbejahung verspürte, sollte ich den Spot auf den Poetry Slam ebenfalls neu ausrichten können. Vorbei an allem Kritisierenswerten. Denn es ist eine beneidenswerte Erfolgsgeschichte, die sich da in den letzten Jahren entsponnen hat. Ohne große Verlage, Agenturen oder mediale Unterstützung ist dieser subversive Falter Poetry Slam zu einem schier endlosen Höhenflug aufgebrochen. Jene Art von Erfolgsgeschichte also, die sich Online-Romantiker immer noch vom Wesen des Viralen erhoffen. Aber diesmal hat wirklich niemand anderes nachgeholfen als jene, die zur Zeit des Durchbruchs Protagonisten der Szene waren. Nach wie vor wird jede erfolgreiche Slamreihe im deutschsprachigen Bereich von Personen betreut, die der engeren Szene entstammen.

Für den Gewaltaufwand eines Nationals muss man mittlerweile eine Viertelmillion Euro herbeischaffen, sodass einstige Straßenpoeten und ihre Veranstaltermentoren geradezu gezwungen waren, sich zu veritablen Eventprofis zu mausern. Natürlich ist zu viel Geld in der Szene unterwegs, wodurch der spielerische Wettbewerbsgedanke für viele zum krampfigen Ernst wird. Wenn klar ist, dass man mit dem Slam sein Geld verdienen kann, gerät jede Teilnahme zum Bewerbungsgespräch.

Die vielen Erfolgsstorys von prominenten Slammern haben hellhörig gemacht – und nicht ausschließlich die besten Dichter angelockt. Die »Generation Sprungbrett« nistete sich ein, um den Slam als ebendas zu nutzen, ohne dabei viel zurückzugeben – insbesondere in literarischer Hinsicht. Auf der anderen Seite mag gerade dieses Umfeld einige passendere, rotzigere Seelen davon abgehalten haben, ins Slamgeschehen einzugreifen. Das ist ein Hangrutsch, der schnellstmöglich befestigt werden muss.

Aber Erfolgsstorys bleiben Erfolgsstorys. Aus unserer Slamily sind mittlerweile Dutzende erfolgreiche Kabarettisten, Comedians, Musiker und Buchautoren hervorgegangen. Davon sind die meisten Quereinsteiger, die über Jahre hinweg ausschließlich Poetry Slammer waren.

131) 12.11.16, SCHWEINFURT, RATHAUSDIELE, 10 JAHRE DICHTERSCHLACHT-SCHÜSSEL

220 Zuschauer, 7 Teilnehmer, Gewinner: Daniel Wagner

Am Ende ist die Slamily ein unglaublich integrativer Haufen. Und das gilt weltweit. Meine Mails nach Madagaskar oder auf die Seychellen gingen an mir völlig Unbekannte – trotzdem war ich gleich willkommen, wurden völlig selbstlos Außer-der-Reihe-Auftritte organisiert, um mich zu unterstützen. Grad als ob wir Teil einer lebensfremden Sekte wären, die sich dem Primat der Arbeitsökonomie widersetzt.

Es wäre nötig, sich häufiger mal auf die Finger zu schlagen. Die Null in der Backstage zu vergeben. Man könnte mehr Poesie, Subversion und Innovation einfordern und fördern, Halbgares vom Herd nehmen und laut werden, wenn sich einige zu stark am Coolness-Kapital der Szene bedienen. Man sollte auf die Gagen einiger Jobs und Veranstaltungsformate ganz einfach mal verzichten.

Andererseits passiert Gleiches auch in anderen Genres, mit viel größerer Abzockermentalität. Es gibt keinen Grund, den moralischen Zeigefinger zu erheben und ihn gerade auf den Poetry Slam zu richten. Und es gibt keinen Grund, dem Slam vorzuwerfen, dass ich älter geworden bin.

132) 13.11.16, BAD NEUSTADT, BILDHAUSER HOF, WÖRD BÄDDLE
250 Zuschauer, 6 Teilnehmer, Gewinner: Clara Nielsen

Trotzdem nagt in mir immer noch der Gedanke, zu wenig am Hype »Poetry Slam« beteiligt worden zu sein. Die eigenen Verdienste an dessen Erfolg stehen in einem krassen Missverhältnis zu den schnellen Karrieren der Nachzügler. Man fühlt sich von der Welt etwas beschissen, was den Slam angeht.

Doch es gibt da jetzt diese Weltreise.

Ich habe nicht die entfernteste Ahnung, wie viel Geld ich in diesem Jahr verjubelt habe. Die Gagen der deutschen Auftritte haben bis auf ein paar Euro alle Ausgaben finanziert. Das hätte summa summarum vielleicht ein Drittel Eigentumswohnung in uncharmanter Lage ergeben. Aber ich habe das Aye-Aye gesehen, beim Schnorcheln vor Maui den Buckelwalen zugehört, war Ski fahren in Davos und glücksspielen in Baden-Baden. Ich habe mich bei einem privaten Kochkurs in Tana endlich getraut, Ranovola zu trinken. Letztlich habe ich mich 2016 in meiner Währung auszahlen lassen.

An manchen Orten werde ich vielleicht bis ans Ende aller Tage der einzige deutsche Slammer sein, der dort aufgetreten ist. Wie ein reimender Alexander von Humboldt habe ich meine Fläggchen gesetzt, sodass es an einigen Punkten des Slamglobus fortan heißen wird: Klötgen was here. Und zwar als Erster. Das kann mir keiner mehr nehmen.

Neun Jahre hat mich das Slammen ernährt. Diese Tour war das Dessert. Das Beste, was für mich aus dieser Angelegenheit herauszuholen war. Also: Danke.

133) 14.11.16, MÜNCHEN, LUSTSPIELHAUS, SCHWABINGER POETRY SLAM

300 Zuschauer, 7 Teilnehmer, Gewinner: Alex Burkhard und Daniel Wagner

Danke auch an Basel für die milden Inspirationen. Und die rekordverdächtig guten Bewertungen für »Der Hochmut«. Du weißt auch nicht recht, was einen guten Reim ausmacht, aber die richtige Ahnung habe ich gespürt. Weiteres werden die nächsten Slams regeln. Weiteres werden andere Slammer vorlegen. Ich bin raus.

UND WAS MACHEN SIE DANACH?

134) 17.11.16, LIPPSTADT, STADTTHEATER, LIPPSTÄDTER POETRY SLAM

600 Zuschauer, 6 Teilnehmer, Gewinner: Jason Bartsch und Fabian Navarro

Ich stand schon am Büchertisch, als ich erfuhr, dass ich noch einmal im Halbfinale dran sein würde. Als Zweiter gestartet, hatte ich das rapide Hochschnellen der Wertungen als Gewissheit abgehakt, dass keiner der Nachfolgenden noch unter meiner Punktzahl landen würde. Man kennt das ja zur Genüge. So spät im Jahr will mir der Slam also noch weismachen, völlig unberechenbar zu sein. Okay, lassen wir ihm seinen Spaß!

An der Garderobe treffe ich auf späte Fans meiner Gedichte:
»Wir haben das so genossen, wie Sie mit den Worten gespielt haben. Vielen Dank, das war absolute Spitzenklasse! Wir wussten ja gar nicht, was uns hier erwarten würde – toll! Und Sie hören jetzt wirklich mit dem Dichten auf? Was machen Sie denn dann?«
»Schreiben und vortragen werde ich natürlich weiterhin, ich mache nur keine Wettbewerbe mehr mit.«
»Aber der Wettbewerb ist doch das eigentlich Interessante!?«
Ich korrigiere: Die Menschen mir gegenüber sind keine Fans meiner Gedichte, sondern über meine Gedichte zu Fans des Poetry Slams geworden. Sie werden sich nicht morgen nach Frank-Klötgen-Soloterminen erkundigen, sondern bei der nächsten Gelegenheit wieder zu einem Poetry Slam gehen und einen neuen Liebling entdecken. Ihre Frage »Was machen Sie denn dann?« wirkt schwerer, als sie klingt.

»Und was wollen Sie jetzt machen?«, fragte mich im Dezember 2007 die Sachbearbeiterin der Agentur für Arbeit Berlin Mitte. Wir haben ein Gespräch hinter uns, das an den zarten Wurzeln ihres Berufsethos rührte: Da saß einer von den nicht zu vermittelnden Geisteswissenschaftlern vor ihr, jenseits seiner besten Jahre, und erklärte, soeben einen Managerjob in einem Unterhaltungskonzern gekündigt zu haben. Nach zehn Jahren Firmenzugehörigkeit. Mit 36 Tagen bezahltem Urlaub, dreizehntem Monatsgehalt, gesicherter Lohnsteigerung.

»Ich mache mich als Dichter selbstständig.«

»Aha.« Danach schwirrte ein imaginäres Fragezeichen im Raum umher.

Wenn man meine Abschiede und Kündigungen anschaut, gehe ich scheinbar immer zur Unzeit. 1982 hörte ich mit dem Skateboardfahren auf. 1996 entschied *Marilyn's Army*, dass Alternative-Folkpop tot gespielt sei. 2007 kündigte ich internetsatt als Multimedia-Manager. Und 2016 höre ich mit dem Slam auf. Womöglich ein gutes Omen für den Poetry Slam.

Vor meinem Wechsel vom Web zum Vers stand eine Checkliste, die ich mit meiner Sachbearbeiterin durchzugehen hatte: »Haben Sie versucht, der Auflösung des Arbeitsverhältnisses aktiv entgegenzuwirken? Haben Sie das Gespräch mit Vorgesetzten und Kollegen gesucht? Haben Sie ...?«

»Moment! Ich habe nur gekündigt, um mehr Zeit zu haben. Es war alles in Ordnung. Sie können überall ›Nein‹ ankreuzen.«

Sie erklärte mir, dass ich dann drei Monate lang keinen Anspruch auf Arbeitslosengeld habe.

»Aber ich will doch gar kein Arbeitslosengeld!«

Als mich die Dame aus ihrem Büro entließ, sagte sie in der Tür: »Dann wünsche ich Ihnen viel Glück und Erfolg! Aber Gedichte lesen die Leute ja eigentlich immer.«

Wenn so die allgemeine Berufsempfehlung in Berlin lautet, wundert der Boom des Poetry Slams schon viel weniger.

»Vielleicht werden Sie ja Schauspieler? Sie sind ein Talent«, rät die Frau am Lippstädter Büchertisch. »Und Theater gucken die Leute ja eigentlich immer«, fügt eine Stimme aus Berlin hinzu.

135) 18.11.16, WINTERTHUR, CASINO THEATER, CASINO-SLAM
350 Zuschauer, 8 Teilnehmer, Gewinner: David Friedrich

 *Exkurs: Afterslam*
http://www.hirnpoma.de/slammed/exkurs26.html

136) 20.11.16, WEISSENBURG, IRISH PUB O'KEYS, REIMNACHT
200 Zuschauer, 8 Teilnehmer, Gewinner: Steven aus Nürnberg und Jens Hoffmann

137) 22.11.16, PILSEN, ANDEL MUSIC CLUB, SLAM POETRY EXHIBICE
200 Zuschauer, 9 Teilnehmer, Gewinner: Jaromir Konecny

Der DJ spielt zum Einstieg Nick Cave. Musik, die irgendwie nach Tschechien klingt, nach schwermütigem Intellekt zwischen alter Grazie und sozialistischem Ranz. Dazu lugt kinderfilmtaugliche Niedlichkeit um jede Ecke der Kopfsteinpflastergassen.

Ich habe ein Faible für den Osten Europas und bin froh, dass meine ersten Qualitätsübersetzungen ins Bulgarische waren.

Eine Qualitätsübersetzung zeichnet aus, dass dem Übersetzer die Zeit eingeräumt wird, auch in der Zielsprache ein richtiges Gedicht entstehen zu lassen – poetischer Sinn statt Wörterbuchfleiß –, kurzum: Hier wird Geld in die Hand genommen. Das kommt selten vor und sprach sich auch in meinem Fall entsprechend flott herum, sodass ich in kürzester Zeit Einladungen nach Rumänien und eben Tschechien erhielt.

Die sich an der bulgarischen Übersetzung anlehnenden Derivate bauten zwar qualitativ hörbar ab – die Reime wurden immer seltener –, aber ich hatte beglückende Tourstationen im Programm.

Obwohl viele osteuropäische Länder eine langjährige Slamtradition haben, ist das dortige Publikum oft eine gute Spur respektloser, als man es als gehätschelter deutscher Slampoet gewohnt ist. Da wird sich während eines Vortrags lautstark um die Getränkeversorgung gekümmert oder

das interessante Thekengespräch auch dem Rest des Saals als Alternative dargeboten. In Görlitz hat Wojtek Cichón berichtet, dass das immer noch so sei, und mir schwer geraten, einen Besuch in Warschau für meine Post-Slam-Zeit aufzuheben.

Heute hat sich in Pilsen ein Publikum versammelt, das sich derart anständig verhält, als gelte es, den Osten bis zur chinesischen Küste zu rehabilitieren.

Obschon Übersetzungen an die Wand projiziert werden, sind es ja immer noch deutsche Texte, denen man da zuhören muss. Die sind zu allem Überfluss auch noch doppelt so lang wie die der tschechischen Kollegen, die sich – wie überall auf der nicht deutschsprachigen Welt – an die drei Minuten Richtzeit vom amerikanischen Original halten. Es geht für die Zuhörer also um die ganz hohe Kunst der Geduld – der hier mit Begeisterung nachgegangen wird. Am Ende habe ich den Eindruck, dass »Der Paukist« bislang von keinem Slampublikum annähernd gut verstanden wurde. Dann trinke ich mit den Veranstaltern genug tschechisches Bier für zwei Tage.

LETZTE RUNDE!

138) 24.11.16, FREIBURG, ATLANTIK, ATLANTIK-SLAM

250 Zuschauer, 9 Teilnehmer, Gewinner: Sven Kemmler

»Kein Problem«, schreibt mir Marvin, als ich ihm das Ausmaß meiner Zugverspätung mitteile, »ich packe dich in die zweite Gruppe!« Wenig später folgt die zweite SMS: »Einzel oder Team?«

Gott, wie oft kreuzen sich Wehwalts und meine Wege noch zu einem »letzten Mal« in diesem Jahr? »Wie du willst«, schreibe ich zurück. Mit etwas Unbehagen, da wir ohne vorherige Probe nicht sattelfest genug sein könnten für einen spontanen Teamauftritt. Und mein Zug droht, sehr, sehr spät einzutreffen – zu spät, um noch mal gemeinsam einen Text durchzugehen. Andererseits könnte es das letzte Mal sein, dass wir mit *k.u.k.* auf einer Bühne stehen. Wieder mal.

Es ist das letzte Mal. Und wie es sich für einen Endspurt gehört, liefern wir unsere derbste Vorstellung ab. Heute bestellen wir noch mal das uns vorbehaltene Feld zwischen Punkrock und Klassik mit der läppischsten Lässigkeit und Akkuratesse. Die Mikroständer leiden, das Publikum wird überfordert, das Zeitlimit gnadenlos überschritten, der Text aus den Eingeweiden rezitiert. Als Zuschauer hätte ich in diesem Augenblick den Entschluss gefasst, auch Poetry Slammer zu werden. Doch obwohl wir mit Höchstnoten ins Finale ziehen, scheint es mir, als sei diese Begeisterung ein Privatvergnügen. My definition of poetry. Nur einen alten Haudegen wie Sven Kemmler kann dies gleichsam melancholisch stimmen, was er bei seiner Danksagung als Sieger des Abends auch mit einer blumigen Lobpreisung unterstreicht: »Das ist ein historischer Moment!«

Den dehnen wir hernach noch mit einigen seltsamen Getränken über den Rahmen des Gesunden hinaus. Dann muss auch gut sein. Zum letzten Mal heißt es für *k.u.k.* und all meine Slamteams von *Agrar Berlin* bis *Die Stützen der Gesellschaft*: Kapitel geschlossen. Eine gute Geschichte.

139) 25.11.16, DORNBIRN, SPIELBODEN, POETRY SLAM – KAMPF DER DICHTER

400 Zuschauer, 11 Teilnehmer, Gewinner: Valerio Moser und Fabian Navarro

Noch eine Reise in die Vergangenheit. Dornbirn im Vorarlberg – das war einer der frühen *großen* Slams. Garantierte Riesenstimmung im mysteriösen Fernab. Um eine Einladung hierhin riss man sich, und mit Argwohn wurde wahrgenommen, dass andere schon wieder nach Dornbirn eingeladen worden waren. Scheinbar unendlich oft, während man selbst unendlich lang auf seine (Wieder-)Einladung wartete. Tatsächlich fand der *Slam im Spielboden* immer nur halbjährlich statt. Mit Moderator Markim Pause und DJ Shlomo Szejbenszpyler seit Anbeginn in den Händen der Poetry-Gastarbeiter aus Deutschland.

Dornbirn ist fast Schweiz, fast Deutschland und sehr nah an Liechtenstein. Also eine formidable Gelegenheit, einen weiteren Länderpunkt der Tour einzustreichen: Liechtenstein – im Vorübergehen!

Und das war's auch schon. Man ahnt ja, dass das Land klein ist, aber dann ist man sogar noch fixer durch. Das Helgoland der Nationen verfügt über eine üppige Menge an Museen, Banken und Kirchen, vor allem aber über eine omnipräsente Aura der Sorglosigkeit.

Ich schlendere etwas ziellos durch die irgendwie ziellos angelegte Innenstadt von Vaduz. Am Weihnachtsmarkt überlege ich, eine Grillwurst zu erstehen, merke aber, dass ich völlig ahnungslos bin, welche Währung für den angegebenen Preis gilt. Schweizer Franken? Euro? Gibt es gar den Liechtensteiner Franken? Und wird einer, der solche Fragen stellt, aus stolzem Trotz gar nicht erst bedient? Nach elf Monaten souveränen Herumgereises liegt plötzlich ein Hauch von Überforderung in der Luft. Kein Wunder: Von den 19 Ländern, die ich 2016 besuche, ist Liechtenstein das einzige, in dem ich nie zuvor gewesen bin. Das engagierte Reiseprogramm meiner Abschiedstour fällt in der Globetrotterbilanz somit nicht unbedingt beeindruckend aus: Liechtenstein – check.

140) 26.11.16, MÜNCHEN, VOLKSTHEATER, MÜNCHNER STADTMEISTERSCHAFT
600 Zuschauer, 9 Teilnehmer, Gewinner: Alex Burkhard

Die *Münchner Stadtmeisterschaft* vor ausverkaufter Kulisse ist mein letzter wirklich großer Slam. Sowie die letzte Gelegenheit, einen *richtigen* Slamtitel mit in meine Künstlerbiografie herüberzuretten. Keinen Vize-Bronze-Irgendwas-Firlefanz.

Leider nicht. Am Ende meiner achtzehn Jahre Slam steht nichts Zählbares, und ich weiß, dass ich auf ewig der *ZEIT-Literaturpreisträger* bleiben werde. Von 1998. Der Poetry Slam wird sich mit den nächsten Updates sukzessive aus meiner Pressevita verkrümeln. Selbst schuld – und völlig egal. Freuen wir uns lieber mit Alex, der nach unserem *Stützen*-Fiasko im letzten Monat als dreifacher Sieger der *Münchner Meisterschaft* nicht nur Slam-, sondern auch Stadtgeschichte schreibt.

»Und, bist du enttäuscht?«, fragt mich sinnigerweise mein Hamburger Freund Sven. Das letzte Mal hat er mich im Juni 2015 besucht und ebenjenes Gespräch angestoßen, das in mir den Gedanken des Slamausstiegs festigte. Ich verdanke ihm also ein wunderbares Jahr des Herumreisens, meinen wahren Slamgewinn.

»Nö, hab mich eigentlich sehr wohlgefühlt auf der Bühne. War alles gut.«

141) 29.11.16, LEIPHEIM, ZEHNTSTADEL, SLAM-ON-TOUR
130 Zuschauer, 6 Teilnehmer, Gewinner: Marvin Suckut

142) 30.11.16, FORCHHEIM, JUNGES THEATER, POETRY SLAM FORCHHEIM
70 Zuschauer, 8 Teilnehmer, Gewinner: Denny

143) 01.12.16, BERLIN, HTW ALTE CAFETERIA, BUBBLE-SLAM
80 Zuschauer, 8 Teilnehmer, Gewinner: Mike Altmann

Exkurs: Die Nachzügler
http://www.hirnpoma.de/slammed/exkurs27.html

Unverdrossen toure ich anschließend meinen letzten Monat auf Slam-bühnen ab – mit vielen Familientreffen und Abschieden.

144) 06.12.16, PASSAU, ZEUGHAUS, POETRY SLAM PASSAU
150 Zuschauer, 9 Teilnehmer, Gewinner: Frank Klötgen

In der Backstage vom Passauer *Zeughaus* kenne ich dagegen keinen meiner Kombattanten. Fairerweise kennt mich auch niemand. Das erdet. Die Diskussionen am Tisch drehen sich um ein Problem, dem ich ohne wirkliches Zutun von Anbeginn entwachsen war: Wo kann ich als Slammer auftreten, wenn mich noch niemand kennt? Man tauscht sich aus, wie man wo in den Weiten Bayerns auf eine Teilnehmerliste geraten ist. »Klappt nicht immer!«, wiegelt ein Offene-Listen-Experte ab. Ein Held für jene, die es bislang noch nicht aus Passau herausgeschafft haben, und erst recht für jene, die heute vor ihrem ersten Auftritt stehen. Ich schweige lieber. Hier erfüllt sich gerade die wichtigste Aufgabe des Poetry Slams – jungen Leuten die Möglichkeit zu eröffnen, sich kleine Triumphe auf der Bühne zu erarbeiten. Und wenn es nur der Triumph der Überwindung ist. Eleganz ist kein Kriterium für den ersten Sprung vom Dreimeterbrett.

Dann streichelt mich das Passauer Publikum zu meinem letzten Slamsieg ever!

145) 08.12.16, BREMEN, LAGERHAUS, SLAM BREMEN
150 Zuschauer, 7 Teilnehmer, Gewinner: Nelli

 Exkurs: Die Vorreiter
http://www.hirnpoma.de/slammed/exkurs28.html

146) 09.12.16, FRANKFURT A. M., CAFE 1, SLAMFFM
220 Zuschauer, 11 Teilnehmer, Gewinner: Noah Klaus

147) 10.12.16, KARLSRUHE, GOTEC, GOTEC SLAM

15 Zuschauer, 4 Teilnehmer, Gewinner: Noah Klaus

Innerhalb einer Woche wird der »Poetry Slam im deutschsprachigen Raum« in die *UNESCO-Liste des immateriellen Kulturerbes* aufgenommen und von Jan Böhmermann als die »widerlichste Kunstform der letzten 20 Jahre« bezeichnet. Zwei Positionen, zu denen ich mir keine Gedanken mehr machen muss.

 *Exkurs: Dissing the slam*
http://www.hirnpoma.de/slammed/exkurs29.html

Ich freue mich stattdessen, dass sich mit dem Auftritt in Passau ausgerechnet das so häufig abgestrafte Gedicht »Der Hochmut« zum erfolgreichsten Text der Tour mausert! Mein heimlicher Liebling.

Ein Happy End ist somit gesichert. Genießen wir die finale Verbeugung:

148) 11.12.16, MÜNCHEN, SUBSTANZ, ORIGINAL SUBSTANZ SLAM

350 Zuschauer, 10 Teilnehmer, Gewinner: Miko Berry

Ko Bylanzky ist nicht dafür bekannt, seine Slamveranstaltungen mal so aus dem Bauch heraus völlig anders ablaufen zu lassen. Eine regelrechte Festung in diesem Sinne ist der *Substanz Slam*. Ich kann mich erinnern, dass es früher einmal Bands gab, die die von den Zuschauern schwer verdiente Pause zwischen den Vorrunden beschallten. Es gab auch einmal eine offene Liste am Eingang, von der die fünf Plätze für die Münchner Starter live ausgelost wurden, und natürlich stand lange Jahre der Poetry-DJ Rayl Patzak zusammen mit Ko auf der Bühne. Aber sich daran zu erinnern, ist den ganz alten Hunden vorbehalten. Für die meisten Aktiven hat sich am Ablauf eines *Substanz Slams* nie etwas geändert. Bis heute.

Was genau geschehen ist?

Mein Startplatz war von vornherein gesetzt! Ich sollte als Zehnter die Vorrunden beschließen. Als Münchner Slammer! Der Startplatz zehn ist immer einem Slammer aus dem Lostopf der auswärtigen Starter vorbehalten ... Beeindruckt Sie nicht sonderlich?

Im Reigen der seltsamen Slammarotten kann es nichts Passenderes geben, als etwas für die normale Welt völlig Wertloses als Würdigung einer 18-jährigen Laufbahn zu empfinden.

»I changed the *Substanz*!« wird auf dem Grabstein meiner Slamkarriere stehen, und nachfolgende Generationen von Bühnenpoeten werden davor anerkennend nicken: »So weit möchte ich's auch mal schaffen!«

Ko kündigt meinen Auftritt als einen Moment an, den er weitestmöglich hinauszögern wollte. So langsam zittern mir die Knie, und Ergriffenheit schickt sich an, meine Tränendrüsen zu melken. Ich lenke mich ab, indem ich eine Videoaufnahme starte. Alles, womit Ko jetzt meine Slamzeit zusammenfasst, kann ich mir als Abschlusszeugnis an meine Vita heften. Es ist mein dritter Auftritt im *Substanz* in diesem Jahr, der auch vorher schon die Nummer zwei meiner meistbesuchten Slams war. Dementsprechend viel weiß Ko über mich zu sagen. Fakten. Schmeichelndes. Kamera läuft. Ich dränge mich derweil durch die Zuschauermenge nach vorn. Der Weg zur Bühne ist im *Substanz* bereits ein Happening für sich, wenn das dicht gedrängte Publikum einen schmalen Gang öffnet, den man unter streng eingefordertem Applaus durchschreitet. Genügt dieser in seiner Intensität den Anforderungen nicht, bittet Ko den Slammer, noch einmal stehen zu bleiben. Das Betreten der *Substanz*-Bühne ist nur unter frenetischem Beifall erlaubt.

Und da stehe ich also vorm Mikrofon, schalte die Kamera ab und schaue zum letzten Mal in die erwartungsvolle Meute. Noch einmal habe ich die Möglichkeit, von diesem Punkt an zu überrumpeln, zu überfordern, zu begeistern und unterzugehen. Ich habe daran lange Jahre eigentlich alle Facetten genossen.

Das Privileg des letzten – und vermeintlich besten – Startplatzes werde ich bei diesem Auf- und Austritt aber nicht für schnödes Nach-dem-Sieg-Schielen nutzen. Ich belohne mich selbst mit dem schönsten Text für diesen Moment: »Von der Doofheit des Dorfes (und dem Dumm drumherum)«. An diesem Abend habe ich ohnehin schon alles gewonnen. Nur die Videoaufnahme habe ich irgendwie verbockt.

PURA VIDA!

149) 15.12.16, SAN JOSÉ, EL SOTANO, ORALIDAD POÉTICA
7 Zuschauer, 5 Teilnehmer, ohne Wettbewerb

Meine letzte Reise in Sachen Poetry Slam ist ein Ausflug ins Ungewisse. Der Slammaster aus San José war einer der ersten, mit dem ich Kontakt hatte und der mir tatsächlich schon ein gutes Jahr im Voraus die Termine seiner Veranstaltungen nennen konnte. Costa Rica war als Finale der Tour gedacht, weil ich hier bei einem Urlaub vor elf Jahren mein erstes Slamgedicht »Hinten im Korn« verfasst habe – meine Initiation als Lyriker. Wir einigen uns also auf Dezember – und hier bin ich!

Es ist aber auch ein gutes Jahr her, dass ich die letzte Nachricht aus Costa Rica erhielt. Als ich im März stolz verkündete, meinen Flug gebucht zu haben, erfolgte keine Antwort. Ebenso wenig auf alle weiteren Nachfragen. Ich entdeckte aber ein Facebook-Event für den heutigen Abend und hatte mir wohlweislich eine Unterkunft in unmittelbarer Nähe des veranstaltenden Clubs gebucht. Das in seinen Reisehinweisen immer etwas übereifrige Auswärtige Amt rät deutschen Urlaubern, sich in San José nach Sonnenuntergang nicht unnötig auf den Straßen zu bewegen. Nun, es gab sicherlich bedrohlicher wirkende Städte auf meiner Tour, trotzdem muss man es als Alleinreisender ja nicht überreizen.

Nachdem ich mich an zwei zu passierenden Straßenecken durch die Reihen der Prostituierten geschlichen habe, identifiziere ich das *El Sotano* von der Google-Bildersuche. Es wirkt herrschaftlich und ungemein frisch gestrichen. Ich steige die Treppen hinauf und passiere zwei Sicherheitsmänner mit kurzem »Hola«. Dann tauche ich in die Zwanzigerjahre ein:

Ein Grammofon swingt in den holzvertäfelten Raum, einige zusammengewürfelte Möbelschätze stehen vor der Bar. Im Nebenraum wartet ein einsamer Mikrofonständer vor einem runden Dutzend leerer Stühle. Ich bin unzweifelhaft der Erste, frage mich aber schon, ob ich wohl auch der Einzige bleiben könnte. Eigentlich wäre jetzt Veranstaltungsbeginn.

Nun kann man nicht erwarten, dass in Costa Rica mit deutscher Pünktlichkeit hausiert wird – ich bleibe gelassen und schaue mich im Laden um. Beim Betrachten von alten Fotos an den Wänden werde ich eines Call-and-Response-Spiels im Keller gewahr: Der MC heizt das Publikum auf. Herrje, ich muss nach unten!

Aber nein. Als ich einige Treppen hinuntergestiegen bin, gibt sich der vermeintliche MC als Freddie Mercury from Sansibar zu erkennen. Die Tresenkraft des Kellerclubs versüßt sich die Vorbereitung auf den Abend mit einem *Queen*-Livealbum. Ich frage, ob hier unten irgendwas mit Poetry stattfinden würde – in einem so stümperhaften Spanisch, dass der arme Bursche nur kopfschüttelnd auf das Plakat an der Tür zeigt. Im Keller spielt heute Abend ein Jazztrio. Bleibt also nur jenes Mikrofon im Nebenraum, das meine Hoffnung nährt. Ich bestelle mir erst einmal ein Bier.

Es gibt eine große Auswahl von wild designten Ale-Brewery-Produkten. Die hippe Kellnerin empfiehlt mir *Silampa* von *Niño Huracán*. Kling crazy individuell. Nach Berlin-Mitte.

Wir sind jetzt eine Stunde über dem angekündigten Beginn. Einige phänotypische Slammer sind eingetroffen, darunter ein Frank-Klötgen-Hutlookalike – aber das *El Sotano* ist eben auch eine Jazzkneipe. Könnte sein, dass sich die wenigen Jazzer im Salsaland auf eine Art Slammerdresscode geeinigt haben. Ohne dafür Gedichte schreiben zu müssen. Die Grammofonnadel beginnt, auf der Platte knarzig herumzurutschen. Da sich niemand drum kümmert, entferne ich den Staubbatzen unter der schweren Nadel. Mit Ehrfurcht vor dem antiken Abspielgerät. Der Jazz-Klötgen am Tisch gegenüber winkt mir mit erhobenem Daumen entgegen. Vielleicht mein einziger Applaus heute Abend? Dann höre ich, dass Freddie Mercury zur Frau geworden ist. Herrje, der Slam hat begonnen!

Als ich den Nebenraum betrete, hat die Slammasterin ihren Einstiegstext beendet. Sechs Leute sitzen im Raum und klatschen.

Nzinga Maxwell hat den Poetry Slam aus Kanada mitgebracht und erklärt den vortragenden Poeten nach ihrem Text jeweils, was daran Spoken Word war und wie man die recht klassisch vorgelesenen oder gerappten Texte noch etwas stärker performen könne. Ein wenig wie im Workshop.

Obschon fast alle der Anwesenden selbst auf die Bühne gehen, ist der Abend schnell beendet. Ich melde als Letzter noch ein Interesse am Vortrag an. Dann erkläre ich, auf einer Welttour zu sein, die nun in Costa Rica ihren Abschluss fände. Und dass ich deshalb einen deutschen Text vortragen würde, den ich vor elf Jahren auf der Osa-Halbinsel geschrieben hätte. Wie gelehrige Schüler verfolgen die Slammer meine Intonationswechsel, beobachten meine Mimik und Gesten. Nzinga bedankt sich anschließend für das, was ihrer Meinung nach bei den einheimischen Poeten so schwer in den Kopf wolle: dass ein Poet seinen Text auf der Bühne leben muss. Sie hat als MC eine Art Lehrerjob übernommen. Dann entschuldigt sie sich für das quasi nicht vorhandene Publikum. Obschon in San José zu Slam-Poetry-Veranstaltungen nicht gleich Hundertschaften auflaufen, seien 60 bis 80 Zuschauer schon Durchschnitt. Aber heute seien alle unterwegs wegen »El Clásico«: Der Stadtverein und Rekordmeister *Saprissa* kann Meister werden. Gegen *Heredia*. Vor elf Jahren bedeutete »El Clásico« das Spiel gegen *Alajuela*, aber die sind mittlerweile nur noch dritte Wahl.

Wenig später schäle ich mich durch einen Autokorso zum Hotel. In einer Stadt, in der ohnehin sehr viel gehupt wird, bedeutet eine korsogemäße Steigerung der Hupfrequenz eine besondere Herausforderung. Der man sich gut hörbar stellt. Die *Saprissa*-Fans feiern. Zumindest das hat sich nicht geändert.

150) 20.12.16, SAN JOSÉ, EL LOBO, POETRY SLAM COSTA RICA
keine Angaben

Ja, das mit dem anderen Poetry Slam in San José sei eine schlimme Sache, gesteht mir Nzinga zum Abschied. Der letzte habe ihres Wissens vor einem Jahr stattgefunden, und man erreiche die Leute des ersten – und eigentlich größten – Slams des Landes einfach nirgends mehr. Sie glaube nicht, dass da diesen Monat noch was stattfände, und empfiehlt mir, mein

Herumreisen im Land nicht auf diesen Termin auszurichten. Diesmal gibt es auch keine Facebook-Veranstaltung, die anderes versprechen würde.

Als ich tags drauf in Cahuita an der Karibikküste aus dem Bus hüpfe, gefällt mir der Gedanke ganz gut, nicht in drei Tagen wieder in die Hauptstadt zurückzudüsen. Am nächsten Morgen klettern die Affen über meinen Bungalow, Kolibris umschwirren den Hibiskus vor der Veranda, und Agutis gehen in Deckung. Ich brühe mir einen Kaffee auf und bediene mich am Sternfruchtbaum. Der Gedanke gefällt mir immer besser, einfach hierzubleiben. Als ich abends von einer Wanderung durch den Nationalpark zurückkomme, von Regenwald, Mangroven und Stränden berauscht, steht der Entschluss bereits fest, und eine deliziöse Ceviche im Strandrestaurant besiegelt: Der letzte Poetry Slam meines Lebens fällt aus!

Selbst wenn jetzt noch eine Nachricht käme, dass der Slam wie geplant stattfinde und man sich auf meine Teilnahme freue. Es gibt Wichtigeres für einen praktizierenden Hedonisten. Ich leihe mir ein Fahrrad für die nächsten Tage und pese wie befreit durch sattes Grün die Küste entlang, grüße muntere Nasenbären und scheinbar immer lächelnde Faultiere und denke: Das haben wir uns verdient!

Mein Pulsschlag stellt sich allmählich auf Offbeat ein, der Urlaub beginnt, und ich bin ein gefundenes Fressen für Calypso und Reggae.

Am 23. Dezember wird Katrin in San José von dem entspanntesten Ehemann empfangen, den sie je hatte. Wir feiern etwas Heiligabend in San José und knattern dann mit dem Bus zur Pazifikküste. Vier Tage später erreichen wir die Osa-Halbinsel und lassen uns von einem Schnellboot ins *Poor Man's Paradise* fahren.

Hier habe ich vor exakt elf Jahren mein erstes Slamgedicht »Hinten im Korn« begonnen, hier ist der geeignete Ort, einen Schlussstrich unter die letzten achtzehn Jahre zu ziehen. Hier wird Silvester gefeiert.

Ein paar Hütten haben sich näher in das Feld geschoben, in das ich vor elf Jahren hineingestolpert bin, um mich einer Affenhorde fotografisch günstig zu nähern. Die hüfthohen Büsche von damals werden jetzt von statthaften Bäumen überragt. Auch der Fluss hat sich einen veränderten Verlauf in den sandigen Boden gefressen. Trotzdem erkenne ich schon am Drumherum von Bucht und Hügelketten, dass ich am richtigen Ort bin: Hier habe ich mich damals am frühen Abend so weit in das Feld geschlagen, dass ich den Strand nicht mehr sehen konnte. Kurz darauf hatte ich ein paar gute Fotos von den allgegenwärtigen Weißgesichtskapuzineräffchen und Hellroten Aras in der Kamera, aber auch den Hinweis im Gedächtnis, dass in dieser Gegend vor Kurzem ein Jaguar gesichtet wurde. Als ich mich umdrehte und auf das Gestrüpp schaute, das ich nochmals zu durchqueren hatte, kam mir der Gedanke einer »landwirtschaftlichen Schauerballade über die skandinavische Bedrohung«.

Nun sitze ich am neuen Steilufer des Flusses. Mit »Hinten im Korn« bin ich sage und schreibe 269 Mal aufgetreten. Mein meistgenutzter Slamtext, den ich nie wirklich leid war und der über AfD-Aufschwung und Pegida-Märsche eine neue Aktualität erlangte. Setze ich durchschnittlich 150 Euro Gage für jeden dieser Auftritte an, war es eine 40.000-Euro-Entscheidung, das mulmige Gefühl von damals in die vier Zeilen gefasst zu haben:

»Wenn ich das Korn mäh
Dann mäh ich es vorn
Weil hinten im Korn
Da mäh ich nicht gern«

Mag sein, dass das heute nur noch eine durchschnittliche Ausbeute für einen guten Slamtext ist, aber ich denke, dass sich auch »Hinten im Korn« seinen Ruhestand redlich verdient hat.

Ein Quartett Hellroter Aras landet laut krächzend im Baum am gegenüberliegenden Ufer. Meine dunkelroten Brandquaddeln melden sich und rufen nach Abkühlung im Meer. Ich bin gestern bei einem Schnorchelausflug böse in Tentakeln eingewickelt gewesen, und meine Arme sowie der komplette Oberkörper sind übersät von scharf juckenden Schwellungen. Ginge ich mit dieser Camouflagemusterung in einem Hallenbad schwimmen, würden alle panikartig das Becken verlassen. Hier, hinten im Korn, könnte man mich für einen Jaguar halten. Die letzten Narben für dieses Jahr.

Katrin schaut aus der Hängematte auf: »Und, wie weit bist du gekommen?«

»Ich war nur bis zum Fluss.«

»Dafür warst du aber lange weg!«

Ja, ich lasse mir manchmal viel Zeit für Dinge, die man auch ganz schnell erledigen könnte. Ein komplettes Jahr, um mich vom Slam zu verabschieden ...

Am Strand rüstet man sich für die große Silvesterparty, Kühltruhen für die Getränke werden angeschleppt, Holzscheite und Palmenblätter fürs Lagerfeuer aufgeschichtet. Das dürfte ein sehr hohes, sehr schnell abbrennendes Feuer ergeben.

Die Partygäste der umliegenden Buchten kommen per »wet landing« mit Minimotorbooten auf den Strand geheizt. Ziel ist, mit der größtmöglichen Welle und größtmöglicher Geschwindigkeit weitestmöglich in den Sand zu preschen. Wenn die Welle sich zurückzieht, ist man hoffentlich so weit an Land, dass genug Zeit bleibt, das Boot aus der Gefahrenzone zu ziehen, bevor eine ähnlich kräftige Nachfolgerwelle das Boot wieder zurück ins Meer schlürft. Allerdings sollte man die auserwählte Anlieferungswelle korrekt einschätzen, um nicht bei zu frühem Brechen kopfüber hineinzupurzeln. Die Wellen sind zur Flut immerhin knapp drei Meter hoch. Weil der Kapitän sich permanent verschätzt, gibt es kurz vorm Gefährlichwerden eine Reihe unwesentlich weniger gefährlicher Kehrtwenden, bei denen jeweils mindestens einer der Passagiere über Bord geht. Am Ende ist der Kapitän der Einzige, der trocken an Land kommt. Eine recht ungewohnte Auslegung vom Gebot, dass der Kapitän als Letzter von Bord gehen solle.

Ich kehre ebenfalls nass zur Hängematte zurück. Letzter Schwimmgang des Slamabschiedsjahres. Morgen tauche ich als freier Mann in die Fluten. In Deutschland feiern sie seit einer halben Stunde das neue Jahr.

»Frohes neues Jahr!«, wünsche ich Katrin.

»Und: Was machen wir 2017 anders?«

»Kein Poetry Slam mehr.«

»Noch was Richtiges?«

Manchmal bin ich etwas langsam: »Mehr Zeit für uns!«

Letztlich endet alles wie im Film. Eine schaukelnde Hängematte am Traumstrand. Ein Paar schaut versonnen in den monumentalen Sonnenuntergang. Blende. Aus.

ANFANG UND ENDE

HINTEN IM KORN
(AUF HALMHÖH' VON MALMÖ)

Wenn ich das Korn mäh, dann mäh ich es vorn
Weil hinten im Korn – da mäh ich nicht gern
Da hab ich Frau und Kind verlor'n
Hinten im Korn
Drum mäh ich nur vorn, wenn ich mähe im Korn
Mir reicht ja ein Brot, denn die Liebsten sind tot
Ich hab sie verlor'n
Hinten im Feld

Denkt Mensch, dass er als Erster da war
Sitzt dort bereits der Skandinavier
Er hockt stets auf Halmhöh', die Ähren vor Kopf
Nur die kreisende Saatkräh' späht den flachsblonden Schopf
So kennt und erkennt man den Skandinavier
Blondschopf, Kopf, Hals, Leib und dran die zwa Skier
Drauf pirscht er nächtens und raschelnd durchs Feld
Baut Möbel und Handys und lauert auf Geld

Er weiß der langen Winter wegen
In Dunkelheit sich zu bewegen
Und aus Halmen hervor preschen in hehrer Zahl sie
Schneepflugstracks durchs Feld und belasten den Talski
Nacht für Nacht quellt von hier aus der Wikingerzug
Und die krieg'n und die krieg'n und die krieg'n nie genug

Langfinger vom Holmenkollen
Die die Schanze nutzen wollen

Zu plündern, rauben und stibitzen
Nasenhaar aus Burkaschlitzen
Stoppel von Bikinizonen
Büschel, die auf Warzen thronen
Abgezupft und rausgerupft
Der Imame Bart gelupft
»Schnippschnappschnuck«, schnurrt's Scherchen munter
Rapunzel lässt ihr Haar herunter
Bullerbü macht Mullah Müh' – und Erwachsene ebensü

Doch Edvard Grieg mit Scherenhänden
Lässt es dabei nicht bewenden
Munchhaus'ner Prophetennecker
Øresmøre Knåckebåcker
Ibsentippsen und Roxette
Schleichen sich bis an dein Bett
Poetenbrill'n, Doktorenlinsen
Verschwuppsentwunden – »Och, wo sin's'en?«
Von Pädagogennachtkonsolen werd'n Augengläser weggestohlen
Aufs grad geraubte Haar gebettet, das sich unterm Glase glättet
Die Gürteltasche zugemacht – des Nordmanns Raubzug ist vollbracht
Er schleicht zurück auf seinen Stelzen
Um nun die Beute einzuschmelzen
Das Glas auf Temp'ratur gebracht
Das Haar zu einer Schnur gemacht
Das hat mich auf die Spur gebracht, auf einmal hab ich nur gedacht:
Glasfaserkabel

Dämmert's jetzt?
Wir sind hier doch längst skandinavisch vernetzt
Strom, Internet und SMS
Der Skandinavier managt des
Denkt Mensch, er sei als User startklar
Used ihn bereits: der Skandinavier

Vattenfall und wat'n Aufstieg
Der Pisastreber kurz vorm Endsieg?
Nicht mit mir hier, ab nach Haus
Ich reiß die ganze Scheiße raus
Die Kabellage aus den Wänden
Die Spionage wird heut enden!
Von wegen Norwegen! Ich halte dagegen
Geb keene Mark für Dänemark
Von Schweden wird man fortan schweigen
Und Schluss ist mit finish – das wird sich zeigen

Wenn ich das Korn mäh, dann mäh ich das Korn
ich mähe und mähe, fang vorn an und drehe
Kehrt marsch mit dem Drescher, geh noch mal längs drüber
Mir reicht ja ein Brot, bleibt der Rest eben über
Und in dem Getöse erkenn ich Geschrei
Das Weib und der Bub, war'n die auch mit dabei?
Herrgott, wie auch immer – nun wär's eh zu spät
Was war und sein könnte, wird niedergemäht
Und ins schlachtreife Feld ramm ich nochmals den Pflug
Denn ich krieg, und ich krieg, und ich krieg nicht ...

Wenn ich das Korn sä, dann sä ich es vorn
Weil hinten im Korn – hat kein Arsch was verlor'n
Drum sä ich nur vorn, wenn ich gehe im Korn
Ich säe nur vorn und selbst da: fault das Korn
Wir haben verlor'n

Hinten im Feld

AUF ENTZUG

– **13.05.2017, PORT LOUIS, ÎLOT CAFÉ – LE CAUDAN WATERFRONT, POESIEPLAUSCH**
1 Zuschauer, 5 Teilnehmer, ohne Wettbewerb

Schon wieder Traumstrand. Am Morne Brabant von Mauritius. Eine schneeweiße Sandbucht, türkisfarbenes Meer, die gekühlte Kokosnuss als Mittagsdrink. Die übliche Idylle eben. Nur jetzt als Exslammer.

Im November überbrachte mir Katrin die frohe Botschaft, dass sie bei einem Preisausschreiben zwei Flüge nach Mauritius gewonnen hat. Das Glück ist eine Farce. Wenn es Personen gibt, die eine gewisse Traumstrandüberdosis intus haben, dann wohl wir. Aber gut: Wehren wollten wir uns auch nicht dagegen. So umfasst der erweiterte Rahmen meiner Tour dann noch einen weiteren Inseldreierpack im Indischen Ozean.

Auf Mauritius leihe ich mir letztlich doch noch ein Stand-up-Paddle. Es ist herrlich. Ich gleite über die glasklare Lagune, schwebe über dem Wrack eines Fischerboots, um das sich knallbunte Korallenfische tummeln. »Schöne Metapher!«, würde ich meine Workshopschüler loben.

So ganz sicher war ich mir ja nicht, wie das mit dem mentalen Ausstieg vom Poetry Slam klappen würde, als ich Silvester den Bleistiftschlussstrich von Juni 2015 mit Tinte nachzog. Aber seither habe ich ein paar Slams besucht und nie den leisesten Wunsch verspürt, derjenige zu sein, der als Nächstes auf die Bühne gebeten wird. Ich schraube lieber im Hintergrund herum, als Moderator und Orgafunktionär der Münchner *Kiezmeisterschaft* sowie über die Einladepolitik meiner eigenen Veranstaltungen. In meinen Poetry-Slam-Workshops halte ich mich nicht komplett zurück mit eigenen Überzeugungen von einer guten Einstellung zum Bühnenvortrag. Aber das tue ich mit der Unaufgeregtheit des Pensionärs: Schön,

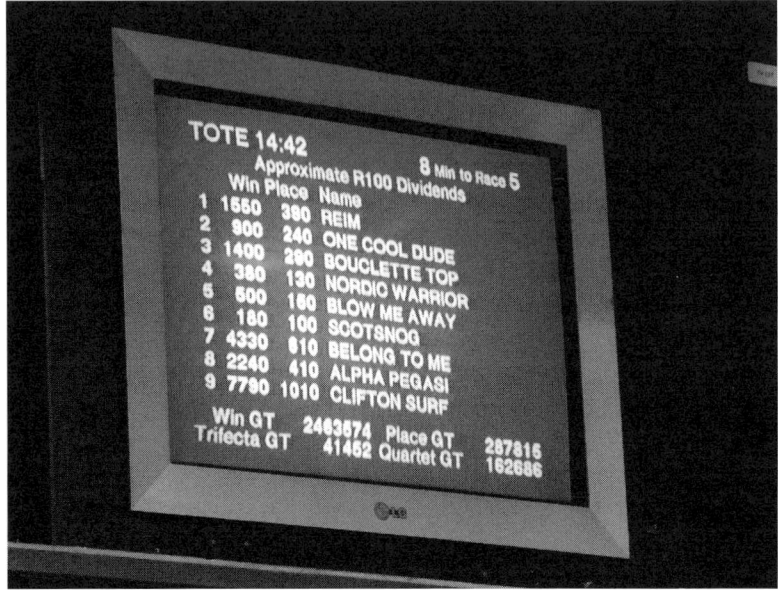

wenn – egal, wenn nicht. Ist euer Ding, macht was draus! Ich genieße es, meine Mikrofonaufenthalte auf die entspannten Abende meiner Lesebühnen zu beschränken. Eine Lesebühne ist für den Slammer das Stand-up-Paddle unter den Surfbrettern. »Schöne Metapher!«, loben mich die Workshopschüler.

Den Versen bleibe ich mit alter Verbissenheit treu: Trotz ungünstiger Quoten habe ich heute beim Pferderennen im *Champs de Mars* auf ein Pferd namens »Reim« gesetzt.

Noch werfen wir nicht alle Flinten ins hintere Korn. Aller Bestärkung des Faktischen zum Trotz glaube ich, dass mancher Irrwitz in der Nähe des Machbaren lungert. Sonst wäre nicht ausgerechnet auf einer kleinen Insel wie Mauritius das Pferderennen Volkssport, sonst wäre hier nicht die älteste Galopprennbahn der Südhalbkugel in Betrieb, um 40.000 Zuschauer zu begeistern.

Reim lag eine ganze Weile in Führung, hat sich dann aber bereitwillig einholen lassen. »Zumindest einen Eindruck hinterlassen!«, heißt die Zielvorgabe der Aussichtslosen. Gut gemacht, Reim!

Nachdem ich im März eine Einladung zu einem Lyrikfestival auf den Seychellen ausschlagen musste, knüpfe ich hier neue Bande zur Poesieszene im Indischen Ozean. Ich sitze mit vier jungen Dichterinnen in einem Café in Port Louis und lausche ihren Texten und Erzählungen von den Spoken-Word-Veranstaltungen auf Mauritius. Vier- bis fünfmal im Jahr trifft man sich zum Open Mic an wechselnden Orten, vor konstant kleinem Publikum von knapp 40 Zuschauern. Die vier sind allesamt studierende Expats vom afrikanischen Festland – aus Swaziland, Malawi, Lesotho und Botswana.

Marc Kelly Smith hatte mir im Januar – als ich noch nicht ahnen konnte, dass es mich auf diese Insel verschlagen würde – von einem Slammer aus Mauritius erzählt. Sein Name sagt den vier Mädchen nichts, obschon er im Wikipedia-Artikel als Gründervater des mauritischen Slams angeführt wird.

Ja, da sie kein Französisch oder Kreolisch sprächen, wäre der Austausch mit der lokalen Szene etwas eingeschränkt. Die käme wiederum auch selten zu ihren Veranstaltungen, wo Englisch als Vortragssprache dominiere.

Dieses Kapitel hätte demnach auch ganz anders geschrieben werden können. Meine Suche nach Slammern auf Mauritius hätte mich ebenso gut zuerst zu jenem Frankomauritier führen können, der recht viele Projekte mit Schülern betreut. So war es aber Inshuti, gebürtig aus Uganda, die ich anschrieb und die den Kontakt zu den afrikanischen Expats vermittelte. Ich bin vielleicht auch an anderen Orten ganz knapp an möglichen Alternativen vorbeigeschlittert. Dieses Buch kann nur unvollständig bleiben.

Es erschrickt mich auch, wie viele Haupt- und Nebengeschichten meiner Reise, meines Slammens und Restlebens hier nicht erwähnt werden. Man bekommt halt nicht alles unter.

Allein was seit Beginn des Jahres 2017 geschehen ist: eine Feuerbrunst im Nachbarhaus, Karneval in Venedig und keine einzige Slamteilnahme! Mir bleibt jede Menge Zeit für das Leben auf unserer Schwabinger Dachterrasse. Zum ersten Mal seit elf Jahren werde ich nicht mehr von einer Bahncard 100 zum Herumreisen in der Republik genötigt. Gut zwei Drittel meiner hundert Auftritte leiste ich in München ab. Ich bin ein guter Koch geworden und habe den Keller aufgeräumt. Die Himbeerernte auf dem Balkon geht sich sehr gut an. Für meinen Blog habe ich 700 Gedichte in anderthalb Jahren verfasst. Alles in allem eine gute Ausbeute. Und jetzt bade ich auf Mauritius.

Mark Twain hat über diese Insel einmal gesagt: »Zuerst wurde Mauritius geschaffen, dann das Paradies. Aber das Paradies war nur eine Kopie von Mauritius.« – Mark Twain, der alte Idyllenvagabund! Hat Anfang des Jahres schon Ähnliches über Hawaii verlautbaren lassen. Der Mann scheint vor 150 Jahren ähnlich rumgekommen zu sein wie ein Slampoet auf Abschiedstour!

Gibt man »Mark Twain« und »Paradies« in die Suchmaschinen ein, kommen noch die Bermudas und das fiktive Eseldorf ins Spiel. Und man erfährt, dass das Mauritius-Zitat lediglich ein von Mark Twain zitiertes Zitat ist, das gar nicht seiner – durchaus reservierten – Meinung zum Eiland entsprach. Am Ende landet man bei Twains Bonmot: »Das Paradies ist da, wo Eva ist.« Seit 150 Jahren also keine neuen Erkenntnisse. Beruhigend, irgendwie.

– 12.08.17, MUMBAI, THE BARKING DEER BREWPUB, MUMBAI POETRY SLAM
40 Zuschauer, 10 Teilnehmer, Gewinner: Jackie Thakkar

Drei Monate später bin ich Featured Poet beim Poetry Slam in Mumbai, wo Katrin und ich für knapp zwei Monate wohnen. Die 22-Millionen-Metropole wird in allen Beschreibungen als »Kulturschock pur!« angedroht, und auch der heutige Slam liefert viele unerwartete, schräge, liebenswerte Eindrücke.

Es gäbe also Anlass genug, noch weitere Seiten zu füllen. Aber dies ist vor allem ein Buch darüber, zum richtigen Zeitpunkt einen Schlussstrich zu ziehen.

GEPÄCKAUSGABE

Mit Dank an all die Personen der weltweiten Slamily und die anderen Menschen, die diese Tour ermöglicht haben (in der Reihenfolge meines Auftretens):

Sven Lenz, Marc Kelly Smith, Kealoha, Duncan Shields, Julia und Kelly Letendre, Nate McKenna, Shanna Washburn, Dalibor Markovic, Hartmut Pospiech, Tina Uebel, Jan-Oliver Lange, Elisa Fischer, Alexander Gendlin, Gerhard Horriar, Robert Targan, Waltraud Niessen, Sebastian 23, Marguerite Meyer, Sam Hofacher, Etrit Hasler, Matthias Fischer, Walter von Ballmoos, Michl Jakob, Frank Habrik, Kathrin Rabus, Karsten Hohage, Phibi Reichling, Thomas Geyer, Dareka Daremo, David Barnes, Antonia Alexandra Klimenko, Vera Sauer, Jens Jekewitz, Hendrik Harteman, Horst Thieme, Andrea Römer, Manfred Bentsche, Felix Römer, Christopher Krauss, Kathrin Douté, Nigel Luhman, Sebastian Lehmann, Maik Martschinkowsky, Marc-Uwe Kling, Michael Bittner, Matthias Klaß, Elisabeth Jaspersen, Christian Meyer, Leonie Warnke, Martin Wolter, Egon Alter, Tilman Döring, Dominique Macri, Thomas Schmidt, Rainer von Arx, Ko Bylanzky, Dana Hoffmann, Felix Bartsch, Ralf Prestenbach, Temye Tesfu, Robin Isenberg, Wolf Hogekamp, Christine Brinkmann, Markim Pause, Pamela Granderath, Sven Ariaans, Peter Parkster, Lars Ruppel, Aura Nurmi, Kasper Salonen, Sushi da Slamfish, Claas Neumann, Cornelia Anhaus, Manni Manger, Andreas Weber, Sergio Garau, Giovanni Salis, Tobias Glufke, Ken Yamamoto, Volker Surmann, Sebastian Butte, Dennis Polster, Christian Ritter, Elisabeth Kaiser, Peter Kaiser, Marius Pana, Gordon Strahl, Marc Oliver Schuster, Patrick Schmitz, Dominik Bartels, Anne Marie Scheepers, Lucas Fassnacht, Pierre Jarawan, Alex Burkhard, Fee, Sven Kemmler, Andreas in der Au, Dirk Klötzing, Henning Chadde, Tobi Kunze, Jan Egge Sedelies, Robert Oschatz, Michel

Abdollahi, Jen Calleja, Luc Spada, Stephanie Neiers, Martin Otzenberger, HANZ, Anni Elster, Björn Högsdal, Stefan Schwarck, Markus Köhle, Martin Fritz, Carmen Sulzenbacher, Mieze Medusa, Carmen Kassekert, Mike Altmann, Claudia Altmann, Jens Wienand, Hauke Prigge, Nils Matzka, Jan Lindner, Kaddi Cutz, Tina Tschi, Klaus Lederwasch, Doris Schimpl, Claudia Pautz, Maras, Andreas Strutz, Björn Katzur, Jens-Uwe Ries, Bettina Quabius, Dorian Paul Rogers, Gad Bensalem, Bini Josoa, Harinesy Mananjaraniriana Rabesalama, Fiononana Noa'h Zomer, Matt-Rak Jefferson, Stella Andriarimino, Tony »Raspyek« Joubert, Plattrock, Marque Beutel, Florian Wintels, Gilderoy, Lucifer Yellow, Ernesto Linares, Broca Areal, TEVO, Renato Kaiser, Harry Kienzler, Asli Kücük, Lukas Hofstetter, Richi Küttel, Julian Heun, Anke Fuchs, Benjamin Weiss, Florian Cieslik, Jonas Jahn, Stefan Unser, Tom Boller, Martin Sieper, Jason Bartsch, Jan Philipp Zymny, Patrick Salmen, Laurin Buser, Felix Kaden, Bumillo, Marian Heuser, Lara Stoll, Patrick Armbruster, Martina Hügi, Lilli Falinski, Martin Geier, Tomáš Kůs, Václav Šindelář, Jaromir Konecny, Marvin Suckut, Birgit Sohler, Jörg Meissner, Becci Stahl, Jessy James LaFleur, Sebastian Ruppert, Helmut Pass, Alex Überschall, Dirk Hülstrunk, Jürgen Klumpe, Lukas Lazarewitsch, Nzinga Maxwell, Fernando Alberto Marchena, Consuela Amaya Frank, Inshuti Ishimwe Zirimwabagabo, Mpumalanga Zwane, Alinafe Malonje, Nin Rose Moru, One Pusumane, Rochelle D'silva, Christian Bartel, Kristina Langenbuch Gerez, Noah Klaus, Gesa Weiß ...

... sowie alle, die ich in dieser Liste vergessen haben könnte.

TECHNISCHE DATEN DER SLAMMED!-TOUR

ZUSCHAUERZAHLEN:

42.715 Zuschauer bei 145 stattgefundenen Auftritten
Durchschnitt insgesamt: 295 Zuschauer / 8,3 Teilnehmer
Durchschnitt nicht deutschsprachiges Ausland: 123 Zuschauer / 14,1 Teilnehmer
Durchschnitt A und CH: 241 Zuschauer / 9,1 Teilnehmer
Durchschnitt D: 332 Zuschauer / 7,4 Teilnehmer

MEISTBENUTZTE TEXTE:

 1. Der Hummelfluch (29)
http://www.hinrnpoma.de/slammed/poem1.mp3

 2. Hinten im Korn (28)
http://www.hinrnpoma.de/slammed/poem2.mp3

 3. Die Pocke (23)
http://www.hinrnpoma.de/slammed/poem3.mp3

 4. Der Hochmut (18)
http://www.hinrnpoma.de/slammed/poem4.mp3

 5. Der Paukist (17)
http://www.hinrnpoma.de/slammed/poem5.mp3

 6. Mein erstes Mahl mit Carmen (17)
http://www.hinrnpoma.de/slammed/poem6.mp3

 7. Das Kleid für Frau Eleanor (16)
http://www.hinrnpoma.de/slammed/poem7.mp3

 8. Das verschissene Grün dieser Wiese, Luise (14)
http://www.hinrnpoma.de/slammed/poem8.mp3

 9. Die Symphonie von der guten Saite (11)
http://www.hinrnpoma.de/slammed/poem9.mp3

 10. Frühling lässt sein blaues ... (Mörike reloaded)
http://www.hinrnpoma.de/slammed/poem10.mp3

 *und* 10. Einzelhaft und Zellteilung (je 10)
http://www.hinrnpoma.de/slammed/poem11.mp3

Insgesamt habe ich 236 Texte (31 verschiedene) vorgetragen.

MEISTBENUTZTE PLATZIERUNGEN:
1. Aus in der Vorrunde (73)
2. Featured Poet (18)
3. Zweiter Platz (17)
4. Erster Platz (14)
5. Dritter Platz (12)
6. Aus im Halbfinale (10)
7. Ohne Wertung (5)

WEITERE DATEN:

Mit

34 Flügen und unzähligen Bahnfahrten habe ich

19 Länder auf

4 Kontinenten besucht und bin in

114 verschiedenen Städten aufgetreten. Dabei wurden

500 Gedichte auf *www.klötgen.de* veröffentlicht,

16 Lieder der CD »Dies ist nur 1 Test« aufgenommen

und dieses Buch geschrieben.

Neben den hier erwähnten Auftritten war ich 2016 noch 54 Mal anderwärtig engagiert/auf der Bühne:

mit meinen Lesebühnen *Die Stützen der Gesellschaft* (7), *Spree vom Weizen* (4) und *Poetry & Parade* (3) sowie der *Grend Slam Revue* (4)

als Gast von anderen Münchner (10) und auswärtigen Lesebühnen (6)

mit meinem Soloabend (6) und Kurzauftritten (8)

mit »Gefühlten Übersetzungen« und *Marilyn's Army* (2)

bei Schreib- bzw. Slamworkshops (4)

Zu guter Letzt die

18-JAHRE-POETRY-SLAM-ENDABRECHNUNG – MEINE NATIONAL-BILANZ:

2002 in Bern für *Hamburg ist Slamburg* im Einzel (Vorrunde)

2003 in Frankfurt/Darmstadt für den *Slam Potsdam* im Einzel (Vorrunde)

2004 in Stuttgart im Team *Agrar Berlin* (Finale)

2005 in Leipzig im Team *Agrar Berlin* (zweiter Platz)

2006 in München für den *Bastardslam* im Einzel (Vorrunde), im Team *Agrar Berlin* (Vorrunde)

2007 in Berlin – Organisation

2008 in Zürich für die *Poesieschlacht Düsseldorf* im Einzel (Halbfinale), im Team *Agrar Berlin* (Finale), im Team *k.u.k.* (vierter Platz)

2009 in Düsseldorf für den *Heldenslam Essen* im Einzel (Vorrunde), im Team *Agrar Berlin* (Vorrunde), im Team *k.u.k.* (dritter Platz)

2010 in Essen/Ruhrgebiet – Organisation

2011 in Hamburg für den *Heldenslam Essen* im Einzel (Halbfinale), im Team *Agrar Berlin* (Vorrunde), im Team *k.u.k.* (Halbfinale)

2012 in Heidelberg für den *Heldenslam Essen* im Einzel (Vorrunde), im Team *k.u.k.* (dritter Platz)

2016 in Stuttgart im Team *Die Stützen der Gesellschaft* (Vorrunde)

statistisch nicht erfasst: Promille in Mönchgrün

POETRY-SLAM-GLOSSAR

ABSTIMMUNGSMETHODEN

Über den Sieger eines Poetry Slams bestimmt das Publikum, das in Form einer zufällig ausgewählten, dreiköpfigen Jury die dargebotenen Texte per Notenblock bewertet. Soweit das Chicagoer Original.

»Zu fehleranfällig«, dachte man sich andernorts, vergrößerte die Jury auf bis zu zehn (i. d. R. fünf) Personen und zog Streichnoten heran, um die extremsten Abweichler nach oben und unten jeweils vom Gesamtvotum zu sondieren.

»Zu undemokratisch«, dachte man im deutschsprachigen Raum und erfand die Applausabstimmung, an der alle Zuschauer teilnahmen und über die Lautstärke ihres Beifalls den Sieger bestimmten.

»Zu unspezifisch«, dachten einige Tumultskeptiker und verfeinerten die demokratische Abstimmung, indem sie per Münz-, Hand- oder Zettelabstimmung jedem Zuschauer die gleiche, lärmunabhängige Stimmmacht bescherten.

»Zu unübersichtlich«, fanden das einige Veranstalter und teilten das Teilnehmerfeld eines Abends in zwei oder drei Gruppen auf, in denen man seinen jeweiligen Favoriten besser ausfindig machen konnte und frühe Starter nicht vollends in Vergessenheit gerieten. Mancherorts setzte man gar auf das direkte 1:1-K.O.-Duell.

»The best poet always loses«, heißt eine der Grundregeln des Poetry Slams. Und die gilt trotz aller Verfeinerungen weiterhin.

APPLAUSABSTIMMUNG
→ **Abstimmungsmethoden**

AIDA

Was hat der Erfurter Slammer und MC Andreas in der Au, kurz AIDA, im Glossar dieses Buches verloren? Nun, zunächst gibt es wohl niemanden, der sich mehr darüber freuen würde – aber er ist auch der Steuermann der Slamily. Als er noch unglücklich als Finanzbeamter in Stuttgart weilte, habe ich ihm geraten, der von der Unbedarftheit in die Professionalität rutschenden Szene steuerlich behilflich zu sein. Dank seiner Nachhilfe ist der Fiskus um ein, zwei Steuermillionen ärmer, sorry!

DEUTSCHSPRACHIGE POETRY SLAM MEISTERSCHAFTEN (»NATIONAL«)

Zu Beginn war alles so einfach: Den Begriff »Poetry Slam« hatten wir aus den USA importiert, da nannten wir auch unsere ersten nationalen Meisterschaften 1997 so, wie es die Amis tun – »National Slam«. Aber da mit den Jahren immer mehr Starter aus Österreich und der Schweiz (später auch Liechtenstein und Luxemburg) im Teilnehmerfeld standen, erfand man 2001 den Begriff GIPS – »German International Poetry Slam«. Das traf die Sache, sorgte aber für ein »Hä?« außerhalb der Slamily, u. a. bei Sponsoren und Medienpartnern. Etwas Griffigeres musste her. So wurden die Meisterschaften »des deutschsprachigen Raumes« (Leipzig, 2005) oder »der deutschsprachigen Poetry Slams« (München 2006) ausgerichtet. Das fand Berlin nicht überzeugend und nannte das Ding 2007 kurzerhand wieder GIPS. 2008 kümmerten sich die Schweizer um das von ihnen ja auch zu verantwortende Problem und richteten in Zürich den »Poetry Slam 2008 – die deutschsprachigen Meisterschaften« aus. Seit 2009 werden unter laufender Nummer die »x.ten deutschsprachigen Poetry Slam Meisterschaften« ausgerichtet. Allgemein akzeptiert und dennoch Käse: Schon in Zürich beschwerte sich ein Zuschauer, dass eine Starterin mit einem französischen Text bei den »deutschsprachigen Meisterschaften« nicht disqualifiziert wurde. Außerdem ist »Poetry Slam« ja bereits der Wettbewerb (und nicht etwa – entgegen mancher Verwendung des Begriffs – der vorgetragene Text oder eine Textart). Bei einer »Poetry Slam Meisterschaft« müsste eigentlich der Organisator einer bestimmten Slamreihe als Sieger hervorgehen. Vermutlich ist es einfacher, alle deutschsprachigen Länder zu annektieren als diese Begriffsodyssee zu beenden.

FEATURED POET/SACRIFICE POET
→ Opferlamm

HIGHLANDER

Es kann nur einen geben. Deswegen werden zum Saisonfinale eines Slams noch einmal alle Monatssieger eingeladen, den Besten der Besten zu ermitteln. Oftmals mit der Option, den jeweiligen Slam beim nächsten National zu vertreten.

JURY

→ **Abstimmungsmethoden**

KÜNSTLERSOZIALKASSE (KSK)

Sie gewährleistet, dass man sich auch als selbstständiger Künstler wie ein Arbeitnehmer fühlen darf. Die KSK kommt wie ein normaler Arbeitgeber für die Hälfte der Krankenkassen-, Renten- und Pflegeversicherungsbeiträge auf. Die KSK kennt aber auch eine Geringfügigkeitsgrenze des Arbeitseinkommens, die am Gewinn orientiert ist. Wer da meinte, als Künstler auf großem Fuß in Schlangenlederschuhen leben zu müssen, fliegt wieder raus.

LOCALS

Das Fußvolk im Teilnehmerfeld eines Slams. Erkennbar daran, dass sie zur Begrüßung von niemandem umarmt werden (allenfalls von anderen Locals) und dass ihnen keine gelben Fahrtkostenquittungen aus der Hosentasche lugen. Im Gegensatz zu den ruhmreichen Reisepoeten wohnen sie in der Nachbarschaft des Veranstaltungsortes und haben sich meist über die → **offene Liste** eingetragen.

MC/SLAMMASTER

Traditionelle, aber im Aussterben begriffene Bezeichnung für den Moderator eines Poetry Slams (»Master of Ceremony«), oftmals auch der Organisator (i. e. Slammaster) desselben. Er erklärt die Regeln des Slams, wacht über deren Einhaltung und kann Zahlenkolonnen addieren oder ist in der Lage, für niemanden vernehmbare Nuancen in der Applauslautstärke wahrzunehmen. Viele MCs sind oder waren selbst Slammer, ein gutes Dutzend hat sich zu MC-Profis gemausert, die mehrere regelmäßige Slamreihen betreuen und ebenso regelmäßig für Sonderveranstaltungen engagiert werden.

OFFENE LISTE

Eigentlich kann beim Poetry Slam jeder mitmachen, der seinen Namen beim Eingang in die offene Liste einträgt – aus der später die Reihenfolge gelost wird. Die Professionalisierung der deutschsprachigen Szene hat allerdings dazu geführt, dass man dieses »eigentlich« zu einem »in Ausnahmefällen« einschränken muss.

OPEN MIC

In den USA der wettbewerbslose Einstieg eines Poetry-Slam-Abends, allgemein ein Veranstaltungsformat ohne Beschränkungen, an dem jeder mit einem wie auch immer gearteten Beitrag teilnehmen kann. Häufig als Plattform für Spoken-Word-Beiträge genutzt, mancherorts reine Spoken-Word-Bühnen. Juroren müssen draußen warten.

OPFERLAMM

Ein Text, der – insbesondere bei großen Meisterschaften – vor dem Start des Wettbewerbs vorgetragen und bewertet wird (der Begriff wird synonym auch für den Vortragenden jenes Textes benutzt). Diese Testwertung soll den Maßstab für den anschließenden Slam bilden und so die Jury »eichen«. Vor allem gilt es aber, das Eis zu brechen und den Losnachteil des ersten Starters abzumildern. Bei »normalen« Slams übernimmt diese Aufgabe üblicherweise der → **Featured Poet**, der als → **Special Guest** mit in der Regel mehreren Texten den Abend eröffnet, im Unterschied zum Opferlamm aber nicht bewertet wird.

ROOKIE

Irgendwann muss sie hinter sich gebracht werden: die Slamentjungferung, der erste Text vor der Publikumsmeute. Zumeist fordert der → **MC** hierfür einen Extraapplaus ein. Das ist mitunter der glücklichste Moment des Abends. Aber das Schöne ist: Schon beim nächsten Mal ist man einen Schritt weiter und kein lupenreiner Rookie mehr. Man steigt direkt auf zum → **Local**.

SIEGPRÄMIEN

Eine Flasche Alkohol ist bei 80 Prozent der Poetry Slams im deutschsprachigen Raum der einzige Siegerpreis. Manchmal kreist zusätzlich ein Beutel durchs Publikum, in den die Zuschauer irgendwelche Dinge stopfen, mit denen der Sieger beglückt werden soll. In Würzburg wird hierfür – aus Gründen – ein Müllbeutel verwendet. Geldprämien für Slamsiege sind eher verpönt. Gleichwohl zahlen nicht wenige der gestandenen Slams ihre Tradition gewordenen Fünfziger an den siegreichen Slammer des Abends – oft ohne große Bühne und fast verschämt.

Insbesondere in Nordamerika sind Siegprämien – im Gegensatz zu Gagen und Fahrtkosten – Standard: In Honolulu lockte eine vergleichsweise üppige Siegerprämie von 100 US$, am anderen Ende der Skala standen in Chicago 10 US$ aus, die aber spontan von Marc Kelly Smith im Laufe des Abends noch auf 11 US$ erhöht wurden.

Bei allen großen Meisterschaften, aber auch als traditionelles Gimmick mancher Slamreihen, wird dem Sieger noch eine Trophäe überreicht. Diese unterstreicht oft recht eindrucksvoll die Aussage, dass es auf deutschen Slams nichts zu gewinnen gibt, und wird gerne in der Backstage vergessen.

SLAMILY

Ja doch, das ist unser Ernst! Die Gemeinschaft der bei Poetry Slams auftretenden Bühnenpoeten hört auf den possierlichen Namen Slamily. Was irgendwie impliziert: Von diesem Boden wird nie ein Krieg ausgehen. Wer dazugehört, wird bei jedem Treffen und Abschied von jedem umarmt. Slamily ist auch der Name einer Yahoo-Group, in der man in den Nullerjahren alle Slamthemen im Familienkreise per Mail hinlänglich ausdiskutierte.

SLAMMASTER

→ MC

SLAMMASTERMEETING

Das Powwow der Slamfürsten. Bei den → **Nationals** und Landesmeisterschaften treffen sich meist am Samstagvormittag alle Slammaster der beteiligten Slams und beratschlagen, was für die Zukunft geändert werden könnte oder müsste. Außerdem wird über den Ausrichtungsort der nächsten Meisterschaft entschieden – beim → **National** mit einem Vorlauf von zwei bis drei Jahren.

SLAMREGELN

Für den Teilnehmer: nur eigene Texte. Keine Hilfsmittel oder Kostümierung. Kein übermäßiger Einsatz von Gesang. Im Rahmen des Zeitlimits bleiben. Für den Zuschauer: Du bist die → **Jury**. Respect the poets.

SONGSLAM

Höchst erfolgreiche Slamvariante, bei der man mit selbst geschriebenen Liedern gegeneinander antritt. Für Zuschauer, denen ein Konzert zu langweilig ist.

SPECIAL GUEST

→ **Opferlamm**

THEMENSLAMS

Ein Slam zu einem bestimmten Thema. Die Vorgabe ist für alle gleich – und doch bestehen große Unterschiede: Mancher hat einen passenden Text im Repertoire und ist damit bereits erfolgreich bei Slams angetreten. Mancher recherchiert unter Hochdruck, um mit einer von Tausenden Arbeitsstunden ins Verschrobene geglittenen poetischen Facharbeit baden zu gehen. Und mancher legt sich eine themengerechte Ankündigung zurecht, um danach seinen aktuellen Kracher zu zünden, der absolut nichts mit dem Thema zu tun hat. Die Krux ist, dass die letzte Variante die erfolgreichste ist. Doch die Begeisterung im Saal gleicht oftmals alle Themenschiefe aus und mildert das Zähneknirschen des Veranstalters, der bei der Überreichung des Siegerpreises an den unterlegenen Sklaven seiner Themenvorgabe vorbeischreiten muss.

TROPHÄEN

→ **Siegprämien**

U20-SLAM

Die einzige Slamvariante, an der ich auf meiner Abschiedstour nicht teilnehmen konnte: Dieser Wettbewerb ist Startern vorbehalten, die kleiner/gleich 20 Jahre alt sind. Dem Nachwuchs wird dadurch ein Jahr der Besinnung eingeräumt zu akzeptieren, dass man nicht mehr unter 20 Jahre alt ist. Man könnte den Wettbewerb natürlich auch U21 nennen, aber man nutzt die zwei eingesparten Silben lieber für neue Texte.